JN409655

국제법이론총서 No. 7

Responsibility to Protect

국제법상
보호책임

박기갑
박진아
임예준

삼우사

■ 책머리에

모든 것이 변하듯 국제법 내용 역시 시대에 따라 변한다. 21세기초 국제사회는 과거에 비해 더 빨리 변모하고 있어 그에 따른 새로운 문제도 대두된다. 가령 대량살상무기(WMD)는 비단 국가만이 아니라 테러집단도 구입할 수 있으며, SARS, 조류독감 그리고 H1N1 같은 전세계적 전염병은 국경 없이 순식간에 전파된다. 아프리카나 아시아 등지의 '실패한 국가'(failed States)는 언제든지 테러리스트의 은신처가 될 수 있으며, 지구온난화로 말미암은 기후변화에 따른 피해와 위협은 이 지구상의 어느 누구도 예외일 수가 없다. 이런 상황에서 일 국가의 안보는 다른 국가에 대한 군사적·경제적 우월성을 확보한다 해서 보장되지 아니하며, 다른 국가들의 안보 역시 보장되어야 더불어 가능하게 되는 '상호의존적 사회'의 모습이 더욱 심화되고 있다.

이러한 맥락에서 한걸음 더 나아가 일 국가의 주민을 집단살해, 전쟁범죄, 인종청소 및 인도에 반한 죄 등으로부터 보호할 책임이 당해 국가뿐만 아니라 국제사회 전체가 그러한 책임을 공유해야 한다는 주장이 대두되고 있다. 이러한 주장은 국가주권 개념의 심대한 변화를 요구한다. 즉, 주권은 더 이상 자신의 국민을 집단살해하는 행위로부터 보호막이 될 수 없으며, 그러한 상황이 실제로 도래했음에도 불구하고 아무런 조치를 취하지 않은데 대한 변명으로 제시될 수 없다는 것이다.

'보호책임'(Responsibility to Protect)은 21세기 국제법, 국제관계 및 국제기구의 활동에 새로운 활력을 불어넣어 줄 수 있는 새로운 용어이자 체제(mechanism)에 해당한다. 혹자는 보호책임에 관한 논의는 1970년대 중반 캄보디아 Pol Pot의 Khmer Rouge 정권이 170여만명의 무고한 자국민을 무차별 학살했을 때 마땅히 시작되었어야 했는데 늦은 감이 있다는 자성의 목소리를 높이기도 한다.

그러나 보호책임 논의는 필요하지만 다른 한편 위험하기 때문에 일종의 야누스의 얼굴을 갖고 있음을 유념하여야 한다. 우리 눈앞에서 벌어지는 대규모 인권침해에 대해 눈을 가리고, 귀를 막고 얼굴을 돌린다면 그것은 비도덕이며, 법적으로는 '부작위에 의한 집단살해'로서 집단살해를 막을 의무, 즉 보호책임의 위반이라고 비판할 수 있다. 그러나 보호책임은 군사강대국에 의한 새로운 식민주의 내지는 제국주의로 비추어질 우려가 있다. 또한 더 나아가 인권을 침해당한 희생자들을 보호할 의무에 초점이 맞추어진다면, 보호책임이라는 전체 그림의 일부분에 해당하는 무력사용 문제가 부상하게 되어 결국 전통적인 인도적 개입 논란에 휘말리게 됨으로써 진정 필요한 다른 비군사적 성격의 보호수단에 대한 주의가 흩어지게 된다는 것이다.

2010년도 현재 상황으로서는 정치적 선언에 머무르고 있는 '보호책임'이 언제 어떻게 soft law 그리고 더 나아가서 법적 구속력있는 국제법 속에 자리잡을 것인가 여부는 향후 국가들 및 국제기구의 후속 관행 축적과 함께 보다 섬세한 논리구성 확보에 좌우되겠지만, 일단 기초가 될 씨앗은 뿌려진 셈이다. 특히 국제법 제정과정과 방법론적 측면에서 볼 때 21세기 국제법의 화두가 될 수 있는 비정부간 기구들(NGO; Non Governmental Organizations)의 개입이 '보호책임' 논의를 가속화시켰다는 사실만으로도 향후 국제법의 변화를 예측하게 한다. 이 책의 간행을 계기로 국제법 일반론, 국제인권법, 국제인도법, 국제형사법뿐만 아니라 국제관계학 등 국내의 다양한 분야와 학계에서 관련 연구와 논쟁의 장이 열리길 바란다.

이 책은 본래 외교통상부 조약국 국제법규과에 제출된 2008년도 연구용역 결과물에 바탕을 두고 있으며, 2009년 말까지의 발전동향까지 모두 분석하여 보완하였다. 외교통상부 조약국 관계자분들께 심심한 감사의 말씀 전한다. 한편 이 책은 후속학자 그룹인 박진아, 임예준 두 제자와 공동으로 완성한 결과물이다. 최초 입안과정부터 집필 그리고 마지막 수정, 보완 단계까지 함께 고생한 두 사람에게 고맙다는 말과 함께 학문적 발전을 바란다. 끝으로 국제법 전문서적의 출판을 쾌히 수락하신 도서출판 삼우사 조병철 사장께도 이 자리를 빌어 감사의 말씀드린다.

2010년 2월

대표 집필자 **박 기갑**

■ 차 례

제1장 서 론

제2장 보호책임의 발전과정

제3장 보호책임의 이론 분석

제4장 보호책임의 이행체제

제5장 보호책임의 법적 지위

제6장 보호책임에 대한 각국의 입장과 한국의 역할

〈표 · 그림 차례〉

제 1 장

서 론

Ⅰ. 연구의 목적 및 필요성

필자는 1990년대 국제관계와 국제법상 가장 논란이 되었던 주제 중 하나로서 무력을 수반하는 인도적 간섭(humanitarian intervention)의 문제를 꼽은 적이 있다.[1] 국제법상 일 국가의 국내에서 발생한 문제에 대해 어떠한 이유로든 다른 국가(들)이 간섭하고 그것을 정당화하려는 시도나 실제 사례는 1648년 웨스트팔리아(Westphalia) 체제를 유지하는 주권평등의 원칙, 국내문제 불간섭의 원칙 및 무력사용금지원칙에 대한 도전으로 간주되어 적법성을 인정받지 못하고 있다.[2] 그러나 인도적 간섭에 관한 논의는 2001년 '주권과 개입에 관한 국제위원회'(International Commission on Intervention and State Sovereignty; ICISS)가 소개한 '보호책임'(Responsibility to Protect)이라는 개념의 등장 이후 새롭게 전개되고 있다.[3] 이 위원회의 발족배경을 살펴보면 1999년 당시 유엔 사무총장이었던 Kofi Annan이 회원국들에게 인도적 간섭의 적법성을 둘러싼 논쟁의 합의점을 모색하도록 요청하였고, 이에 대한 호응으로 캐나다 정부는 자국 보

1) 박기갑, "21세기 국제인권법의 과제와 전망," 박기갑 편저, 「21세기 국제인권법의 과제와 전망」(삼우사, 1999), 24쪽 이하.

2) 국제사법재판소(ICJ)의 판례들, 가령 *Corfu Channel case*, ICJ Reports(1949), p.35; *Military and Paramilitary Activites in and Against Nicaragua case (Merits)*, ICJ Reports(1986), p.134.

3) Yale 대학의 M. Reisman 교수는 1999년 NATO의 코소보 공습사태를 ICISS에 의한 보호책임 관련 보고서 출현의 가장 큰 동인(動因)으로 파악한다. M. Reisman, "Report on Present Problems of the Use of Force in International Law," *Annuaire de l'Institut de droit international* (Session de Santiago, 2007), p.186 이하 참조.

고서 초안을 만들기 위한 목적으로 대부분 민간인으로 구성된 ICISS를 설립하였다. 동 위원회는 2001년 「The Responsibility to Protect」라는 제목의 보고서를 제출하였는데, 이 보고서에는 그 동안 상당수의 국가들이 꺼려하거나 부정적 반응을 보이던 '간섭'이나 '개입'이라는 표현 대신 '보호책임'이라는 새로운 용어를 사용하는 등 획기적인 내용을 담고 있다. 이 신조어는 뒤에서 상세히 설명하겠지만 2005년 유엔 사무총장의 보고서 「In Larger Freedom」에서 그대로 인용되었으며, 2005년 유엔 총회결의 제60/1호에서도 받아들여졌다.

'주권과 개입에 관한 국제위원회'라는 위원회의 명칭에서 알 수 있듯이, 위원회가 제시한 보호책임 개념은 주권(sovereignty)과 간섭(intervention)[4]이라는 개념을 재해석하는데서 출발한다. 다시 말해서 주권을 소극적 의미에서 간섭 또는 개입을 반대하는 방파제 역할로 간주해 왔던 기존의 생각에서 탈피함을 핵심으로 한다. 이는 기존의 인도적 간섭행위 또는 '간섭의 권리'(right to intervene)가 더 이상 간섭을 행하는 주체인 권리자의 선택이나 선별사항이 아니라, 보호를 해야 하는 대상에 대한 책임을 가지고 있는 자에게 부과되는 '보호책임'으로 전환된다는 것이다. 보호책임은 기존의 인도적 간섭의 논의, 즉 타국가에

4) 일반적으로 'intervention'은 개입 내지 간섭으로 혼용되어 번역되고 있다. '간섭'으로 번역하는 경우 무력을 수반하는 '인도적 간섭'의 논의에서 주로 쓰이고 있는 반면, '개입'의 경우 보다 포괄적으로 무력적 차원의 간섭 외에도 비무력적 차원의 인도적 지원을 포함하는 것으로 이해되기도 한다. 한편, '개입'의 경우 'interference'를 번역할 경우에도 보다 적절한 번역이 될 수도 있을 것이다. 이러한 번역상의 의미의 차이를 염두에 두며, 본서에서는 국제법상 보다 빈번하게 사용되는 '간섭'을 기준으로 번역하되, 내용상 그 의미를 보다 확대해서 보아야 할 경우 '개입'이라는 번역을 하기로 한다. 그러나 이 경우 역시 영어 원문은 'intervention'임을 밝힌다.

대한 인도적이고 시혜적인 간섭 내지 개입이 아니라 국제공동체 구성원으로서의 책임의 차원에서 다루고자 하는 목적을 담고 있다.

'보호책임'은 어떻게 본다면 2001년 9·11테러로 인한 '평화와 안전의 위협'에 대한 개념이 재해석되고, 평화를 유지하기 위한 국제공동체 전체의 책임의 배분이 필요하다는 맥락하에서 논의될 수도 있을 것이다. 실제 9·11테러는 다양한 국적과 다른 영토적 기반을 가진 '비국가행위자'(non-State actors)로부터의 위협의 실체를 보여줌으로써, 국제공동체 전체의 안보에 대한 재인식을 요구하고 있다. 또한 9·11테러는 국제사회의 평화와 안전에 대한 위협의 주체가 국가단위를 넘었으며, 이에 대한 대응 역시 사후적 수습이 아닌 사전적 조치가 필요함을 여실히 깨닫게 해주었다. 이러한 인식 속에서 '보호책임'이라는 개념은 사전적·예방적인 안보의 강조와 밀접한 연관을 가지고 발전하고 있다는 주장도 제기되었다. 즉, 새로운 안보환경 속에서, 보편적인 인권의 관념하에 타국 국민의 안위를 보호하기 위한 '관대한' 인도적 목적만이 아닌, 자기 자신의 안보를 위하여 보호하고 개입해야 할 이해관계와 목적이 동시에 존재한다는 것이다.[5)]

'보호책임'은 단순한 도덕적 책임일까 아니면 법적 책임일까, 아니면 도덕적 의무임과 동시에 법적 의무일까. 용어의 새로움에서 보듯, 보호책임은 그 개념과 이행체제에 있어 아직 정립과

5) 이러한 맥락은 미국이 강하게 주장하는 대량살상무기(WMD) 확산 방지를 위한 예방적 조치를 취할 의무(a duty to prevent)와 닿아 있다. L. Feinstein & A.M. Slaughter, "Duty to Prevent," *Foreign Affairs*, Vol. 83, January-February 2004, pp.136-150.

정에 있으며, 규범적 지위에 대한 의문을 내포하고 있음을 부정할 수 없다. 그런데 흥미로운 사실은 보호책임이 단순한 '정치적 수사(修辭)' 내지 '정치적 의제'(political agenda)에 불과하고, 엄격한 의미의 '국제법의 영역' 안에서의 규범적 지위를 가지고 있지 않다 하더라도, 보호책임은 국제법의 다양한 측면에 대하여 개념적으로든 실질적으로든 영향을 미칠 것이 분명하다는 것이다. 보호책임은 개별 국가가 국제공동체 전체에 대하여 갖는 책임과, 반대로 국제공동체가 개별 국가에 갖는 책임에 관하여 논하고 있으며, 이러한 관계는 궁극적으로 국제법상 '법치'(法治, rule of law)의 영역과 밀접히 연관되어 있다. 만일 보호책임이 국제사회에서 하나의 정치적·법적 원칙으로 자리잡게 된다면, 그에 대한 국가들의 적극적인 참여와 지원은 불가피할 것이다.

오늘날 인권과 관련된 다양한 국제조약들이 체결되고 인권문제에 대한 국제적인 관심이 고조되면서 '인권문제'는 한 국가의 국내관할에만 속하는 국내문제가 아니라는 주장이 학자들과 비정부간 기구들(NGO)로부터 폭넓은 지지를 받고 있는 것은 사실이다.[6] 특히 '인류의 양심에 어긋나는' 인권침해 및 유린의 경우, 상황 악화방지 등을 위한 필요하고도 최소한의 개입은 국내문제 불간섭의 의무와 충돌하지 않는다든지 오히려 상위에 있기 때문에 허용되어야 한다는 주장이 오래 전부터 제기되었으며, 이러한 인권침해 상황을 묵인하고 방치한 경우 오히려 도

6) 어떤 인권문제가 보편성을 띠느냐 라는 문제는 새로운 논쟁점을 제시하고 있다. 보편적 인권이 확립되지 않는 이상 '국제적 인권문제'의 발생 여부에 대한 판단 역시 상대적인 접근이 가능하기 때문이다.

덕적 비판이 따르기도 한다.[7] 그러나 국가들 입장에서 볼 때 이 문제는 아직까지 그 개입의 대상 및 범위(즉, 무엇이 '인류의 양심에 어긋나는 인권문제인지) 및 주체, 그리고 확립된 판단의 기준이 존재하고 있지 아니한 가운데, 국제법이 지향해야 할 두 가지 목표, 즉 국가주권과 인권의 보편적 보호라는 충돌접점에 닿아 있다. 특히 이러한 간섭이 무력사용의 수반을 전제할 때에는 유엔을 중심으로 국제사회의 평화와 안전을 위해 성립된 집단안전보장체제의 범위와 권한주체와 관련된 문제를 피할 수 없다. 왜냐하면 유엔헌장은 국내문제 불간섭의 의무, 무력사용이나 위협의 금지 및 인권보호와 보장을 동시에 언급하고 있기 때문에 헌장의 문언해석이나 헌장 기초자들의 의도에 근거한 의사해석을 통하여서도 인권보호 및 보장이 우선하는지, 아니면 무력사용의 금지가 우선하는지가 불명확하기 때문이다. 결국 이에 대한 해석은 해석자의 가치관과 시대정신에 따라 판단될 수밖에 없는 상대적 가치관의 문제가 될 것이다.

그렇다면 오늘날 국제사회의 구조와 가치관에 따르는 인권문제와 그에 대한 개입의 기준은 무엇인가. 이에 더하여 인권의 보호를 위하여 주권국가의 영역을 넘어선 국제사회의 개입은

---

7) 이미 1910년 프랑스의 A. Rougier 교수는 국제연맹을 중심으로 국가들이 개입할 수 있는 '인류를 위한 개입이론'(la théorie de l'intervention d'humanité)을 다음과 같이 주장하였다. "Chaque fois que les droits humains d'un peuple seraient méconnus par ses gouvernment, un ou plusieurs Etats pourraient intervenir au nom de la Société des Nations, soit pour demander l'annulation des actes de puissance publique critiquables, soit pour empêcher à l'avenir de tels actes, soit pour suppléer à l'inaction du gouvernment en prenant des mesures conservatoires, urgentes et en substituant momentanément leur souveraineté à celle de l'Etat contrôlé." *Revue générale du droit international public*, 1910, p.472.

어떠한 의미를 가지는가. 이들 의문에 대한 주요한 대답은 '보호책임'이라는 새로운 개념에 대한 논의를 통하여 얻을 수 있을지도 모른다. 보호책임이 추구하는 인권보호라는 궁극적 목적 및 의의는 국제사회의 식자층에서 널리 받아들여지고, 일부 실제 적용시키려는 시도가 있었던 것도 사실이나, 아직 이 개념이 행위의 법적 근거로서 확립되어 있는 것은 아니다. 그럼에도 불구하고 최근 내전으로 수백만명의 난민이 발생하고, 참혹한 학살과 조직적인 강간이 자행되고 있지만 정부의 보호의 의지가 보이지 않는 수단 다르푸르(Sudan, Darfur) 지방 사태, 사이클론 재난으로 인하여 수만명의 이재민을 방치하고 3주 이상 국제사회의 지원을 거부한 미얀마 사태, 독재 정권의 실정에 기인한 비인도적 만행이 자행되고 있는 짐바브웨 사태 등에 보호책임이 적용되어야 한다는 주장이 다수 국가들로부터 제기되었다. 그러나 이러한 주장은 1970년대 중반 캄보디아 Pol Pot의 Khmer Rouge 정권이 무고한 자국민에 대해 무차별 학살을 자행한 결과 170여만명이라는 엄청난 숫자의 희생자를 냈을 때 국제사회에서 이미 시작되었어야 했다.

그렇기 때문에 '인류의 양심에 어긋나는' 인권침해 및 유린 상황에 대해 국제사회가 새롭게 '보호책임'을 통한 해결책을 모색하는 시도는 다행스러운 현상이다. 비록 보호책임제도는 불투명한 점이 발전하고 있는 제도이지만, 21세기 국제사회가 주목해야 할 과제 중의 하나인 '인간안보'(Human Security)와 밀접하게 연관되어 있을 뿐만 아니라 유엔 입장에서 볼 때도 2003년 미국, 영국 등이 주도한 이라크에 대한 일방적 공격 이후 일시 휘청거렸던 자신의 위상을 되찾고 다시 주도적 역할을 되찾기 위한 주요 의제로서 논의되고 있다. 개별 국가들 입장에서 볼 때도 국제공동체 일원으로서의 의무와 책임이 부과될 수 있는 가능성을 갖고 있기 때문에 비상한 관심을 가지지 않을 수 없을 것이다. 아직까지 다양한 해석과 담론이 제기되는 '보호책임'은 학문적으로도 논의의 가치가 있음은 물론,[8] 향후 보호책임 문제와 관련한 각국의 외교정책 결정에 있어서도 중요한 문제이므로 지속적인 관심과 연구가 필요하다 할 것이다.

II. 연구의 내용 및 용어의 선정

본서의 집필구도는 다음과 같다. 우선 제2장에서는 보호책임의 발전과정을 살펴보도록 한다. 먼저 보호책임의 등장배경으로서 집단안전보장체제의 범위 확대와 인도적 간섭의 문제를 다루고, 새로운 대응책으로써 제시된 보호책임을 소개한다. 이 책의 정리가 마무리되던 2009년 말까지 보호책임을 언급하고 있는 공식문서로는 2001년 ICISS의 보고서 「The Responsibility to Protect」(이하, ICISS 보고서),[9] 2004년 Kofi Annan 유엔 사무

8) 최근 출간된 보호책임에 관한 단행본으로는, G. Evans, *The Responsibility to Protect: Ending Mass Atrocity Crimes Once and for All* (Washington, D.C.: Brookings Institution Press, 2008); A. J. Bellamy, *A Responsibility to Protect: the Global Effort to End Mass Atrocities* (Cambridge: Polity Press, 2009); Société française pour le droit international, *La Responsabilité de protéger, Colloque de Nanterre* (Paris: Pedone, 2008). 관련 국내 논문으로는 오병선, "인도적 간섭의 적법성과 정당성," 대한국제법학회 2009년 국제법학자대회 「변화하는 시대의 국제법 교육」(2009. 10. 17). 정경수, "21세기 자위에 근거한 무력행사의 적법성," 「국제법평론」, 통권 제30호(2009).

9) Report of the International Commission on Intervention and State Sovereignty (ICISS), *The Responsibility to Protect* (Ottawa: International Development Research Center, 2001)[이하, 「ICISS Report」].

총장의 결정에 따라 설립된 '위협과 도전, 변화에 관한 고위급 패널'(the High-level Panel on Threats, Challenges and Change)의 보고서 「A More Secure World: Our Shared Responsibility」(이하, 「A More Secure World」),[10] 2005년 Kofi Annan 유엔 사무총장의 보고서 「In Larger Freedom: Towards Development, Security and Human Rights for All」(이하, 「In Larger Freedom」),[11] 2005년 세계정상회의결과물과 이를 승인한 유엔 총회 결의 제60/1호(이하, 「2005년 세계정상회의결과물」 또는 「World Summit Outcome」)[12] 및 안전보장이사회 결의 제1674호,[13] 제1704호[14] 등이 있다. 또한 2009년에는 이러한 논의를 바탕으로 보호책임의 이행의 내용을 다룬 반기문 유엔 사무총장의 보고서 「Implementing the Responsibility to Protect」[15]가 발표되었으며, 이후 향후 지속적 논의를 결의하는 '보호책임'(The responsibility to protect)이라는 제목하의 유엔 총회 결의 제63/308호가 통과되었다.[16]

---

10) Report of the Secretary-General, *Report of the Secretary-General's High-Level Panel on Threats, Challenges, and Change, A More Secure World: Our Shared Responsibility*, U.N. GAOR, U.N. Doc. A/59/565(2 December 2004) [이하, 「A More Secure World」].

11) Report of the Secretary-General, *In Larger Freedom: Towards Development, Security, and Human Rights for All*, U.N. GAOR, U.N. Doc. A/59/2005(21 March 2005)[이하, 「In Larger Freedom」].

12) 「World Summit Outcome」, G.A. Res. 60/1, U.N. Doc. A/RES/60/1(24 October 2005).

13) S.C. Res. 1674, U.N. Doc. S/RES/1674(28 April 2006).

14) S.C. Res. 1706, U.N. Doc. S/RES/1706(31 August 2006).

15) Report of the Secretary-General, *Follow-up to the outcome of the Millennium Summit, Implementing the Responsibility to Protect*, U.N. GAOR, U.N. Doc. A/63/677(12 January 2009)[이하, 「Implementing the Responsibility to Protect」].

한편 위에 열거한 유엔 중심의 각종 문서 이외에도 보호책임과 같은 맥락의 원칙을 천명하고 있는 여타 국제기구의 공식문서로서는 2000년 아프리카연합(African Union) 설립헌장 제4조,[17] 불어권 국제기구(l'Organisation internationale de la francophonie)가 2006년에 채택한 Saint-Boniface선언 등이 있다.[18] 특히 후자의 경우 적용범위를 집단살해, 전쟁범죄, 인종청소 및 인도에 반한 죄로 한정한다든지 대응조치 주체를 안전보장이사회로 하고 있는 등 주요 항목을 구체화시키고 있어 눈길을 끈다. 하지만 '보호책임'이라는 용어를 명시하고 있지 않기 때문에 제2장에서는 유엔의 문서들을 중심으로 그 주요 내용을 검토한다.

---

16) G.A. Res. 63/308, U.N. Doc. A/RES/63/308(14 September 2009); 이번 결의는 이후 구두수정(oral amendment)에 의해서 A/63/L.80/Rev. 1이 되었다.

17) 2000년 7월 11일 Lomé에서 채택된 설립헌장 제4조는 아프리카연합의 원칙들을 열거하고 있는데 그 중 하나가 간섭권이다. 불어 원문은 다음과 같다. "Le droit de l'Union d'intervenir dans un Etat membre sur décision de la Conférence, dans certaines circonstances graves, à savoir: les crimes de guerre, le génocide et les crimes contre l'humanité." 한글 번역은 다음과 같다: "전쟁범죄, 집단살해 및 인도에 반한 죄와 같은 심각한 상황의 경우 총회의 결정에 의거하여 (아프리카)연합이 회원국에 간섭할 권리(를 갖는다)."

18) 제2항: Soulignons la responsabilité qui incombe à chaque Etat de protéger les civils sur son territoire ou sur un territoire qu'il contrôle; Réafirmons que cette responsabilité exige la protection des populations contre génocide, les crimes de guerre, l'épuration ethnique, et les crimes contre l'humanité, ainsi que la poursuite en justice des auteurs de tels actes; Confirmons la coopération pleine et entière de la Francophonie à l'égard de ses membres qui le souhaitent, pour qu'ils s'acuittent de cette responsabilité.
제3항: Soulignons la responsabilité de la communauté internationale de réagir d'une façon opportune et décisive, et en conformité avec la légalité internationale, les principes de la Charte des Nations Unies et les prérogatives dévolues au Conseil de sécurité pour protéger les civils contre le génocide, les crimes de guerre, l'épuration ethnique et les crimes contre l'humanité, au cas où il serait maniteste que les autorités nationales ne protègent pas leurs populations contre de tels actes.

제3장에서는 제2장에서 검토한 내용을 바탕으로 지향하는 목표는 동일하지만 그 접근방식이 약간씩 다른 보호책임에 관한 이론들을 다각적으로 분석한다. 즉, 보호책임의 주체와 권한, 보호책임이 발생하는 상황과 구체적인 방법을 통해 보호책임의 내용을 파악하고, 보호책임의 유관 개념인 주권, 인간안보, 인도적 간섭과의 관계 속에서 보호책임의 의의를 파악하도록 한다.

제4장에서는 보호책임의 구체적 이행의 문제를 다루도록 한다. 추측컨대 이 부분은 향후 보호책임이 규범력을 갖춘 제도로 정착되기 위한 핵심사항 중 하나가 될 것이다. 지금까지 주장되어진 바에 따르면 보호책임은 비단 유엔 차원에서뿐만 아니라 지역기구, 심지어는 개별 국가 차원에서도 이행될 수 있다는 것이다. 따라서 각각의 경우에 보호책임이 국제법의 기본원칙과는 어떠한 관계를 가지며, 국제법적으로 어떠한 문제를 야기하고, 정당화되는지를 구체적으로 검토하도록 한다.

제5장에서는 보호책임의 이론과 이행체제에 대한 이해를 바탕으로, 보호책임의 현재의 규범적 지위와 앞으로 국제법이 인정하는 제도의 일환으로써의 발전 가능성을 검토하도록 한다.

제6장에서는 보호책임에 대한 국가들의 입장을 살펴보고, 한국의 보호책임론의 발전과정에서의 역할 및 기여방안을 논의한다.

자세한 내용에 들어가기에 앞서 '보호책임'이라는 용어 중 사용되는 '책임'(responsibility)의 의미에 관해 잠시 살펴보기로 한다. 통상적으로 사용되는 책임은 광의로는 맡아서 해야 할 임무나 의무를 말하고, 협의로는 어떤 일에 관련되어 그 결과에 대하여 지는 의무나 부담, 또는 그 결과로 받는 제재 전부를 포함한다.[19] 그러나 법률상 책임은 위법한 행동을 한 사람에게 법률적으로 불이익이나 제재를 가하는 것을 가리키거나, 협의로는 위법행위를 한 자에 대한 법률적 제재 자체를 의미한다. 국제법상 책임의 개념은 이제까지 광의의 개념으로 받아들여졌다. 국제법상 책임의 문제는 국내법에서의 민사・형사상 책임과 같이 구체적인 불이익을 증명할 수 없는 경우도 많고, 제재를 보장하지도, 또는 이를 필수적으로 요구하지도 않았기 때문이다. H.L.A. Hart의 견해에 따르면, 국제법상 책임은 임무 또는 의무라는 규범을 확인하는 단계에 머물렀으며, 그에 대한 이행은 항상 국가들의 자발적 기여에 따른 준수였을 뿐이라고 한다.[20]

국제사회에서 책임이 발생하는 상황에 대하여는 정치적 책임 및 국제사회 구성원으로서의 도의적 책임만이 가능하였을 뿐, 국내법체계에서의 법적 책임과 같이 명확하게 이를 실현하고 추궁하는 구체적인 체계를 기대하기에는 많은 어려움이 따랐다. 상위의 중앙집권체제를 전제로 하며 수직적 관계를 기초로 하고 있는 국내법과 달리, 평등한 주권국가의 수평적 관계를 기초로 하고 있는 국제법의 본질적 특성은 책임의 규명 및 이행과 관련된 문제에 있어 한계로 작용하기 때문이다. 이러한 한계에도 불구하고, 국제법상 책임법체계의 논의는 끊이지 않고 있으며, 구체적 절차 또한 발전하고 있음은 주목할 만하다. 유엔 국제법위원회(International Legal Commission: ILC)의 오랜 노력에 의하여 2001년 「국제위법행위에 대한 국가책임 초안」(Draft

19) 국립국어원, 표준국어대사전 검색, http://www.korean.go.kr/08_new/index.jsp

20) H.L.A. Hart, *The Concept of Law*, 2nd ed.(Oxford, New York: Oxford University Press, 1997), pp.216-222.

Articles on the Responsibility of States for Internationally Wrongful Acts)이 채택됨에 따라, 2차규범 영역에서의 국가의 책임에 대한 구체적 이행체제에 관한 합의가 이루어졌음은, 국제법상 보다 견고한 책임법체계의 발전 가능성과 실현 가능성을 보여주는 대표적 결과물이다.[21)]

한편 법적 책임은 현실적으로 실정법상 구체화되어 있는 특정의 법적 의무를 전제로 한다. 따라서 '책임법체계의 논의'에는 단순한 2차적 규범체계에서의 책임의 실현 및 추궁뿐 아니라, 1차적 규범체계에서의 책임의 소재 및 내용의 실체적 영역에서의 논의 역시 포함된다. 국제법상 법적 책임의 논의는 필연적으로 특정 책임의 존재를 파악함이 우선일 것이며, 이는 통상적인 관념에서의 법적 의무의 내용을 파악함과 유사하다고 생각한다. 따라서 '보호책임'이라는 개념은 책임의 소재 및 내용의 실체적 영역에서의 논의로, 1차규범 영역에서의 새로운 국제의무의 성립과 관련이 있으며, 이는 결과적으로는 국제법상 책임법체계의 논의의 발전을 가져올 것으로 보인다.

따라서 본서에서는 영어 원문의 'responsibility'라는 용어를 번역함에 있어, 외교통상부가 이미 사용하고 있는 예를 따라 '책임(責任)'이라는 단어를 사용하지만, 실제로는 내포되어 있는 법적 의무 외에도 도의적 의무 등을 전혀 배제할 수 없으므로 이를 염두에 두고 논의를 진행하기로 하겠다. 다시 정리하자면

21) Draft Articles on the Responsibility of States for Internationally Wrongful Acts, Report of the ILC on the Work of its Fifty-third Session, UN GAOR, 56th Sess, Supp No 10, UN Doc A/56/10(2001); J. Crawford, *The International Law Commission's Articles on State Responsibility: Introduction, Text and Commentaries*(Cambridge: Cambridge University Press, 2002); 국가책임에 관한 국내문헌으로는 김석현, 「국제법상 국가책임」(삼영사, 2007).

본서에서의 ‘책임’의 의미는 국내법의 부작위를 포함한 구체적 행위에 의하여 발생하는 엄격한 의미의 법적 책임과 반드시 동일한 의미로 사용되는 것이 아니다. 또한 2차규범 영역에서 사용되는 국제법상 불법행위를 전제로 발생하는 ‘책임’과도 다르며, 2차규범 영역이라는 제한에 따라 국가책임법 논의에서 배제되었던, 해당 책임을 발생시키는 1차규범에 관한 논의라는 이해를 바탕에 깔고 있다.

제 2 장

보호책임의 발전과정

Ⅰ. 도 입

이 장에서는 이미 밝힌 것처럼 보호책임이론의 등장 배경을 설명하고, 보호책임을 언급하고 있는 문서들 내용의 구체적 검토를 통해 보호책임 논의의 발전과정을 살펴보도록 한다. 잠시 독자를 위해서 한 가지 안내를 하고자 한다. 필자는 보호책임에 관한 문서들의 본격적 분석에 앞서 그 등장 배경이라 할 수 있는 새로운 안보환경의 등장, 유엔 중심의 집단안전보장제도의 개입 가능성 변화 그리고 보호책임과 동전 앞뒷면을 이룬다고 비유할 수 있는 인도적 간섭의 의미와 그 변화 등에 관해 먼저 설명하였다. 필자는 이와 같은 배경 파악이 보호책임을 이해하는데 도움이 된다고 생각한 것이지만, 혹시 이 부분이 길거나 이미 아는 내용이라고 판단하는 독자는 곧바로 'Ⅲ. 보호책임 관련 문서의 검토' 부분으로 넘어가도 될 것이다.

Ⅱ. 보호책임의 등장 배경

1. 집단안보 범위의 확대

(1) 국내안보와 국제안보의 연계

국제사회의 '평화와 안전'을 유지한다는 것은 어떠한 상태를 의미하는가. 유엔이 최우선 목적으로 하고 있는 평화와 안전의 유지와 유엔헌장상의 집단안전보장체제는 무엇을 위한 것이며,

우리는 어느 정도까지의 국제공동체 전체의 '안보'가 보장되어야 우리 자신의 '안보'가 보장되고 있다고 느끼는 것인가.[1] 유엔헌장 제1조 1항은 유엔의 가장 중요한 목표가 평화에 대한 위협의 방지 또는 제거이며, 침략행위 및 평화에 대한 파괴를 막기 위하여 집단조치(collective measures)를 취할 수 있다고 명시하고 있다. 유엔헌장은 정당한 자위권 행사를 제외한 개별 국가의 무력사용이나 위협을 금지하고, 안전보장이사회에게 강제조치를 취할 수 있는 권한을 위임함으로써 집단적인 안전보장체제를 수립하였다.[2] 집단안전보장체제는 상호불가침을 약속한 집단의 구성원인 한 국가에 대하여 다른 국가가 침략을 자행한 경우 이에 대하여 집단적으로 대응함으로써, 국가간 상호 안전을 보장함을 본래의 취지로 하였다.[3] 집단안전보장체제를 예정할 당시 안보 위협으로 인식되었던 경우는 기본적으로 국가간의 무력충돌에 제한되었다. 따라서 국제평화와 안보의 유지는 국제적인 무력충돌 및 분쟁에 대한 개별적 국가의 안보, 즉 영토적 보전과 정치적 독립을 유지하는 상태로 해석되었다.

한편 내란/내전(civil war)처럼 무력충돌의 대상이나 범위가 한 국가의 국경 내에서 이루어지는 경우, 특정 지역의 소수민족 보호처럼 관련 국제조약이 이미 존재하거나 또는 그 여파가 심각하게 주변지역으로 미치기 이전까진 국제안보의 관심사 밖이

---

1) '안보'란 일반적으로는 편안히 보전함을 의미하고, 국제정치에서는 '안전보장'의 줄임말로 쓰인다. 영어 원문의 'security'는 안보 또는 안전으로 혼용되어 번역되고 있으나, 이 보고서에서 security는 기본적으로 안전보장의 줄인 말인 '안보'로 번역하기로 한다. 그러나 'peace and security'의 경우와 같이 관용적인 표현이 확립되어 사용되고 있는 경우, 그에 따라 '안전'이라고도 번역할 것이다.

2) 유엔헌장 제7장 제39조 이하.

3) J. Delbruck, "Collective Security," in R. Bernhardt(ed.), *Encyclopedia of Public International Law*, Vol. I(1992), pp.41-42.

었다. 물론 대부분의 국경내 분쟁은 대량 난민의 발생이라든지 주변국가의 개입을 초래해 왔기 때문에 그것이 갖는 국제적 측면 내지 비인간적인 참상 등에 대해 국제사회는 비상한 관심을 가져왔다. 그럼에도 불구하고 내전은 오랜 기간 동안 엄격한 의미의 집단안전보장체제의 주요 안보 범위에 속하지 못했다. 더욱이 미국과 구소련이 첨예한 대치상황에 있었던 냉전기간에는 일방의 정치적 영향권 내에 있는 지역에서 발생한 내전에 국제사회가 집단적으로 관여하기에는 사실상 어려움이 있었다.

그러나 1986년 남로데지아 사태를 시작으로 하여, 안전보장이사회는 국제적인 무력충돌 상황뿐 아니라, 내전에 대해서도 관여하기 시작하였으며, 그 결과 내전은 국제안보의 주요 문제의 일부로 다루어지기 시작했다.[4] 모든 국가안보의 문제는 국제안보 상황과 밀접한 관련을 가지고 있으며, 그 관련성이 더더욱 증가하고 있음을 확인한 유엔 총회의 결의에 따라, 국가들은 보다 포괄적이고 협력적인 측면에서 안보의 문제를 다루어야 할 필요에 대해 합의하기에 이르렀다.[5]

(2) 안보 개념의 확대와 안보 위협의 확대

탈냉전 이후 집단안보의 범위는 보다 넓게 확대되어 해석되었다. '안보'는 상대적인 가치가 내재되어 있는 개념으로, 일반적으로 안보는 개별 국가의 핵심가치에 관한 위협의 부재(不在)

4) A. Cassesse, *International Law*, 2nd ed.(Oxford: Oxford University Press, 2005), pp.347-348.

5) Review of the Implementation of the Declaration on the Strengthening of International Security, G.A. Res. 41/90, U.N. Doc. A/RES/41/90(4 December 1986).

를 의미한다. '핵심가치에 대한 위협'의 형태는 시대에 따라 다르게 인식되어진다고 한다. 혹자에 따르면 냉전시대에는 주로 핵무기의 위협이나 무력공격 등 군사적 안보를 위협하는 행위가 주를 이루었다면, 탈냉전 이후에는 전통적 위협뿐만 아니라 사회, 경제 및 환경문제에 관련한 비전통적 위협 역시 중요하게 다루어지고 있다.6) 이러한 가치에 대한 위협에 대하여 Arnold Wolfers는 "안보라 함은 객관적으로는 획득된 가치에 대한 위협의 부재를 의미하며, 주관적으로는 이러한 가치가 공격당할 것이라는 두려움의 부재로 해석될 수 있다"고 한다.7) 한편, 안보의 문제를 보다 객관적으로 국내외적인 취약성(vulnerabilities)의 문제로 다루는 이도 있다. 즉, 한 국가의 구조를 약화시키거나 파괴하는 위협 또는 그럴 수 있는 잠재적 요소가 있는 경우, 안보(security)상황과 비안보(insecurity)상황을 나눌 수 있다는 것이다.8) 이처럼 안보라는 개념은 안보가 논의되는 상황과 판단 주체가 인식하는 당시 안보의 내용에 따라 변하는 상대성을 본질로 하고 있으므로 명확하고 확정적인 법적 정의를 찾기에는 한계가 있을 것이다.9) 이하에서 잠시 안보 개념의 변화를

---

6) W. T. Tow, R. Thakur, and I. T. Hyun(eds.), *Asia's Emerging Regional Order: Reconciling Traditional and Human Security* (Tokyo: United Nations University Press, 2000).

7) 원문은 다음과 같다. "Security, in any objective sense, measures the absence of threats to acquired values, in a subjective sense, the absence of fear that such values will be attacked." A. Wolfers, *Discord and Collaboration* (Baltimore: Johns Hopkins University Press, 1962), p.150.

8) M. Ayoob, *The Third World Security Predicament* (Boulder: Lynne Rienner, 1995), p.5. "Security-insecurity is defined in relation to vulnerabilities—both internal and external—that threaten or have the potential to bring down or weaken state structures, both territorial and institutional, and governing regimes."

살펴본다.

전통적으로 안보 개념은 국가의 영토적 보전과 주권을 기초로 해석되었다.[10] 냉전시대에 '안보'의 개념은 군사안보와 거의 동일하게 사용되어 왔으며, 안보의 대상은 국가에 한정되었다.[11] 가령 현실주의 정치학자인 Hans Morgenthau는 국가안보를 영토적 보전과 국가제도의 통합성이 유지되는 것으로 보았고, 국가안보가 국가의 가장 핵심적인 이익을 구성한다고 하였다.[12] 따라서 국가의 안보는 외부로부터의 침략에 저항할 수 있는 능력 정도로 정의되었다.[13] 1980년대에 들어서 안보 개념이 활발하게 논의됨에 따라 공동안보(common security), 포괄안보(comprehensive security), 협력안보(cooperative security) 등의 새로운 차원의 안보 개념이 소개되기도 했다.[14] 그러나 이러한 안보 개념 역시 여전히 국가중심적 입장을 벗어나지 못하였으

9) P. Hough, *Understaning Global Security* (London: Routhledge, 2004), p.9; A. Collins, *Contemporary Security Studies* (Oxford: Oxford University Press, 2007), p.3에서 안보에 관한 학자들의 견해 참고.

10) Collins, *ibid.*, p.2.

11) 국제관계학상 냉전시대에는 현실주의 패러다임이 주류를 이루었고, 그들에 있어 국제사회의 주요 행위자는 주권국가들이었다. 국가들은 자신의 주권을 수호하고 영토를 보존하는 수단으로 군사력의 증강을 최우선의 과제로 여겼다. 한편, 이상주의자들 역시 국가안보를 평화를 위한 노력으로써 달성할 수 있다고 보았다. 이상주의자 역시 접근수단을 달리하지만 국가안보를 달성해야 할 목표로 두고 있었음은 현실주의자들과 동일하다.

12) H. J. Morgenthau(Revised by K. W. Thompson), *Politics Among Nations: The Struggle for Power and Peace*, 6th ed.(New York: Alfred A. Knof, 1985).

13) G. Luciani, "The Economic Content of Security," 8:2 *J. of Pub. Policy* 151(1989), p.151.

14) R. Thakur, *The United Nations, Peace and Security* (Cambridge: Cambridge University Press, 2006), p.81; G. Oberleitner, "Human Security: A Challenge to International Law?," 11 *Global Governance* 185(2005).

며, 다만 기존의 군사적·대립적 입장의 안보 개념에 더하여 협력적 비군사적 안보 요소를 강조하는 정도에 머물렀다.[15)]

1990년대 구소련의 붕괴로 인한 냉전의 종식과 함께 기존의 국가와 군사력중심의 안보 개념을 재정의해야 한다는 논의가 등장하기 시작했다. 안보 개념의 중점을 경제, 자원, 환경 등 다양한 분야로 확대하고, 국가중심에서 벗어나 인간중심으로 변화해야 한다는 요청이 나타나게 된 것이다.[16)] 이에 따라 국제사회에서의 안보는 전통적인 국가의 군사방위 이상의 것으로 변하였고, 경제안보, 식량안보, 건강안보, 환경안보, 개인안보, 공동체안보, 그리고 정치안보까지 다양한 측면들과 함께 고려되기 시작하였다. 이에 더하여, 인간중심성이 국제사회에서 강조됨에 따라 안보의 기본단위는 국가에서 개인의 단계로 확대되는 '인간안보'(human security) 개념이 대두되었다. 다음 제3장에서 다시 언급되겠지만 전통적인 국가안보는 국가를 보호하는 것, 즉 국가의 영토적 보전을 목적으로 하는 반면, 인간안보는 사람 자체를 보호하는 것을 목적으로 한다. 왜냐하면 '실패한 국가'(failed States) 등에서 보듯이 국가가 자신의 영토 내의 인간의 안보를 보장할 능력이 없거나 의도적으로 보장하지 않을 수도 있다는 점이 부각되었기 때문이다.[17)] 따라서 인간의 안보는 다른 안보에 부가적 또는 부속적으로 고려될 것이 아닌, 그 자체를 중심에 두고 논의해야 할 필요성이 강조되기 시작하였다.[18)]

15) 전웅, "국가안보와 인간안보," 「국제정치논집」, 제44집 제1호(2004), 29-30쪽.

16) 위의 논문, 30쪽.

17) G. King & C.J.L. Murray, "Rethinking Human Security," 116:4 *Political Science Quraterly* 585(Winter 2002), p.588.

18) Oberleitner, *supra* note 14, pp.189-190.

한편, 안보의 위협은 점차적으로 국가의 경계를 넘게 되었으며, 그 인식 또한 확대되었다. 이러한 안보의 위협에는 폭력뿐 아니라 조직화된 범죄, 테러리즘 그리고 대량살상무기로부터의 위협뿐 아니라 가난, 질병 및 환경의 파괴 또한 포함되는 것으로 넓게 해석되기 시작하였다.[19] 실제 이러한 것들은 전통적으로 국제평화와 안보를 위협하는 다른 것들과 유사한 정도의 피해를 일으킬 수 있으며, 대규모의 인명살상을 가져올 수 있다는 점에서 새로운 형태의 안보 위협이라 일컫는 것은 당연할 것이다. 국제평화를 위협하는 정도의 테러행위를 통해 비국가행위자가 안보의 위협 주체로 등장하게 되었고, 소위 '실패한 국가'(failed States)라고 불리는 국가들이 테러리스트들의 본거지로 지적되기 시작하였다. 즉, 한 국가의 가난, 내전 등과 같은 내부적 요인으로 인한 확대된 의미의 안보의 위협은 다른 국가의 안보의 위협과 직결되는 사항이 되었고, 이에 대한 대처 역시 국제적인 협력과 공조를 통한 공동의 대응이 불가피하게 되었다. 결국 이러한 안보 인식과 위협의 변화는 집단안전보장체제의 원리가 기존의 의미를 넘어서게 된 것을 의미하며, 집단안전보장체제 전체에 대한 재고를 요청하고 있다.

(3) 국내문제 불간섭원칙과 인권문제의 국제화

전통・현대국제법을 통틀어 누구 하나 의문을 제기하지 않을 만큼 확립된 원칙 중 하나가 바로 '국내문제 불간섭원칙'이

19) 이에 관하여는 K.G. Park, "Northeastern Asia and International Law in the 21st Century," in E. Jouannet, H. Ruiz-Fabri, J.M. Sorel(eds.), *Regards d'une génération sur le droit international* (Paris: Pedone, 2008), pp.287-302.

다. 이 원칙은 국가의 국내관할사항에 대해서는 해당 주권국가 이외의 누구도 간섭을 하여서는 아니 된다는 국제법상 의무를 의미하며, 주권평등원칙에 기초한다. 이 원칙은 시대의 변화에 따라 무엇이 국내문제를 구성하는지, 그리고 그러한 판단은 누가 하느냐 등의 상대적 해석의 여지를 두고 있긴 하지만, 국내문제 불간섭원칙은 수평적 주권국가를 주체로 하고 있는 국제법상 확립된 원칙으로 여전히 건재하고 있다. 유엔헌장 제2조 7항 역시 유엔 자신도 회원국의 국내문제에는 간섭하지 않도록 규정하고 있다. 따라서 무력에 의한 간섭은, 헌장 제7장의 예외적인 경우를 제외하고, 국내문제 불간섭원칙과 유엔헌장 제2조 4항 무력사용금지원칙 양자에 근거하여 허용되지 않고 있다. 이러한 원칙은 유엔 총회 결의 제2131호, 제2625호, 제31/91호 등 수차에 걸쳐 거듭 확인된 것으로 국제법상의 기본원칙으로 굳건한 자리를 지켜왔다.[20]

그럼에도 불구하고 국제사회에서는 무력에 의한 간섭을 비롯한 다양한 형태의 개입이 일어나고 있음을 부정할 수 없다. 이러한 개입은 다양한 명목하에 이루어졌으며, 국내문제 불간섭원칙에서 '국내문제'의 개념 범위 축소를 통해 동 원칙의 위반에 해당하지 않는다고 주장되거나 또는 원칙의 예외에 해당한다고 주장되었다.[21] 그런데 역사상 타 국가에 의한 간섭의 대부분이 소위 '인도적(人道的) 목적'을 위하여 이루어졌다는 사실에 주목할 필요가 있다. '인도적'이라는 추상적 개념만 앞세웠지

---

20) 유병화 · 박노형 · 박기갑, 「국제법 II」(법문사, 2000), 686쪽.

21) 사회주의 체제 유지를 목적으로 한 브레즈네프 독트린에 입각한 간섭, 민주주의를 위한 간섭, 인권의 극심한 침해에 대한 구제를 이유로 한 인도적 간섭이 그 대표적 예이다. 이성덕, "사례를 통하여 본 인도적 간섭(국제법적 적법성)," 「법학연구」, 제5호(홍익대학교, 2003), 23-24쪽.

개입의 범위 및 주체 등에 관한 확립된 객관적 판단의 기준이 존재하지 아니한 상황에서 특히 무력을 수반하는 간섭의 경우, 국제사회의 평화와 안전을 위해 무력사용을 제한하고 있는 집단안전보장체제와의 충돌은 피할 수가 없다. 이하에서는 국내문제 불간섭원칙과 인권문제의 국제화의 충돌점에 있는 '인도적 간섭' 논의를 보다 자세히 살펴보도록 한다.

2. 인도적 간섭의 한계 및 재검토의 필요성

(1) 인도적 간섭의 의미

인도적 간섭의 기원은 19세기로 거슬러 올라간다. 국제사회에서 인도적 간섭이 최초로 언급된 사례는 1827년 영국, 프랑스, 러시아에 의한 그리스 간섭이라고 한다.[22] 이후, 국가들은 타국에 대한 간섭행위의 정당성 근거로 인도적 간섭이라는 용어를 종종 사용해 왔다.[23] 인도적 간섭은 '인권'이라는 목적과 '간섭'이라는 행위로 구성된 두 개의 대립되는 개념의 조합이다. 다시 말해서 인권은 국제법상 보편적으로 그 중요성에 대해서

22) J.P.L. Fonteyne, "The Customary International Law Doctrine of Humanitarian Intervention: Its Current Validity under the U.N. Charter," 4 *Cal. W. Int'l L. J.* 203(1974), p.206. 아울러 M. Jamnejad & M. Wood, "The Principle of Non-Intervention," 22 *Leiden J. of Int'l L.*(2009), pp.345-381.

23) Fonteyne, *ibid.*, pp.206-208. 당시 인도적 간섭은 적법성 내지 정당성의 충족 여부와는 별개의 국가의 정치적·외교적 수단이었다. 그러나 인도적 간섭은 1928년 부전조약(不戰條約)에 의하여 외교적 수단으로써 개별 국가의 무력행사가 금지되고, 1945년 유엔의 설립과 함께 개별적인 무력행사가 금지되고, 집단안보체제하에서만 무력사용을 제한적으로 허용함에 따라 국제법상 적법하지 않은 행위가 되었다. 또한, 국내문제 불간섭원칙 및 주권평등원칙에 반하는 행위이므로 그 목적은 정당성과는 별개로 수단의 정당성을 확보하지 못하였다.

는 상당한 정도까지 합의를 담고 있는 개념이지만, 간섭은 국제법상 예외적인 것으로 여전히 많은 논쟁을 제기하는 개념이다.[24] 간섭이란 발생한 맥락과 그의 목적에 따라 재정의되기도 하지만, 일반적으로는 간섭받는 국가의 동의를 받지 않은 다양한 유형의 행위를 의미한다.[25] 다시 말해서, 압도적인 힘을 가진 국가가 자신의 의지를 관철하기 위해 대상국에 압력을 가하는 행위이다.[26]

간섭은 국제법상 국가주권원칙 및 그의 파생원칙인 국내문제 불간섭원칙에 반한다고 해석된다. 또한 실제 간섭은 어느 정도의 무력행사 또는 소규모의 군사 개입이 불가피하므로 무력행사금지원칙과도 충돌의 여지가 있다.[27] 인권존중의 원칙 역시 국제법의 기본원칙이라 하더라도 무력행사금지원칙과 국내문제 불간섭원칙이 확립된 현대국제법하에서 국가주권에 대한 강압적인 개입은 그 목적의 정당성 여부를 불문하고 국제법상 허용되지 않음이 원칙이었다.[28] 이러한 입장은 다른 국가의 국민

---

24) Y.K. Tyagi, "The Concept of Humanitarian Intervention Revisited," 16 *Mich. J. Int'l L.* 883(1995), pp.884-885.

25) ICISS, *The Responsibility to Protect: Research, Bibliography, Background, Supplementary Volume to the Report of the International Commission on Intervention and State Sovereignty* (Ottawa: International Development Research Center, 2001), pp.15-16[이하, 「ICISS Supplementary Volume」].

26) H. Bull(ed.), *Intervention on World Politics* (Oxford: Oxford University Press, 1984).

27) R. Higgins, *Problems and Process: International Law and How We Use It* (Oxford: Oxford University Press, 1994), pp.245-248. 한편, Oppenheim은 간섭을 실제적인 조건의 유지 또는 변경을 목적으로 어떤 국가의 활동에 대한 강제적인 개입(dictatorial interference)이라고 말하며, 강제력을 수반하지 않은 단순한 개입을 구별하여 말한다. 그러나 간섭이 반드시 무력에 의하여만 하는 것은 아니라고도 한다. R. Jennings & A. Watts(eds.), *Oppenheim's International Law*, 9th ed., Vol. I(London: Longman, 1992), pp.432-434.

에 대한 인권침해를 막기 위한 강제적인 간섭행위는 국가의 권리로 볼 수 없다고 주장한 Oscar Schachter의 견해에서도 찾아볼 수 있다.[29] 그러나 인권이 더 이상 국내문제가 아닌 국제문제이고, 이를 보호해야 할 가치라고 간주하는 일부 적극적인 국가들은 인권보호라는 관대하고 자비로운 목적을 가진 무력을 수반한 간섭을 '인도적 간섭'이라는 개념하에서 합리화하려는 움직임은 여전히 존재한다.

이처럼 인도적 간섭의 명확한 개념은 존재하지 않지만, 후술하듯 상당수의 사례가 '인도적 간섭'을 행위의 근거로 삼아 그 필요성을 주장하고 있음을 알 수 있다. 인도적 간섭은 일반적으로 i) 국가가 개별적 또는 집단적으로 또는 국제기구를 통하여, ii) 자국민이 아닌 다른 국가의 국민에 대한, iii) 국제적으로 널리 알려진 대규모의 인권침해에 대하여, iv) 인권침해를 중단시키고 인권을 보호하기 위하여, v) 일정의 무력의 위협 또는 사용을 통하여 간섭하는 것으로 정의된다.[30] 실제 학자들 간에는

28) 인도적 간섭의 합법성 여부에 관하여는 많은 논쟁이 반복되어 왔다. 그러나 일반적으로 유엔에 의한 인도적 간섭은 합법한 것으로 인정하고 있다. Ian Brownlie는 개별 국가에 의한 일방적인 인도적 간섭은 위법하지만, 평화에 대한 위협을 구성하는 것과 같은 인권침해의 경우에는 유엔헌장 제7장의 조치를 취하는 것이 가능하고, 또한 평화유지군도 인권침해를 보호하기 위한 임무를 수행할 수 있다고 하였다. 한편, Richard B. Lillich는 Brownlie의 견해에 동의하지만, 유엔군 창설의 실패와 안전보장이사회의 거부권 남용 등의 예를 들며 비현실성을 비판하였다. Ian Brownlie와 Richard B. Lillich의 이러한 견해 및 관련 논쟁에 관하여는 J.N. Moore & R.F. Turner(eds.), *National Security Law*, 2nd ed.(Carolina Academic Press, 2005), pp.130-133; 류재형, "국제법상 인도적 원조와 인도적 간섭,"「법학논집」, 제12집(1997), 187-236쪽.

29) O. Schachter, "The Right of States to Use Armed Force," 82 *Mich. L. Rev.* 1620(1984), p.1629.

30) S.D. Murphy, *Humanitarian Intervention: The United Nations in an evolving world order* (Philadelphia, PA: University of Pennsylvania Press, 1996), pp.11

특정한 유형의 행위가 인도적 간섭에 해당하는지에 관한 서로 다른 의견이 있는데, 인도적 간섭이 자국 국민의 국가관할권 범위 외에서의 보호를 위하여 자행된 경우를 포함하는지,[31] 무력을 사용하지 않은 기타 경제적 제재 또는 외교적 수단에 의한 제재를 포함하는지,[32] 그리고 이것이 단순히 일방적 개입만을 의미하는지 등이 쟁점을 이루고 있다.[33]

(2) 인도적 간섭의 사례

이하에서는 1990년대를 기점으로 인도적 간섭의 사례를 설명한다. 이와 같이 구분하는 이유는 구소련의 해체로 자연히 냉

-12; J.L. Holzgrefe, "The humanitarian intervention debate," in J.L. Holzgrefe and Robert O. Keohane(eds.), *Humanitarian Intervention: Ethical, Legal, and Political Dilemmas* (Cambridge: Cambridge University Press, 2003), p.18; A. Roberts, "The So-Called 'Right' of Humanitarian Intervention," *Yearbook of International Humanitarian Law* (The Hague: T.M.C. Asser, 2001).

31) U. Beyerlin, "Humanitarian Intervention," in: R. Bernhardt(ed.), *Encyclopedia of Public International Law*, Vol. III(1992), p.936; 그러나 이러한 유형의 간섭은 대부분 자위권 또는 외교적 보호권의 맥락에서 이해되고 있다. 1927년 영국군대의 중국에의 간섭은 영국인의 보호를 위한 것이었고, 1956년 이집트에 대한 영국의 간섭, 1958년 미국의 레바논에 대한 간섭과 1965년 도미니카공화국에 대한 간섭, 1960년 벨기에의 콩고에 대한 간섭, 1976년 이스라엘의 엔테베 공항에서의 작전수행, 1978년 벨기에·프랑스·미국의 자이르의 샤바 지방(Shaba province)에 대한 합동작전 등이 여기에 속하는 간섭이 유형이라고 볼 수 있다. 자세한 내용은 Tyagi, *supra* note 24, p.885 참고.

32) 비무력적 수단에 의한 개입을 지지하는 대표적인 학자로는 Fernando R. Téson이 있다. F. T. Téson, *Humanitarian Intervention: An Inquiry into Law and Morality*, 2nd ed.(Dobbs Ferry, N.Y.: Transnational Publishers, 1997), p.135; David J. Scheffer, "Towards a Modern Doctrine of Humanitarian Intervention," 23 *Univ. Toledo L.R.* 253(1992), p.266.

33) 이러한 관점에서 집단적 간섭은 집단적 자위권 체제에 포함된다. 그러나 집단적 자위권 행사의 경우는 자위권의 전제조건인 '무력공격의 여부'가 있어야 하느냐의 문제로 다소 모호해지기도 한다.

전체제가 종식되면서 점차 정치적 영향력의 공백이 생긴 지역에서 크고 작은 분쟁이 발생하기 시작했고, 국가에 의해 이루어지던 과거의 예와는 달리 국제기구에 의한 간섭이 주를 이루기 때문이다.

1) 1990년대 이전 : 일방주의적 인도적 간섭

1990년대 이전에는 주로 개별적 국가에 의한 일방적인 간섭이 이루어졌으며, 실제로 이러한 간섭은 주로 넓은 의미의 자위권이라는 명목하에 행사되었다.[34] 이러한 간섭의 예로는, 1971년 동파키스탄에 대한 인도의 간섭, 1978년 캄보디아에 대한 베트남의 간섭, 1979년 중앙아프리카에 대한 프랑스의 간섭, 1979년 우간다에 대한 탄자니아의 간섭, 1983년 그레나다에 대한 미국의 간섭 등이 대표적으로 제시된다.[35]

1990년대 이전에는 앞에서 이미 보았듯이, 국제평화와 안전을 위협하지 않는 이상 내전으로 인한 인권의 유린 및 한 국가 내에서 자행되는 인권침해는 국내관할하의 배타적 영역의 문제로 여겨졌다. 일부 학자는 인도적 간섭은 국제관습법의 일부를 이루므로 정당성이 인정되어야 한다고 주장하기도 했지만, 여전히 인도적 간섭의 규범적 지위 및 실행 여부에 대한 국가간 합의는 존재하지 않았다.[36] 그러나 이러한 상황은 인권문제에 대한 국제사회의 관심이 6개 주요 인권조약을 비롯한 다양한 인권협약 및 인권관련 기구에 의하여 구체화되고, 국제사회에

---

34) 1990년대 이전의 일방주의 간섭의 사례에 대한 자세한 설명은 「ICISS Supplementary Volume」, pp.49-68 참고.

35) 이에 대한 자세한 사례연구는 F.T. Téson, *supra* note 32; 이성덕, 앞의 주 21.

36) N. J. Wheeler, *Saving Strangers: Humanitarian Intervention in International Society* (Oxford: Oxford University Press, 2000).

서의 인권의 공론화의 중요성이 부각됨에 따라, 인권문제는 더 이상 한 국가의 국내관할에만 전적으로 종속되는 것은 아니라는 주장이 강하게 제기되기 시작했다. 이에 따라 극심한 인권침해 상황에 대한 국제사회의 인도적 간섭은, 국내문제 불간섭원칙을 저해하지 않는, 배타적인 국내문제의 영역 외에 있으므로 허용되어야 한다는 논의로 발전하게 된다. 일찍이 Hans Kelsen은 내전을 비롯한 인권문제도 국제사회의 평화와 안전에 대한 위협을 구성한다는 견해를 제시한 바 있으나, 1990년대 이전 안전보장이사회는 그 이행에 있어서 양자의 관계설정에 대한 확실한 입장을 보여주지 못하였다.37)

2) 1990년대 이후 : 유엔체제하의 집단적 · 인도적 간섭

1990년대에 들어 인도적 간섭에 관한 국제사회의 인식과 관행이 변화하기 시작하였다. 냉전의 종식은 유엔의 역할과 집단안보체제에 대한 국제사회의 기대를 고조시켰으며, 안전보장이사회는 이에 부흥하여 냉전기와 비교해 볼 때 질적 · 양적으로 발전한 결의를 도출하게 된다.38) 또한 심각한 인권의 침해가 헌장 제39조에서의 "평화에 대한 위협"에 해당함을 인정하는 다수의 결의를 채택함에 따라 유엔 차원에서의 인도적 간섭의 구체적 실행의 길을 마련한다. 안전보장이사회는 인권침해의 결과적

37) 정인섭, "유엔의 인권보호활동," 「국제법학회논총」, 제46권 제1호 통권 제89호(2001), 229쪽.

38) 1946년에서 1989년 안전보장이사회가 헌장 제7장에 기해 채택한 결의는 총 24개이다. 한편 1990년부터 1999년까지 탈냉전 직후 10년간 채택된 결의는 166개에 이른다. 자세한 결의 내용 및 통계에 관하여는 S. Chesterman, *Just War or Just Peace? Humanitarian Intervention and International Law* (New York: Oxford University Press, 2001), pp.237-240 참고.

규모 및 전반적 사태를 종합적으로 고려하여, 해당 상황이 국제평화와 안전에 대한 위협을 구성하는지 여부를 판단하였다.[39] 한편, Simon Chesterman은 국제평화에 대한 위협을 확인한 안전보장이사회의 결의의 구체적 원인을 [표 1]처럼 내전, 인도적 재난, 민주주의의 파괴 세 가지로 분류하여 설명한다.[40]

내전으로 인한 인권침해가 국제평화를 위협함을 확인한 최초의 결의는 1991년 이라크내 쿠르드족에 관한 안전보장이사회 결의 제688호이다. 안전보장이사회는 대규모의 난민의 발생과 국경 근처에서의 충돌이 그 지역의 평화와 안전을 위협한다고 판단하였다.[41] 그러나 결의 제688호는 '지역의 평화에 대한

[표 1] 1990년대 안전보장이사회의 결의의 '평화에 대한 위협'의 구체적 원인

분 류		사 례	유엔 안보리가 채택한 개입 승인 결의
내전 (Internal Armed Conflict)	1991	이라크 쿠르드족 사태	S.C. Res. 688
	1991-2	구 유고슬라비아 사태	S.C. Res. 770
	1990-2	라이베리아 사태	S.C. Res. 788
	1996-8	중앙아프리카공화국	S.C. Res. 1125
인도적 재난 (Humanitarian Crisis)	1992-3	소말리아	S.C. Res. 794
	1994	르완다	S.C. Res. 929
	1995-6	동자이르	S.C. Res. 1080
	1997	알바니아	S.C. Res. 1101
	1999	동티모르	S.C. Res. 1264
민주주의 파괴 (Disruption to Democracy)	1991-4	아이티	S.C. Res. 940, S.C. Res. 955
	1997-8	시에라리온	S.C. Res. 1132 (ECOWAS)

39) 정인섭, 앞의 주 37, 253쪽.

40) S. Chesterman, *supra* note 38, pp.129-159.

41) S.C. Res. 688, U.N. Doc. S/RES/688(5 April 1991).

위협'이 직접적인 군사개입 허용의 근거가 되었으므로, '인권보호' 목적만을 가지고 있었던 것은 아니다.

그러나 안전보장이사회는 인권보호를 위한 군사개입을 허용하는 결의를 계속적으로 채택하며, 그 범위를 점차적으로 넓혀갔다.[42] 이후 국제사회의 평화에 대한 위협을 외부적 효과에 따른 판단 없이 인도적 목적 자체만을 가지고 채택한 첫 번째 결의는 1992년 구유고슬라비아 내전 사태에 관한 결의 제770호이다.[43] 같은 해 안전보장이사회는 소말리아의 인도적 재난을 막기 위해 결의 제794호에서 무력행사를 수반한 군사개입을 승인하였다.[44] 이후 1994년 르완다,[45] 1994년 아이티,[46] 1997년 시에라리온,[47] 1997년 알바니아,[48] 1999년 동티모르까지[49] 1990년대 일어난 인류의 양심에 반하는 대규모의 인도적 재난에 대하여 안전보장이사회는 단호하고 적극적인 강제조치를 승인하는 결의를 지속적으로 채택해 왔으며, 이러한 결의에 따라

42) 이에 관하여는 Wheeler, *supra* note 36, part 3; C. Gray, *International Law and the Use of Force*, 2nd ed.(Oxford, New York: Oxford University Press, 2004), Chapter 7, The UN and the Use of Force 및 Chapter 8, Security Council Authorization for Member States to Use Force를 참고.

43) S.C. Res. 770, U.N. Doc. S/RES/770(13 August 1992).

44) S.C. Res. 794, U.N. Doc. S/RES/794(3 December 1992). 관련 부분의 원문은 다음과 같다. "10. Acting under Chapter VII of the Charter of the United Nations, authorizes the Secretary-General and Member States cooperating to implement the offer referred to in paragraph 8 above to use all necessary means to establish as soon as possible a secure environment for humanitarian relief operations in Somalia."

45) S.C. Res. 929, U.N. Doc. S/RES/929(2 June 1994).

46) S.C. Res. 940, U.N. Doc. S/RES/940(31 July 1994).

47) S.C. Res. 1181, U.N. Doc. S/RES/1181(13 July 1998).

48) S.C. Res. 1244, U.N. Doc. S/RES/1244(10 June 1999).

49) S.C. Res. 1264, U.N. Doc. S/RES/1264(9 September 1999).

보다 다국적이고 집단적인 인도적 간섭이 이루어졌다.[50] 이들 개별 사례마다 안전보장이사회의 헌장 제7장의 승인과 그에 따른 유엔의 직접적 이행이 있는 경우도 있었으며, 승인이 있다 하더라도 실제 임무의 수행은 위임된 경우도 있었다. 한편, 유엔의 사전승인이 없이 인도적 간섭을 명목으로 군사 개입이 이루어진 경우는 국제법상 많은 논란을 가져오기도 하였다. 1990년대 이루어진 개별 사례의 인도적 간섭과 군사개입 유형은 [표 2]와 같다.[51]

[표 2] 1990년대 인도적 간섭과 군사개입

국 가	헌장 제7장 승인 및 유엔미션	헌장 제7장 승인 및 위임	유엔 안보리 사전 승인이 없는 활동
라이베리아 1990-1997			ECOWAS monitoring group (ECOMOG)
북이라크 1991-		Coalition	Coalition
구 유고 (보스니아) 1992-	UN Protection Force (UNPROFOR)	Implementation Force (IFOR), Stabilization Force (SFOR)	
소말리아 1992-1993	UN Operation in Somalia (UNISOM II)	Unified Task Force (UNITAF)	
르완다 1994-1996	UN Assistance Mission in Rwanda (UNAMIR II)	Operation Turquoise	
아이티 1994-1997	UN Mission in Haiti (UNMH)	Multinational Force (MNF)	
시에라리온 1997-	UN Mission in Sierra Leone (UNAMSIL)		ECOWAS monitoring group (ECOMOG)
코소보 1999-		Kosovo Force (KFOR)	North Atlantic Treaty Organization (NATO)
동티모르 1999-	UN Mission in East Timor (UNAMET)	International Force in East Timor (INTERFET)	

50) 안전보장이사회의 강제조치 발동에 관하여는 정인섭, 앞의 주 37, 240-242쪽 참고.

51) 「ICISS Supplementary Volume」, p.80.

한편, 1990년대에 이루어진 집단적·인도적 간섭 모두가 다 성공한 것은 아니다. 실제로 행하여졌거나 반대로 불발로 끝난 인도적 간섭 중에는 적지 않은 논란을 불러일으킨 예가 있다. 1994년 르완다 사태는 국제사회가 적절한 인도적 개입을 하지 못한 대표적인 예이다.[52] 당시 유엔 사무국과 안전보장이사회의 일부 상임이사국은 집단살해가 발생할 개연성이 높다는 정보를 입수하고 있었기 때문에 현지에 일정 수의 유엔군을 배치하는 결정을 내린 바 있었다. 하지만 실제로 르완다의 학살을 막거나 최소한 학살 움직임을 약화시킬 수 있는 전략이 있었음에도 불구하고 행동하지 않았다는 비난을 받았으며, 더 나아가 안전보장이사회는 르완다의 인도적 재난을 막기 위한 적극적이고도 보완적인 조치를 취할 것을 거부하였다. 이 사태는 국제공동체가 인간에 의해 야기된 대참극을 막겠다는 강한 의지가 없는 대표적 예로 거론되며, 결국 르완다의 집단살해뿐 아니라 대호수(Great Lakes) 지역 전체의 불안정을 가져왔다. 이러한 선별적인 인도적 간섭 실패의 사례는 궁극적으로 아프리카인들이 보편적인 인권의 가치를 신뢰하지 않게 되는 계기가 되었다고 「ICISS 보고서」는 적고 있다.[53]

한편 1999년 NATO가 코소보에 대한 인도적 간섭을 행하였을 때는 르완다와는 다른 차원의 논쟁, 즉 주권국가에 대한 군사적 간섭의 정당성 여부가 주요 쟁점으로 떠올랐다. 코소보 간섭을 부정적으로 보는 시각은 세르비아 정권에 의한 인권 남용

52) 이에 관해서는 A. J. Klinghoffer, *The International Dimensions of Genocide in Rwanda* (New York: New York University Press, 1998); P. Gourevitch, *We Wish to Inform You That Tomorrow We Will be Killed With Our Families: Stories from Rwanda* (New York: Picador, 1999).

53) 「ICISS Report」, para. 1.1.

과 침해가 외부의 개입을 요할 만큼 심각한 것이었는지, 이러한 개입에는 정치적 의도가 포함되지는 않았는지, 그리고 다른 평화적 수단의 개입이 가능하지는 않았는지 등의 질문을 던진다. 특히 개입 주체의 적법한 권한의 존부와 안전보장이사회의 승인 없는 무력행사는 개입 주체의 국제법상 적법한 권한의 존부에 대한 논란을 가져왔다. 한편 이와는 반대로 코소보에 대한 NATO의 시의적절한 개입이 없었다면 더 많은 인명 희생은 물론, 더 심각한 집단학살이 발생할 수 있었기에 인도적 개입행위를 긍정적으로 보는 견해도 적지 않았다.[54]

1992~93년 소말리아에서의 유엔평화활동(UN Peace Operations)의 철수와 1995년 보스니아 스레브니차에 유엔이 설치했던 안전지대(safe area)에서 당시 피난처를 찾던 천여 명의 민간인에 대한 대량학살을 막지 못한 것은 또 다른 인도적 간섭의 실패의 예들이다. 이는 특히 위험에 처한 민간인에 대한 보호조치가 제대로 이루어지지 않은 경우로서 국제적인 인도적 간섭이 잘못된 계획과 부적절한 운영, 군사력에 대한 지나친 의존 등이 문제점으로 지적되었다.[55]

르완다, 코소보 그리고 보스니아 등 세 개의 사례들은 탈냉전 이후 특히 효과적인 집단안보체제에 대한 기대가 가장 높았던 때 발생한 것으로, 인도적 간섭을 둘러싼 문제가 어떻게 표출되고 평가되는지를 단적으로 보여 주었다.[56] 다시 말해, 일각에서는 인도적 간섭을 주권을 넘어서 인권침해에 대항하는 중요한 국제공동체의 행동이라고 옹호하는 반면, 인도적 간섭은 '인도

54) *Ibid.*, para. 1.2.
55) *Ibid.*, para. 1.3.
56) *Ibid.*, para. 1.4.

적'이라는 명목하에 자행되는 무력사용일 뿐이며 본연의 목적을 다하지 못하고 선별적으로 이루어지고 있다는 비판적·부정적 시각도 존재하여 1990년대 이후에도 인도적 간섭을 둘러싼 논란은 끊이지 않고 계속되었다.

3. 새로운 대응제도의 필요성

유엔헌장에 인도적 간섭과 관련된 명시적 규정이 없다는 건 모두가 아는 사실이다. 하지만 그럼에도 불구하고 앞의 [표 1]과 [표 2]에서 보았듯이, 1990년대에 들어와서 안전보장이사회는 국제분쟁이 아닌 내전 또는 그 유사한 상황에 대해서도 유엔헌장 제7장에 의거하여 '평화에 대한 위협'이 존재한다고 판단하고 일종의 인도적 개입 성격이 강한 조치를 취해 왔다. 다시 말하여 안전보장이사회는 인권보호의 목적을 위한 무력사용을 승인하였고, 인도적 간섭이 불가피한 상황이 발생한 경우에는 적극적 개입에 대해 긍정하는 입장을 취해 왔던 것이다.

이를 놓고서 일부 학자들은 이러한 안전보장이사회의 결의 자체가 인도적 간섭에 관한 원칙 또는 규범을 형성하고 있다는 논리를 펴지만,[57] 이는 지나친 견해로 보인다. 왜냐하면 안전보장이사회가 명확한 원칙하에서 일관되게 관련 결의를 도출한다 하더라도, 그의 법적 효과는 어디까지나 유엔헌장에 규정된 안전보장이사회의 권한 범위 내에만 머무르기 때문에 이러한 결의의 법적 구속력과는 무관하게 일반적인 국제법이 형성될 수

57) I. Österdahl, "The Exception as the Rule: Law-making on Force and Human Rights by the UN Secuirty Council," 10 *J. Conflict & Security L.* 1(2005), pp.15-20.

는 없다는 반대의견이 보다 설득력이 있다.[58] 실제로 안전보장이사회에서 채택된 결의들은 예외적인 상황이나 특별한 경우에만 적용할 수 있도록 그 적용범위를 의도적으로 좁혀왔기 때문에 인도적 간섭에 관한 일반적이고 보편적인 원칙론과는 거리가 멀다 할 것이다.[59] 하지만 안전보장이사회 결의는 집단안전보장제도를 통한 인도적 간섭을 허용함으로써 개별 사례마다 그 적법성과 정당성을 보장해 주고 있음을 주목할 필요가 있다.

이른바 '유엔 차원의 집단적 · 인도적 간섭'에 관한 안전보장이사회의 결의가 갖는 문제점으로 가령 개입대상의 선택이나 방법이 선별적으로 이루어졌기 때문에 일관된 관행이 없다는 점을 들 수 있다. 실제 안전보장이사회도 인도적 간섭을 승인하는 결의에서 이러한 간섭이 해당 사태와 같이 특수한 상황에서만 인정되는 예외적이고 특별한 수단이라는 점을 누누이 강조해 왔음은 앞서 언급한 바와 같다.[60] 이러한 결과, 비록 안전보장이사회가 내전과 심각한 인권침해에 대응하는 인도적 간섭을 허용하는 개별적 결의를 채택하는 관행을 만들어 왔다고는 하지만, 한편으로는 유사한 상황에서 향후 지속적으로 자신의 결

---

58) A. Bianchi, "Ad-hocism and the Rule of Law," 13 *Eur. J. Int'l L.* 263(2002), pp.268-270.

59) Chesterman, *supra* note 38, pp.161-162.

60) 안전보장이사회는 1996년 자이르의 경우를 제외하고, 1992년 르완다, 1994년 아이티, 1997년 알바니아의 사태까지, '예외적 상황'에 대한 '예외적 수단'을 인정함을 강조하는 결의를 지속적으로 채택해 왔다. S.C. Res. 955, U.N. Doc. S/RES/955(8 November 1994), pre. para. 7, S.C. Res. 1101, U.N. Doc. S/RES/1101(28 March 1997). 결의 전문에서 안전보장이사회는 "소말리아의 유일하고 특수한 상황"(the unique character of the present situation in Somalia) 또는 "즉각적이고 예외적인 대응을 요구하는, 상황의 악화 가능성, 복잡성 그리고 특수성"(its deteriorating, complex and extraordinary nature, requiring an immediate and exceptional response) 등의 표현을 사용한다.

정을 구속시키는 선례를 만들지는 않았다는 일종의 잠정적 결론을 도출할 수 있다.[61)]

새로운 안보환경의 등장, 인권의식의 고양 및 집단안전보장체제가 갖는 내재적 한계 등 시대의 변화를 반영하듯, 1999년 제54차 유엔 총회에서 Kofi Annan 당시 유엔 사무총장은 1994년 르완다에서의 안전보장이사회를 포함한 국제사회의 부적절한 대응과, 1999년 NATO에 의한 코소보의 인도적 간섭을 회고하며 다음 세기의 인간안보를 위한 인도적 간섭의 문제를 국제공동체 전체의 책임하에 둘 것을 당부하였다.[62)] 이후 2000년 밀레니엄 보고서에서 인도적 간섭에 대한 국가들의 합의를 촉구하며, 만약 인도적 간섭이 허용되지 않는 주권에 대한 침해라면, 르완다와 스레브니차와 같이 보편적 인류의 규범에 반하는 대규모의 심각한 인권침해에 어떻게 대응할 수 있겠느냐 반문하며 국제공동체가 행동할 책임에 대한 국가들의 관심을 촉구하였다.[63)]

이러한 요청에 부응하여, 캐나다 정부의 후원으로 2000년 9월 ICISS가 설립되었다.[64)] ICISS는 독립적인 연구를 개시하여

---

61) M.J. Aznar-Gómez, "A Decade of Human Rights Protection by the UN Security Council: A Sketch of Deregulation?"(2002) 13 *Eu J. Int'l L.* 223 (2002), p.241; 이에 관하여는 Österdahl, *supra* note 57, pp.9-11.

62) Press Release, Kofi Annan, "Implications of International Response To Events in Rwanda, Kosovo Examined by Secretary-General," U.N. Doc. GA/9595 (20 September 1999).

63) Report of the Secretary-General on the Work of the Organization, U.N. GAOR, U.N. Doc. A/55/1(30 August 2000), para. 37. 원문은 다음과 같다. "If humanitarian intervention is, indeed, an unacceptable assault on sovereignty, how should we respond to a Rwanda, to a Srebrenica-to gross and systematic violations of human rights that offend every precept of our common humanity?"

기존의 인도적 간섭의 문제에 대한 넓은 이해를 도출하고, 인권의 보호를 위한 간섭과 주권을 조화시킴으로써 새로운 규범을 제시하는 것을 주요 임무로 연구를 진행하여 2001년 보호책임에 관한 보고서를 발표하였다.[65] 보고서는 기존의 인도적 간섭에 관한 법적・도덕적 관점의 여러 이론들을 종합하고 발전시켰으며, 타국에 대한 '간섭'을 인권보호의 '책임'이라는 새로운 시각에서 접근하고 있다. 즉, '보호책임'이라는 개념은 국제사회에게 국가주권의 경계와 단위를 넘어 대규모의 잔혹행위들로부터 피해 받는 인간을 위하여 '인도적 간섭을 할 권리'가 아닌 '보호할 책임'이 있음을 강조하며, 기존 인권규범의 인권보호의 목적을 보다 실질적으로 이행할 수 있게 하는 이론적 기반을 마련하고 있는 것이다. 이하에서는 「ICISS 보고서」 등 관련 문서들의 주요 내용을 살펴보기로 한다.

Ⅲ. 보호책임 관련 문서의 검토

1. 2001년 「ICISS 보고서」

(1) 「ICISS 보고서」의 소개

2001년 ICISS 보고서 「보호책임」(The Responsibility to Protect)

64) ICISS의 구성원은 다음과 같다. Gareth Evans, Mohammed Sahnou(이상 공동의장), Gisle Coté-Harper, Lee Hamilton, Michael Ignatieff, Vladimir Lukin, Klaus Naumann, Cyril Ramaphosa, Fidel Ramos, Cornelio Sommaruga, Eduardo Stein, Ramesh Thakur(이상 12명).

65) 「ICISS Report」, p.2.

은 총 8장으로 구성되어 있다. 제1장 정책적 과제(The Policy Challenge)에서는 국가주권원칙과 르완다, 보스니아, 코소보 사태와 같은 인권침해 문제 사이의 딜레마에 대한 문제를 제기한다. 제2장 새로운 접근: 보호책임(A New Approach: "The Responsibility to Protect")에서는 보호책임의 용어를 소개하며, 주권과 인권을 대립되는 개념으로 받아들이고 있는 것에 대한 문제점을 지적하고, 이를 보호책임이라는 용어하에 해결할 것을 논의하는 출발점으로 삼고 있다. 제3장부터는 보호책임의 구체적 내용으로 예방의 책임, 대응의 책임, 재건의 책임을 개별 장으로 구성하여 그의 방법과 정책적 제안 및 기타 고려사항 등을 총괄하여 설명하고 있다. 제3장 예방의 책임(The Responsibility to Prevent)에서는 분쟁원인의 근절과 1차 선결조건으로서 예방을 강조하고, 제4장 대응의 책임(The Responsibility to React)에서는 개입의 구체적인 조건을 제시하고 있으며, 제5장 재건의 책임(The Responsibility to Rebuild)에서는 군사적 개입의 파괴적 영향과 그 결과로서 재건의 책임을 다루고 있다. 제6장 권한의 문제(The Question of Authority)에서는 권한의 문제를 별도로 검토하고 있다. 주로 무력사용의 권한 문제를 다루고 있으며, 특히 안전보장이사회를 통한 집단조치 외에도 지역기구에 의한 보호책임의 이행을 언급하고 있는 것에 주목할 필요가 있다. 제7장 운영의 측면(The Operational Dimension)에서는 개입의 실질적인 측면에 관한 검토를 하고 있다. 마지막으로 제8장 보호책임: 앞으로 나아갈 길(The Responsibility to Protect: The Way Forward)에서는 유엔 차원의 결의 등을 통하여 인도적 목적의 군사적 개입이 가능하도록 '국가주권' 개념의 실질적인 변화를 모색하고 있다. 전반적으로 이 보고서는 정책으로서의 보호책임의 지위를 중요하게 다루고 있으며, 향후 발전 가능성에 대하여는 기본적으로 국제법적 발전 가능성보다는 개별 국가 및 국제공동체 차원에서의 정책적 의제(policy agenda)로서의 보호책임의 의의를 강조하였다. 한편, 이 보고서와 함께 1년간의 관련 분야의 전문가들의 연구 결과와 회의 결과를 담은 「부속보고서」(Supplementary Volume: Research Essays)는 보호책임의 선행 개념인 인도적 간섭의 개별 사례를 자세히 다루고 있으며, 그 밖에 법적·도덕적·정치적 고려사항을 보다 이론적이고 학문적으로 접근하며, 보호책임 개념 도출 과정을 자세히 보여주고 있다. 이하에서는 「ICISS 보고서」의 주요 내용을 소개한다.

(2) 보호책임의 구체적 내용

1) 보호책임의 기초원칙 및 근거

ICISS는 보호책임의 기초원칙을 다음과 같이 설명한다.

> 주권은 그에 따른 책임을 내포하고 있으며, 한 국가의 국민을 보호할 일차책임은 해당 주권국가가 가진다. (그러나) 한 국가의 국민이 내전이나 반란 혹은 국가의 실패상태로 인하여 심각한 피해를 겪고 있고, 해당 주권국가가 이를 개선할 의지가 없거나 혹은 개선할 역량이 없을 경우, 국제공동체의 보호책임이 있으며, 이는 국내문제 불간섭원칙에 우선한다.[66]

「ICISS 보고서」는 심각한 인권침해로부터의 보호책임의 일차적 의무는 주권국가에게 있음을 확인하고, 해당 주권국가가 직

66) 「ICISS Report」, Synopsis. 본서 〈부록 I〉 참조.

접 가해자가 되거나 또는 인권유린 상황을 중단할 의지가 없는 경우, 혹은 그러한 침해 상황을 중단할 역량이 없거나 그에 대한 국가의 통제력을 상실한 경우에 있어 이차적으로 국제공동체의 '보호책임'을 인정하고 있다. 이 경우에는 국제적 간섭이 국내관할권에 속하는 사항에 대해서는 국제적 간섭을 배제하는 국내문제 불간섭원칙에 반하지 않음을 '보호책임'의 기초원칙이라고 소개한다.

「ICISS 보고서」는 보호책임의 근거로 다음을 제시한다.

> 첫째, 주권 개념에 내재되어 있는 의무, 둘째, 유엔헌장 제24조에 근거한 국제평화와 안전보장이사회의 안전의 유지의무, 셋째, 인권보호에 관한 선언 및 다수의 인권 규약과 협약, 국제인도법 및 국내법에 있는 구체적 법적 의무, 넷째, 국가・지역기구 및 안전보장이사회의 발전하고 있는 관련 관행[67]

실제 집단살해 및 대규모의 인권침해에 대한 다수의 국제규범이 이미 존재하고 있는 것이 사실이다. 또한, 그러한 의무설정 이외에도 이를 이행할 수 있는 사법적 조치까지 마련되어 있는 현 시점에서 보호책임은 이미 확립되어 있는 규범을 바탕으로 하고 있다. 보호책임과 목적을 함께 하는 규범체제로는 넓게 국제인권법, 국제인도법, 전쟁법 및 국제형사법에서 찾을 수 있다.[68]

---

67) *Ibid.*

68) 보다 구체적으로는 「세계인권선언」(Universal Declaration of Human Rights), 「육전에 있어서의 군대의 부상자 및 병자의 상태 개선에 관한 1949년 8월 12일자 제네바협약」(Geneva Convention for the Amelioration of the Condition of the Wounded and Sick in Armed Forces in the Field of August 12, 1949), 「해상에 있어서의 군대의 부상자, 병자 및 조난자의 상태개선에 관한 1949년

2) 보호책임의 이행 단계

「ICISS 보고서」는 기존의 인도적 간섭에 관한 여러 이론들을 종합하고, 발전시킨 것으로 인권보호의 '책임'이라는 새로운 시각에서 타국의 국내문제에 대한 간섭행위를 논한다. ICISS는 보고서를 통해 '보호책임'이라는 새로운 규범을 정하고, 국가가 자국민을 대규모의 잔혹행위들로부터 보호할 능력이 없거나 보호할 의사가 없을 때, 또는 국가 스스로가 자국민의 가해자일 경우에는 국제공동체가 이러한 상황을 예방 또는 대응할 책임이 있다고 주장한다. 따라서 이러한 맥락하의 보호책임 이행은 국내문제 불간섭의 원칙에 우선한다.

ICISS는 보호책임을 구체적 실행의 단계에 따라 예방책임-대응책임-재건책임 셋으로 나누어 자세하게 설명하고 있다. 「ICISS 보고서」는 보호책임을 가장 포괄적으로 설명하고 있으며, 이론적 기반뿐 아니라 실제 이행에 방법을 다각도로 다루고 있다.[69]

8월 12일자 제네바협약」(Geneva Convention for the Amelioration of the Condition of Wounded, Sick and Shipwrecked Members of Armed Forces at Sea of August 12, 1949), 「포로의 대우에 관한 1949년 8월 12일자 제네바협약」(Geneva Convention relative to the Treatment of Prisoners of War of August 12, 1949), 「전시에 있어서의 민간인의 보호에 관한 1949년 8월 12일자 제네바협약」(Geneva Convention relative to the Protection of Civilian Persons in Time of War of August 12, 1949) 및 「제1의정서」(Protocol I), 「제2의정서」(Protocol II), 「집단살해죄의 방지와 처벌에 관한 협약」(Convention on the Prevention and Punishment of the Crime of Genocide), 「고문 및 그 밖의 잔혹한, 비인도적인 또는 굴욕적인 대우나 처벌의 방지에 관한 협약」(Convention against Torture and Other Cruel, Inhuman or Degrading Treatment or Punishment), 「경제적·사회적 및 문화적 권리에 관한 국제규약」(International Covenant on Economic, Social and Cultural Rights), 「시민적 및 정치적 권리에 관한 국제규약」(International Covenant for Civil and Political Rights), 「국제형사재판소에 관한 로마규정」(Rome Statute of the International Criminal Court) 등을 들 수 있다.

69) 구체적 이행 방안에 대하여는 제3장에서 자세히 언급하기로 한다.

이들 3단계의 책임은 연속적 책임으로서, 일반적으로 인도적 간섭을 무력사용을 통한 대응이라고 파악한다면, 보호책임은 대응 이전의 예방책임과, 이후 재건책임을 통해 국제평화와 안전을 위한 지속적인 의무를 부여하고 있기 때문에 큰 차이를 발견할 수 있다.

- 예방책임(responsibility to prevent): 보호책임의 첫 단계는 분쟁을 예방할 책임이다. 예방책임은 원칙적으로 주권국가의 책임이다. 그러나 분쟁의 '효과적인' 예방을 위해서는 국제적 지원이 필요하다.
- 대응책임(responsibility to react): 예방조치에 실패하였을 경우에는 국제공동체의 개입조치가 필요하다. 이러한 조치에는 정치・경제・사법조치를 포함하여 극한 상황에서는 무력조치까지 포함한다. 국제사회는 우선적으로 '비군사적 대응'을 통해 사안을 해결하도록 노력하여야 하고 이 방법으로 해결이 되지 않은 경우에만 군사적 개입을 할 수 있다. 단, 이러한 군사적 개입은 반드시 정당한 원인, 올바른 의도, 최후의 수단, 비례적 수단, 합리적인 성공 가능성의 요건을 갖추어야 한다.
- 재건책임(responsibility to rebuild): 대응책임이 종료한 후에는 재건할 책임이 따른다. 이는 분쟁지역의 재건뿐만 아니라 충돌집단간의 화해를 위해 필요한 모든 원조를 포함한다. 즉, 보호책임은 군사개입으로 끝나는 것이 아니라 지속적인 평화를 확립하고 안정적인 발전을 도모함과 동시에 실질적인 지원을 포함한다.

그렇다면 이러한 군사개입을 수행할 권한은 누구에게 있는가. ICISS는 권한의 문제에 대하여 별도의 장으로 달리하여 심도 있는 논의를 진행한다. ICISS는 국제사회의 평화와 안전에 대한 일차적 책임을 지고 있는 안전보장이사회가 인권보호를 위한 무력사용에 있어 가장 적합한 권한을 가진 기관이라고 보았다.[70] 따라서 안전보장이사회를 대신할 기관을 찾는 것이 아닌, 안전보장이사회가 보호책임의 기능을 성실히 수행해 나아갈 수 있도록 하는 방법을 찾는 것이 중요하다고 하였다.[71] 보호책임이 적용될 수 있는 정당한 원인이 있는 사안에 대하여, 안전보장이사회 혹은 유엔 사무총장[72]은 보호책임의 이행의 필요성을 제기할 수 있다.[73] ICISS는 안전보장이사회의 역할을 다음과 같이 설명한다.

- 안전보장이사회는 대규모의 인명살상이나 인종청소가 개입된 문제에 대해서 사실을 확인하고, 군사적 개입이 필요한지 여부를 판단하기 위해 제시된 군사개입원칙의 기준에 따라 사전조건이 충족되는지 여부를 신중히 검토하여야 한다. 또한 이러한 사안을 다룸에 있어 안전보장이사회의 상임이사국은 자국의 중대한 국가이익이 개입되지 않는 한, 다수가 지지하고 있는 인권보호를 위한 군사적 개입에 대해 거부권을 행사할 수 없으며, 군사적 개입을 승인해야 한다.[74]
- 안전보장이사회는 인류의 양심에 반하는 사태에 대한 자신의 책임을 다하지 못할 경우 사태의 중대성과 긴급성에 적합한 다른 수단을 강구할 것임을 고려하여, 유엔 자신의 신뢰와 지위를 잃지 말아야 한다.[75]

70) 유엔헌장 제23조, 제24조, 제25조 및 제28조.

71) 「ICISS Report」, Synopsis, p.XII.

72) 유엔헌장 제99조.

73) 「ICISS Report」, Synopsis, (3) Right Authority (b).

74) 5개의 상임이사국을 포함한 15개국으로 구성된 안전보장이사회는, 상임이사국에게만 거부권을 주고 있다. 거부권이 유엔헌장 제27조에 명시된 바는 아니지만, 실질적인 문제에 있어서 다섯 개의 상임이사국 전원의 찬성을 포함한 9개국의 찬성을 요한다는 규정은, 곧 상임이사국 일인이 전체의 결의 채택에 영향을 미칠 수 있다는 것을 의미한다. M.N. Shaw, *International Law*, 5th ed. (Cambridge: Cambridge University Press, 2003), p.1084; 따라서 보호책임의

한편 안전보장이사회가 중대한 문제의 승인을 거부하거나, 합의 도달에 실패하여 이러한 문제를 논할 수 있는 시의적절한 기회를 놓치게 되는 경우, 보충적으로 유엔 총회의 특별긴급총회인 '평화를 위한 단결'(Uniting for Peace) 절차를 이용할 수 있다.[76] 그러나 만약 유엔 차원에서의 적절한 개입조치가 이루어지지 않을 경우에는, 유엔헌장 제8장에 따르는 지역기구 혹은 보조지역기구에 의한 보호책임의 이행을 인정한다.[77] 단, 이 경우 역시 사후에 안전보장이사회의 승인을 받을 것을 전제로 한다.

3) 보호책임의 발전방향

ICISS는 보고서 발간의 목적을 단순히 학자들과 논평자들의 논의를 발전시키는 것뿐만 아니라, 보다 실질적이고 유용한 그리고 구체적이고 직접적인 정치적 효과를 창출하는데 두고 있음을 밝히고 있다.[78] 따라서 보호책임의 발전방향에 있어서도 보다 구체적인 행동계획을 명시하고 있다. ICISS는 먼저 '보호

안전보장이사회에서의 이행을 위해서, 「ICISS 보고서」는 안전보장이사회의 거부권을 이 원칙의 이행에 있어서는 제한해야 한다고 한다. 관련부분은 다음과 같다. "상임이사국은 자국의 중대한 이해관계가 개입되어 있지 않는 경우, 거부권을 행사할 수 없으며, 보호책임의 군사적 개입을 승인해야 할 의무가 있다." 「ICISS Report」, p.XIII.

75) 「ICISS Report」, Synopsis, p.XIII.

76) G.A. Res. 377(V), U.N. GAOR, 5th Sess., Supp. No. 20, U.N. Doc. A/1775 (14 December 1950).

77) 유엔헌장 제53조는 지역기구를 통한 분쟁해결을 장려하고 있다. 그러나 이는 평화적 분쟁해결의 경우이지 군사력을 이용한 강제적 분쟁해결의 경우에는 반드시 안전보장이사회의 권한이 부여되어야 한다. 이러한 예로는 1992년 라이베리아의 ECOWAS's Monitoring Group(ECOMOG)과 1997년 Sierra Leone을 들 수 있다. 「ICISS Report」, para. 6.5.

78) 「ICISS Report」, para. 8.24.

책임' 논의의 관련 문구를 명확히 하고, 주권과 간섭의 충돌이 아닌, 새롭게 등장한 '보호책임'의 문구를 공동의 주제로 만드는 것을 돕고자 하는 보고서의 당면 목적을 밝힌다.[79] 이와 함께, '보호책임'원칙에 따른 집단적인 조치를 확보하고, 안전보장이사회가 이른바 이중적 잣대 없이 인류의 양심에 반하는 상황으로서 인도적 지원이 필요한 경우에 대한 대응책을 마련하고, 이를 강화해야 한다고 한다. ICISS는 이번 보고서가 국가들에게 공동의 책임을 상기시키고, 이에 대한 지원을 고무한다는 차원에서 볼 때 보고서의 목적과 기여의 의미가 충분하다고 본다.[80]

ICISS는 국가들 간의 이러한 합의를 보다 구체화시키기 위하여, 안전보장이사회는 내부적인 가이드라인을 제정하고, 유엔총회가 더욱 많은 관련 결의를 도출할 수 있도록 지원하며, 새로운 협약을 제정하는 것과 더 나아가서는 유엔헌장 자체의 개정을 제안하는 것 등을 고려하였다.[81] 한편, ICISS는 이러한 직접적인 제안은 아직 보호책임의 논의가 무르익지 않은 가운데에서는 진행할 수 없음을 고려하여, 우선 이 보고서의 의미를 국가들이 자발적으로 채택하고, 유엔 사무총장과의 협의를 통하여 이러한 생각을 보다 구체화하는 것이 최선의 방법일 것이라고 하였다. 이와 함께 유엔 사무총장의 역할을 강조하면서, 사무총장은 그의 임무와 역할을 다하여 보호책임의 향후 논의를 발전시키기를 기대한다고 하였다.[82] ICISS는 유엔 총

79) 「ICISS Report」, para. 8.25.
80) *Ibid.*
81) *Ibid.*, para. 8.26.
82) *Ibid.*

회, 안전보장이사회, 유엔 사무총장에 대하여 다음과 같은 권고를 한다.[83]

> 유엔 총회는 보호책임의 기초원칙과 네 가지 기본요소를 포함한 선언적 결의안을 채택한다. 이를 통하여, ① 책임으로서 주권 개념을 확인하고, ② 해당 주권국가가 인권보호를 하지 않거나, 할 의사가 없는 경우 그의 책임을 국제공동체에 이전하는 것에 대한 합의를 이끌어 내고, 국제공동체는 예방책임, 대응책임, 재건책임의 3단계의 보호책임을 성실히 이행할 것을 주장하며, ③ 군사적 개입이 허용되는 상황에 대한 명확한 이해와 합의를 도출하고, ④ 군사적 개입의 경우에 지켜야 하는 사전예방원칙(precautionary principle)을 보다 구체화하고 성문화 한다.[84]
>
> 안전보장이사회를 구성하고 있는 국가들은 군사적 개입에 관한 원칙을 고려하여, 인권보호 목적의 무력개입의 원칙규정으로 정립될 수 있도록 한다. 또한 안전보장이사회 상임이사국은 자국의 중요한 이해관계가 없는 경우, 인권보호를 목적으로 한 군사개입을 승인하는 결의에 거부권을 행사하지 않을 것을 고려한다.
>
> 유엔 사무총장은 안전보장이사회 의장과, 유엔 총회 의장과 함께 실질적인 행위에 대한 권고안을 마련한다. 적절한 토의를 통하여 향후 보호책임원칙의 실행에 있어 최선의 선택을 하고 이행해 나아갈 수 있는 방안을 마련한다.

---

83) *Ibid.*, paras. 8.28-8.30.

84) ICISS는 별도의 '군사적 개입에 관한 원칙'을 설정하는 등 무력이 수반되는 대응책임 부분에 상당히 신경을 썼다. 우선 '정당한 이유의 분기점'(just cause threshold)으로 대규모 인명피해 또는 대규모 인종청소를 들고 있다. 둘째, 사전예방원칙으로 인간이 당하는 고통을 멈추겠다는 '정당한 의도'(right intention), '최후의 수단'(last resort), '비례적 방법'(proportional means) 및 어떠한 조치도 취하지 않았을 때보다 더 나은 결과가 있으리라는 '합리적 전망'(reasonable prospects) 이 네 가지를 들고 있다. 끝으로 군사적 개입의 바람직한 주체로서 안전보장이사회를 거론한다. 보다 자세한 내용은 제3장 IV 이하 참조.

이와 같은 내용의 「ICISS 보고서」에 대해 대부분의 국가들은 보호책임의 개념을 도입한 점에 대해서는 긍정적으로 평가하였지만, 유엔 총회와 안전보장이사회가 보고서에 나타난 보호책임의 개념 및 원칙을 지지하고 수락해야 한다는 권고에 대해서는 소극적인 반응을 보였다. 또한, 안전보장이사회의 상임이사국들도 보호책임의 이행을 위한 결의에 있어서 거부권행사를 제한해야 한다는 ICISS의 권고에 대해 입장표명을 유보하였다. 국가들의 입장에 대해서는 뒤에서 상술하기로 한다.

2. 2004년 「A More Secure World」

(1) 보고서의 소개

2003년 9월 Kofi Annan 유엔 사무총장은 유엔의 안전보장 기능 강화방안을 마련하기 위하여 '위협과 도전, 변화에 관한 고위급패널'(the High-level Panel on Threats, Challenges and Change)을 구성하였다.[85] 고위급패널은 2004년 12월에 「A More Secure World」 보고서를 발표하고, 새로운 안보위협에 대처하는 유엔의 강화를 위한 총 101개의 권고사항을 제시하였다.[86] 보고서는 인간안보의 중요성 및 인류에 대한 새로운 위협에 대처하기 위해서는 국가들의 집단행동(collective action)이

85) 고위급패널은 태국 총리인 Annan Panyarachun을 의장으로 하여, 총 16명의 위원으로 구성되었다. 참여위원 명단은 「A More Secure World」, paras. 2-3.

86) 「ICISS Supplementary Volume」, pp.97-115; 보고서의 기타 내용에 관한 국내 논문으로는 임한택, "UN 집단안보체제의 강화 -고위급패널보고서가 제시한 무력사용 규범과 기준을 중심으로," 「국제법 동향과 실무」, 통권 제11호(2005), 12-19쪽.

필요함을 논의의 출발점으로 삼고 있다.

제1장은 새로운 안보의 합의(Towards a new security consensus)라는 제하에서 1945년과 2005년의 안보상황을 비교하고, 포괄적인 집단안보의 필요성을 제기한다. 이의 구체적 내용으로서 국경이나 경계가 없는 새로운 안보의 위협에 대하여 설명하고, ICISS의 '책임으로서의 주권'의 개념을 받아들여 설명하고 있다.[87] 제2장은 집단안보와 예방의 문제(Collective security and the challenge of prevention)를 다루고 있다. 제3장은 집단안보와 무력사용(Collective security and the use of force)의 문제를 다루고 있으며, 제4장은 보다 효과적인 유엔의 21세기의 역할(A more effective United Nations for the 21st century)에 관하여 설명한다. 보고서는 국제공동체가 한 국가가 대규모의 인권유린사태를 방치하거나 막을 수 없는 경우에 국제공동체가 이에 대한 책임을 진다는 것을 명확히 확인하였다. 또한, 보고서는 '집단적 국제보호책임'(collective international responsibility to protect)을 새롭게 대두되는 규범이라고 하며,[88] 안전보장이사회가 보호책임을 승인할 때 고려해야 할 원칙을 정리하여 발표하였다. 이하 구체적 내용을 살펴본다.

(2) 보호책임의 구체적 내용

유엔 차원에서의 보호책임에 관한 논의는 집단안전보장체제와 유엔의 강화를 위한 고위급패널의 논의의 장을 통해 본격적으로 진행되었다. 「A More Secure World」는 보호책임을 구체

87) 「A More Secure World」, paras. 29-30.
88) *Ibid.*, para. 202.

적으로 언급하기에 앞서, 제199항에서 인도적 간섭의 쟁점을 설명한다. 보고서는 유엔헌장이 개별 국가내 대규모 잔혹행위(mass atrocity)시에 인명구조에 대해 불명확하게 규정하고 있음을 지적하고, 이로 인하여 주권국가내 인위적 재난(man-made catastrophe) 발생시 국제사회의 개입권(right to intervene)을 주장하는 견해와, 주권국가 관할권 내에서 발생하는 모든 사안에 대해서는 안전보장이사회라 하더라도 그 국가의 주권에 반하는 강제적 조치를 취해서는 안 된다는 견해가 오랫동안 대립되어 왔음을 지적한다. 따라서 인도적 간섭은 주권침해 및 국내문제 불간섭원칙의 전통 국제법원칙과 상충하는 논란의 대상이었다고 서술한다.

하지만 보고서는 한걸음 더 나아가 대규모 인권침해 사태에 대해서 일차적인 보호책임이 있는 발생지 주권국가가 무기력하거나 사태를 방지하지 못하는 경우에는 이차적으로 국제사회 모든 국가의 집단적 보호책임이 있음을 강조하며, 이는 「집단살해죄 방지 및 처벌에 관한 협약」 등 다수의 국제규범에 의해서 승인되고 있다고 한다. 고위급패널은 유엔이 집단살해 또는 대규모의 살해행위 및 인종청소 그리고 국제법의 중대한 위반의 경우에는 보호책임의 규범을 적용해야 한다고 제안하면서, 이러한 행위에 대해서는 '국내문제 불간섭원칙'이 적용될 수 없다고 규정한다. 왜냐하면 국내문제 불간섭원칙에 상충한다는 문제는 유엔헌장 제7장을 통해 해결될 수 있으며, 유엔헌장 제2조 7항 역시 국내문제일지라도 유엔헌장 제7장에 따른 강제조치를 배제하지 않는 것임을 명백히 하고 있음을 근거로 든다. 따라서 대규모의 인권침해 사태에 대하여 안전보장이사회가 헌장 제39조에 해당하는 평화에 대한 위협으로 결정하는 경우 무력사용이 가능하며, 적극적으로 대처해 나아가야 함을 강조한다. 이러한 맥락하에서 「A More Secure World」는 제201항 및 제203항에서 구체적으로 보호책임의 개념을 승인하였다. 유엔 고위급패널은 2001년 ICISS가 제시한 보호책임 개념의 대부분을 수용하였으며, 보호책임을 생성중인 규범(emerging norm)으로서 받아들일 것을 권고하였다. 보호책임과 관련한 부분의 전문은 다음과 같다.[89]

> 201. 소말리아, 보스니아-헤르체고비나, 르완다, 코소보와 최근의 수단 다르푸르 등 일련의 인도적 참사는 주권국가의 면제가 아닌 자국민과 넓게는 국제공동체 모두에 대한 주권국가의 책임에 관심을 집중시켰다. 사람들이 피할 수 있는 재난—대량살해(mass murder) 및 강간, 강제추방과 테러에 의한 인종청소, 고의적 기아(deliberate starvation) 및 질병에의 노출—으로 고통 받는 경우, 어느 한 국가의 '개입권'(right to intervene)의 문제가 아니라 모든 국가의 '보호책임'(responsibility to protect)의 문제라는 인식이 높아지고 있다. 이러한 재난으로부터 자국민을 보호할 책임은 최우선적으로 당해 주권국가에게 있지만, 그렇게 할 의사가 없거나 능력이 없는 경우, 국제공동체가 예방과 필요한 경우 폭력에 대한 대응 및 파괴된 사회의 재건의 연속적인 행동을 통해 그러한 책임을 진다. 우선적으로 중재 및 기타 방법을 통해 폭력의 중단을 돕고, 인도적이고 인권적인 치안유지단의 파견(humanitarian, human rights and police missions)과 같은 조치를 통해 사람들을 보호하도록 돕는데 초점을 두어야 한다. 필요한 경우, 무력은 최후의 수단으로 사용되어야 한다.
>
> 202. 안전보장이사회는 그동안 이러한 사건들을 그다지 일관성 있게 효율적으로 대처하지 못했으며, 종종 뒤늦은 조치를 취하거나, 취하기

89) 관련 원문은 본서 〈부록 2〉 참조.

를 망설이거나, 또는 전혀 아무런 조치를 취하지 않았다. 그러나 점차 안전보장이사회와 국제공동체는 유엔헌장 제7장과 새롭게 등장하는 규범인 집단적 국제보호책임(a collective international responsibility to protect)에 따라 어떤 상황이 '국제평화와 안보를 위협'한다는 것을 선언할 수 있고, 국제법 위반을 확인하는 것이 특별히 어렵지 않다면, 재난적인 국내 위법상황(internal wrongs)을 바로잡기 위한 군사적 조치를 허용할 수 있다는 것을 수락하였다.

203. 우리는 집단살해 및 기타 대규모의 살해, 인종청소 또는 심각한 국제인도법 위반이 발생한 주권국가가 이를 예방할 능력이 없거나 의지가 없는 경우, 최후의 수단으로써 안전보장이사회의 수권을 받은 군사적 개입을 행사할 수 있는 집단적 국제보호책임이 있다는 것을 새롭게 등장하는 규범으로 지지한다.

이 밖에도 보고서는 '무력사용원칙에 관한 문제'를 구체적으로 다룬 장 제204항 내지 제209항에서 보호책임을 언급하고 있다. 특히 안전보장이사회가 무력사용이 허용되는 기준을 합의할 것을 권고하면서, 다음 [표 3]과 같은 무력행사를 위한 기본원칙을 제시한다.[90] 참고로 아래 5가지 기준은 ICISS가 대응책임 단계에서 지켜야 할 '군사적 개입에 관한 원칙'의 내용과 유사하며, 그 표현만 약간씩 달리하고 있을 뿐이다.[91]

보고서는 위의 무력사용의 승인에 관한 지침들이 안전보장이사회와 유엔 총회의 선언적 결의들에 의해 구체화될 것을 권고하였다. 여기서 무엇보다 가장 주목할 만한 것은 [표 3]의 '위협의 심각성'에서 보듯이 국제평화와 안전을 유지하기 위한 안전

90) 「A More Secure World」, para. 207.
91) 각주 84와 비교.

[표 3] 유엔 고위급패널이 제시한 무력행사를 위한 기본원칙

무력행사를 위한 기본 원칙	
위협의 심각성 (seriousness of threat)	국가 또는 인간안보에 대한 해약의 위협이 무력의 사용을 일응(*prima facie*) 정당화시킬 수 있을 만큼 충분히 명백하고 중대한 것인가? 국내적 위협의 경우에는, 그 위협이 실제적인 또는 임박한 것으로서 파악되는 것으로 집단살해와 기타 대규모적인 살해, 인종청소, 또는 국제인도법의 심각한 위반과 관련된 것인가?
적절한 목적 (proper purpose)	제안된 군사조치의 1차적 목적이 다른 목적이나 동기가 관련되어 있다 하더라도, 궁극적으로 문제의 위협을 중단시키거나 회피하려는 것이 명백한가?
최후의 수단 (last resort)	문제의 위협에 대응하기 위한 모든 비군사적 수단을 모색하였고, 다른 수단들이 성공할 수 없다고 할 수 있는 합리적인 근거가 있는가?
비례적 방법 (proportional means)	제안된 군사조치의 규모, 기간 그리고 강도가 문제의 위협에 대응하기 위해 필요한 최소한의 것인가?
성공에 대한 합리적 전망(reasonable chance of success)	문제의 위협에 성공적으로 대응하면서도 군사조치의 결과가 군사조치를 하지 않았을 때의 결과보다 더 악화되지 않을 합리적인 가능성이 존재하는가?

보장이사회의 '예방적 무력사용'의 권한을 인정하고 있다는 점이다. 이는 안전보장이사회는 인도적 위기를 예방하기 위해 무력사용을 포함한 강제조치를 위임하는 결의의 채택을 가능하게 하는 발전이라고 볼 수 있다. 그러나 한편으로는 국내적 인권침해 상황을 평화에 대한 위협으로 판단하여 무력사용을 허가한 경우에는, 그러한 무력사용은 이미 유엔헌장 제7장에 의한 안전보장이사회의 광범위한 개입권한의 하나로 행사될 수 있으므로 굳이 집단적 보호책임 규범을 새로 제시할 실익이 없다는

점이 지적될 수도 있다.[92] 그럼에도 불구하고, 2004년 「A More Secure World」는 2001년 ICISS에 의해 주장된 '보호책임'을 인도적 간섭 이후의 새로운 규범으로 받아들이고, 16명의 정부 대표들로 구성된 패널에서 토의하여, 이를 유엔 차원의 논의로 이끌어 나갔다는 데에 있어 보호책임의 발전에 전환점이 되었다.

3. 2005년 Kofi Annan 유엔 사무총장 보고서 「In Larger Freedom」

(1) 보고서의 소개

Kofi Annan 유엔 사무총장은 2005년 3월, 밀레니엄정상회의 5주년을 맞이하여 유엔 사무총장 보고서 「In Larger Freedom」을 발표하였다. 보고서는 서론과 결론을 제외한 총 4장으로 구성되어 있다. 서론에서는 변화하는 국제사회에서의 도전과제로서 보다 넓은 자유를 향한 개발, 안보 그리고 인권의 문제를 제시하고, 집단안전보장체제의 위기에 대하여 언급하고 있다. 본론은 개발의 문제와 지속적 발전을 위한 환경의 문제를 주요 내용으로 하고 있는 결핍으로부터의 자유(Freedom from want), 집단안보의 문제로서 테러리즘의 예방, 대량살상무기의 문제를 무력사용의 문제와 함께 다루고 있는 공포로부터의 자유(Freedom from fear), 법치주의와 인권, 민주주의를 주제로 한 존엄하게 삶을 살 수 있는 자유(Freedom to live in dignity)와 유엔의 강화(Strengthening the United Nations)로 구성된다. Kofi

92) 임한택, 앞의 주 86, 17쪽.

Annan 유엔 사무총장은 2004년 고위급패널의 보고서를 적극적으로 지지하며, 보호책임 및 무력사용과 관련된 모든 제안을 보고서에 포함시켰다. 보고서에서의 보호책임의 내용은 공포로부터의 자유 부분에 대부분 다루어지고 있으나, 존엄하게 삶을 살 수 있는 자유와 연관하여서도 논의되고 있음이 특징이다.

(2) 보호책임의 구체적 내용

Kofi Annan 유엔 사무총장은 「In Larger Freedom」에서 ICISS와 고위급패널의 16개 회원국이 인도적 간섭의 논의를 대체하는 새로운 규범인 '집단적 보호책임'(collective responsibility)을 승인하였음을 지적하고, 유엔 사무총장 역시 이에 동의하며 보호책임 개념을 수용하고 이에 기초하여 행동해야 한다는 자신의 생각을 밝혔다. Kofi Annan은 우선 자국민 보호는 개별국가에게 책임이 있음을 확인하고, 국가권력이 자국민을 보호할 의지가 없거나 능력이 없을 때에는 국제사회가 외교적・인도적 혹은 다른 수단을 이용하여 이러한 의무를 맡아야 한다고 강조하고, 그러한 방법들이 불충분할 때에는 안전보장이사회는 유엔헌장에 따라 강제조치를 포함한 필요조치를 취해야 한다고 하였다.[93] 또한, Kofi Annan은 「In Larger Freedom」을 통해 국제평화와 안보를 위협하는 집단살해와 인종청소를 예방할 것을 강하게 언급하였다. 특히 무력사용의 허용기준에도 깊은 관심을 표시하였는데, 인도적 목적으로 군사행동을 취하는 경우, 고위급패널의 기준에 따라 사안을 검토하고 결정하는데

93) 「ICISS Report」, para. 135.

있어 각국 정부와 여론이 결정을 존중하고, 이의 투명성을 제고할 것을 강조하였다. 보호책임과 관련한 부분의 전문은 다음과 같다.[94]

> 132. (따라서) 나는 국제적으로나 국내적으로 법의 지배의 강화를 도모하고, 유엔 인권기관의 위상과 구조를 강화하며, 보다 직접적으로는 전 세계의 모든 국가 내에 민주주의를 확립하고 강화하려는 노력을 지원하기 위한 결정을 2005년에 내려야 한다고 믿는다. 우리는 또한 대규모 잔학행위의 잠재적 또는 실제적 피해자에 대한 '보호책임'을 받아들이고 행동하는 방향으로 가야 한다. 각국 정부는 그동안 말로만 외쳐온 개인의 존엄성을 존중하기 위해 자국민뿐만 아니라 정부 상호간 책임을 져야 할 시기가 왔다. 우리는 입법의 시대에서 이행의 시대로 가야 한다. 우리가 선언한 원칙과 우리의 공통이익은 최소한 이 정도를 요구한다.
>
> 135. '주권과 개입에 관한 국제위원회'와 보다 최근에는 전 세계 16명의 위원으로 구성된 '위협과 도전, 변화에 관한 고위급패널'에서 "집단적 보호책임이라는 새롭게 등장하는 규범"(A/59/565, para. 203)을 지지하였다. 나는 이것이 민감한 문제를 포함하고 있다는 것을 잘 알지만, 이러한 접근법에 강력하게 동의한다. 나는 우리가 보호책임을 받아들여야 하며 필요한 경우 그에 따라 행동해야 한다고 믿는다. 이러한 책임은 본래의 존재이유이자 의무가 자국민을 보호하는 것인 개별국가에게 최우선적으로 있다. 그러나 만약 국가 당국이 자국민을 보호할 의지가 없거나 능력이 없는 경우 보호책임은 시민의 인권과 안녕의 보호를 돕는 외교적, 인도적 및 다른 방법을 사용하기 위해 국제공동체에 이전된다. 이러한 방법이 불충분한 경우, 안전보장이사회는 강제조치를 포함하여 유엔헌장상의 조치를 취할 것을 필요에 따라 결정할 수 있다. 이 경우, 다른 경우와 마찬가지로 앞서 언급한 제3장의 원칙들을 따라야 한다.

94) 관련 원문은 본서 〈부록 3〉 참조.

한편, 국가정상들의 결정을 위한 '부록 제III장 존엄하게 살 자유' 제7장 (b)에서도 국가정상들에게 보호책임을 수용할 것을 권고하고, 외교적・인도적 기타 수단이 불충분한 경우에는 안전보장이사회의 권한에 따라, 강제조치를 포함한 모든 조치를 결정할 수 있음을 재차 강조하고 있다. 보호책임과 관련한 부분의 전문은 다음과 같다.

> 7(b) (국가와 정부의 수반들은) 최우선적으로 자국민을 보호할 책임은 개별국가에게 있으며, 만약 국가 당국이 자국민을 보호할 의지가 없거나 능력이 없는 경우 보호책임은 시민의 인권과 안녕의 보호를 돕는 외교적・인도적 및 다른 방법을 사용하기 위해 국제공동체에 이전되며, 이러한 방법이 불충분한 경우, 안전보장이사회는 강제조치를 포함하여 유엔헌장상의 조치를 취할 것을 필요에 따라 결정할 수 있음을 인식하면서, 집단살해, 인종청소 및 인도에 반한 죄에 대항하기 위한 집단적 조치의 근거로서 '보호책임'을 수용하고 이러한 책임에 따른 행동에 동의할 것(을 촉구한다.)

이 보고서는 세계 정상들이 모인 유엔 총회의 2005년 세계정상회의 회기에 제출되었으며, 정상들이 보호책임원칙을 승인할 것을 권고하였다. 동 보고서는 제122항 내지 제126항에서 안전보장이사회가 무력사용에 관한 원칙을 채택하는데 있어 이를 포함할 것을 권고하였다. 이에 따라 2005년 세계정상회의의 비공식회의에서부터 유엔 총회 결의에 보호책임의 내용을 언급하기 위한 논의의 진행이 시작되었다.

4. 「2005년 세계정상회의결과물」과 유엔 총회 결의 제60/1호[95)]

(1) 「2005년 세계정상회의결과물」의 소개

2005년 9월 14일부터 16일까지 유엔 총회의 고위급 본회의(High-level Plenary Meeting)에 모인 정상들은 전 지구의 위협에 적극 대항해 나아가기 위한 해결책을 모색하였다. 정상들은 밀레니엄 발전과제(Millennium Development Goal)를 2015년까지 달성하기 위하여 협력할 것을 약속하고 개발과 원조, 무역의 자유화와 Doha Agenda의 이행 등에 합의하였다. 또한 테러리즘에 함께 대처해 나아가고 평화건설, 평화활동, 평화구축 등의 목적 달성을 위하여 '평화건설위원회'(Peacebuilding Commission: PBC)를 설립할 것을 결의하였다.[96)] 또한 인권, 민주화 그리고 법치에 관하여 논의하고, 유엔 차원에서 이들을 강화할 수 있도록 방안을 강구하고, 환경문제・국제보건문제・인도적 지원의 필요성 등 전반적인 유엔의 역할 증대에 관한 논의와 이에 관한 국가들의 적극적 협조 문제를 논의하기로 하였다.[97)]

95) 「2005년 세계정상회의결과물」은 수정 없이 총회 결의로 제출되었고, 따라서 세계정상회의결과물과 유엔 총회 결의 제60/1호의 내용은 일치한다. 그러나 문서의 형식이 다른바, 양자를 함께 언급하였다. 다만, 이후 보호책임의 논의 내용의 경우 다수의 문서가 보호책임의 내용을 담은 문서를 총회 결의보다, 세계정상회의의 결과물이라 언급하고 있으므로, 이를 따르도록 한다.

96) 평화건설위원회(PBC)는 새로운 유엔의 정부간 자문기구이다. 평화건설위원회는 국제평화유지와 분쟁해결을 지원하는 것을 일차적 목적으로 하고 있으며, 특히 국제적인 기부주체, 국제금융기구, 국가 및 군대를 파견・지원하는 국가들을 위한 장을 마련함으로써, 보다 효율적인 재정적 지원을 가능하게 하고, 재단을 조성함으로써, 이후 재건과 평화건설 및 회복에 있어 실질적인 도움을 주기 위함을 목적으로 한다. http://www.un.org/peace/peacebuilding/.

97) 2005년 세계정상회의의 주요 내용은 http://www.un.org/summit2005/presskit/fact_sheet.pdf.

이러한 맥락하에 세계정상은 모든 국가가 집단살해, 전쟁범죄, 인종청소 및 인도에 반한 죄에 대항하여 집단적인 국제적 보호책임을 이행해 나아갈 것을 논의하고, 안전보장이사회는 개별 주권국가가 자신의 책임을 다하지 못하는 경우 단호한 집단강제조치를 취한다는 보호책임의 개념을 받아들였다. 개발, 평화와 집단안보, 인권과 법치주의, 유엔의 강화를 원칙으로 진행된 세계정상회의선언의 결과물은 총 178개 항으로 구성되어 있으며, 2005년 9월 16일 8번째 회의에서 확정되어 총회에 제출되었다. 세계정상회의결과물은 2005년 10월 24일 제60회 유엔 총회에서 결의 제60/1호로 만장일치로 통과되었다.

(2) 보호책임의 구체적 내용

「2005년 세계정상회의결과물」 제138항 및 제139항에서는 보호책임에 관해 명시적으로 언급하고 있다. 그러나 여기서의 보호책임의 범위는 제138항에서 보듯 집단살해, 전쟁범죄, 인종청소 및 인도에 반한 죄로 제한 축소된다.[98] 또한 주목할 것은 「2005년 세계정상회의결과물」의 편집체계상 보호책임은 무력사용에 관한 '평화와 집단안보' 부분이 아니라 '인권과 법의 지배' 부분에서 언급되고 있다는 점이다. 영국, 캐나다 등 보호책임 개념을 지지하는 국가들의 적극적인 의지가 '보호책임'을 선언문에 포함시키는 데에는 성공했지만, 이를 반대한 미국, 러시아, 중국, 파키스탄, 이집트 등에 의하여 보호책임의 핵심인 군사적 개입의 허용에 관한 실질적인 기준은 제외되었으며, 단지

98) 협의의 보호책임과 광의의 보호책임의 개념에 관하여는 제3장에서 분석하도록 한다.

'보호책임'을 언급한 수준에만 그쳤음을 알 수 있다. 보호책임과 관련한 부분의 전문은 다음과 같다.[99]

> 138. 개별 국가는 영토관할권 내에 있는 사람(populations)을 집단살해, 전쟁범죄, 인종청소 및 인도에 반한 죄로부터 보호할 책임을 가진다. 이러한 책임에는 적절하고 필요한 수단을 통해 그러한 범죄 및 범죄 유인(誘引)을 예방할 책임도 포함된다. 우리는 이러한 책임을 수락하고 이에 따라 행동해야 한다. 국제공동체는 적절하게 각 국가들이 이러한 책임을 수행할 수 있도록 장려하고 도와 주어야 하며 유엔이 조기경보 능력을 확립할 수 있도록 지원해야 한다.
>
> 139. 국제공동체는 또한 유엔을 통해 상기 집단살해, 전쟁범죄, 인종청소 및 인도에 반한 죄로부터 영토관할권 내에 있는 사람을 보호하도록 돕기 위해 유엔헌장 제6장과 제7장에 따른 적절한 외교적, 인도적 및 기타 평화적 수단(방법)을 사용할 책임이 있다. 이러한 맥락에서 평화적 수단이 부적절하고 국가(정부) 당국이 집단살해, 전쟁범죄, 인종청소 및 인도에 반한 죄로부터 영토관할권 내에 있는 사람을 보호하는데 명백하게 실패한 경우에, 우리는 각각의 사안에 따라 제7장을 포함한 유엔헌장에 근거하여 안전보장이사회를 통해, 적절한 경우 관련 지역기구와 함께 시의적절하고 단호한(timely and decisive) 방법으로 집단적 조치를 취할 준비가 되어 있다. 우리는 유엔헌장과 국제법의 원칙을 상기하며 유엔 총회가 집단살해, 전쟁범죄, 인종청소 및 인도에 반한 죄로부터 사람들(populations)을 보호할 책임과 그 함의(含意)를 지속적으로 고려할 필요가 있음을 강조한다. 우리는 또한 필요하거나 적절한 경우 국가들이 집단살해, 전쟁범죄, 인종청소 및 인도에 반한 죄로부터 자국의 영토관할권 내에 있는 사람을 보호하기 위한 능력을 키우도록 돕고 위기나 분쟁이 발생하기 전에 이러한 위험에 처한 국가들을 지원하도록 할 것이다.

99) 관련 원문은 본서 〈부록 4〉 참조.

한편 보호책임의 실제 운용에 관한 문제는 평화유지군을 언급한 문단 제92항 및 제93항에서 반영되어 있다고 볼 수 있다. 특히 제93항에서는 지역안보에 있어서의 지역기구의 역할에 대해 인식하고, 유엔헌장 제8장에 명시된 바와 같이 그러한 지역기구가 제 역할을 다할 수 있도록 지원할 것을 논의하며, 아프리카연합(Africa Union: AU)을 10년간 지원하기로 하였다. 이는 평화유지활동에 있어 지역기구의 역할 및 보호책임의 이행권한과 보호책임의 주체의 문제와 직결되므로 염두에 둘 필요가 있다.[100]

'보호책임' 개념을 포함하고 있는 「2005년 세계정상회의결과물」이 유엔 총회 결의 제60/1호로 만장일치로 채택됨으로써, 보호책임은 국제사회의 승인을 받은 하나의 정치적 선언으로 탄생하였다고 평가된다. 물론 유엔 총회 결의 자체는 법적 구속력이 없으므로 보호책임의 이행을 강제할 수 있는 것은 아니지만, 유엔 총회에서 보호책임 내용을 포함시킨 결의를 채택했다는 사실은 나름대로 중요한 의미를 갖는다.[101] 왜냐하면 과거의 예를 볼 때, 유엔 총회 결의 중 일부는 그 내용이 갖는 규범성과 찬성투표한 국가들의 수 및 추후 이행정도 등을 고려하여 관련 국제법 형성의 길을 열어주었기 때문이다.[102] 가령 유엔

100) 「World Summit Outcome」, GA Res. 60/1, paras. 93-94.

101) 과거 제3세계 학자들은 유엔 총회 결의 자체에 법적 구속력을 인정하자는 주장을 하였다. 이는 국제법 형성을 다수결주의로 대체하려는 일종의 의사주의의 표방이다. 그러나 원칙적으로 볼 때 이러한 무조건적인 주장은 유엔 총회에 토의·권고의 권한만을 부여하고 있는 유엔헌장의 제10조 내지 제14조의 명시적 규정을 넘는 것으로 설득력이 떨어진다 할 것이다.

102) 1970년 '유엔헌장에 따른 국가간의 우호관계 및 협력에 관한 국제법의 제원칙 선언'(유엔 총회 결의 제2625호)이 대표적인 예이다. 유엔 총회 결의의 규범적 가치와 향후 'Legal Ladder'로서 규범으로의 발전에 영향을 주는 문제에 관하

총회 결의가 유엔 회원국을 포함한 지구상의 모든 국가에게 적용되는 보편적인 규범 내용을 포함하는 경우, 유엔헌장에 대한 유권적 해석을 구성하거나 혹은 이미 확립된 일반국제관습법규를 확인 또는 선언하는 내용으로 표결절차에서 총의(consensus) 또는 만장일치를 통해서 채택된 경우, 당해 결의는 관련된 국제관습법 형성을 촉진 내지 강화시킬 수도 있고, 향후 다자조약 체결에 있어 상당한 도덕적 정치적 영향력을 미칠 것은 분명하므로 관련 유엔 총회 결의의 포괄적 규범력을 간과할 수 없을 것이다.[103] 이러한 가능성을 염두에 둘 때, 유엔 총회에서의 보호책임 개념의 승인은 향후 보호책임 개념 발전과 해석에 핵심적 역할을 할 것으로 보인다.[104]

5. 2006년 이후 안전보장이사회 결의

(1) 무력충돌시 민간인 보호에 관한 결의

1999년 무력충돌시 민간인 보호에 관한 의제가 채택된 이래 유엔은 동 사안과 관련한 유엔의 외교적, 법적, 인도적 그리고 인권활동을 체계화하고 있다.[105] 그동안은 여성과 아동, 난민,

---

여는, G.J.H. Van Hoof, *Rethinking the Sources of International Law* (Deventer: Kluwer Publishing, 1983), pp.184-187.

103) 1948년 「세계인권선언」, 1960년 「식민지국가들과 인민에 대한 독립부여에 관한 선언」, 1963년 「우주법원칙선언」, 1974년 「신국제경제질서 관련 결의」가 그러한 예이다.

104) 보호책임의 현재 규범성에 관한 문제는 제5장에서 자세히 다루기로 한다.

105) 1999년 2월 안전보장이사회 의장은 유엔 사무총장에게 무력충돌 상황에서의 민간인 보호를 위해 안전보장이사회의 역할을 증진시킬 수 있는 보고서를 제출할 것을 요구한다. Statement by the President of the Security Council,

실향민의 보호를 위한 안전보장이사회의 역할과 그에 따른 국가들의 의무를 중심으로 논의가 진행되었으며, 2000년 이후 동 의제에 관하여 세 차례의 안전보장이사회 결의가 채택되기도 하였다.106)

참고로 2001년 ICISS에 의해 제시된 보호책임은 무력충돌시 민간인 보호에 관한 의제와 직결된 내용인데, 2006년 4월 안전보장이사회는 결의 제1674호를 통하여 무력충돌에 있어 민간인 보호와 관련하여 세계정상회의의 유엔 총회 결의 중 보호책임과 관련한 제138항 및 제139항을 확인하였다. 만장일치로 통과한 결의 제1674호는 안전보장이사회가 최초로 '보호책임' 개념을 언급한 공식적 결의이다. 결의에서는 국제평화와 안전, 발전과 인권이 유엔체제의 주요 기둥이며, 집단안보의 기초인 동시임을 확인하고, 이러한 발전과 평화 및 안보, 그리고 인권이 상호 보완적인 문제임을 인식하며, 「2005년 세계정상회의결과물」인 제138항 및 제139호에 명시된 민간인을 집단살해, 전쟁범죄, 인종청소 및 인도에 반한 죄로부터 보호할 책임이 있음을 재확

U.N. Doc. S/PRST/1999/6(12 February 1999). 같은 해 9월 8일 유엔 사무총장은 무력충돌에 있어 민간인 보호에 관한 첫 번째 보고서를 발표한다. Report of the Secretary-General to the Security Council on the Protection of Civilians in Armed Conflict, U.N. Doc. S/1999/957(8 September 1999); 무력충돌시 민간인 보호에 관한 의제의 진행 내용은 http://ochaonline.un.org/HumanitarianIssues/ProtectionofCiviliansinArmedConflict/tabid/1114/language/en-US/Default.aspx 참고.

106) S.C. Res. 1265, U.N. Doc. S/RES/1265(17 September 1999); S.C. Res. 1296, U.N. Doc. S/RES/1296(19 April 2000); "Millennium Declaration adopted by General Assembly," G.A. Res 55/2, U.N. Doc. A/RES/55/2(18 September 2000)에서는 취약한 계층에 대한 보호(protecting the vulnerable)를 우선순위에 두어야 함을 강조, 국제인도법에 맞게 민간인 보호의 범위를 확장하고, 이를 강화할 것을 합의하였다.

인하고 있다.[107]

그러나 비록 '보호책임'이란 용어가 다수의 국가의 적극적 지지에 의하여 결의에 포함되긴 했지만, 협의과정에서 최초 결의안보다는 다소 약화되어 삽입되었다. 즉, 총 28개 항으로 구성된 동 결의 중 보호책임을 언급한 곳은 오로지 제4항뿐이며, 별도의 해석이나 직접적인 언급을 피하고 「2005년 세계정상회의 결과물」에 담긴 보호책임 관련 조항에 한하여 이를 재확인함에 그치고 말았다는 사실은 아쉬움으로 남는다.[108]

어쨌든 '보호책임'에 관한 내용이 삽입된 안전보장이사회 결의 제1674호는 유엔 총회의 결의 이후 안전보장이사회 차원에서 '보호책임' 개념을 최초로 인정했다는 의의뿐 아니라, 법적 구속력 있는 문서로서의 결의의 성격에 비추어,[109] 모든 회원국들은 '무력충돌에 있어 민간인 보호'에 관한 문제에 '보호책임'을 논하고 이를 주장할 근거를 갖추게 되었다고 볼 수 있다.[110] 또한 동 결의는 「2005년 세계정상회의결과물」에서 나타난 맥락과 그 궤를 같이 하여, 무력충돌에 있어서 민간인 보호를 위하여 국제공동체는 안전보장이사회를 통하여 집단조치를 시의적절하고 단호하게 취할 것을 확인함은 물론, 그 보호의 범위는 해당 국가가 확연하게 민간인을 집단살해, 전쟁범죄, 인종청소

---

107) S.C. Res. 1674, U.N. Doc. S/RES/1674(28 April 2006). 영어 원문은 본서 〈부록 5〉 참조.

108) 2005년 12월 9일 안전보장이사회의 공개회의에서 상당수의 국가들이 보호책임의 개념을 결의에 포함할 것을 주장하였다. 21개국의 정부대표가 무력충돌 시 민간인 보호 의제에 보호책임 개념을 포함하는 것에 대한 긍정적인 발언을 하였다. 개별 국가의 발언에 관하여는 제6장에서 자세히 살펴보도록 한다.

109) 유엔헌장 제2조 2항.

110) Report of the Secretary-General to the Security Council on the Protection of Civilians in Armed Conflict, U.N. Doc. S/2005/740(28 November 2005).

및 인도에 반한 죄로부터 보호하는 데 실패한 경우에 한함을 재확인하였다.

그러나 이는 안전보장이사회가 적절한 조치를 즉각적으로, 자동적으로 취해야 하는 것을 의미하는 것은 아니다. 가령「2005년 세계정상회의결과물」역시 사안에 따라 안전보장이사회가 결정할 재량권을 배제하고 있지 않기 때문에 안전보장이사회가 사안을 어떻게 판단하고 결정하느냐가 보호책임이 원칙에서 실제 이행으로 나아갈 수 있는 핵심이 될 것이다. 현재 무력충돌시 민간인 보호에 관한 의제하에서 안전보장이사회는 논의를 계속하고 있으며, 이와 같은 논의를 통하여 개별 국가들은 보호책임에 관한 국가의 입장을 확인할 수 있다.[111]

(2) 개별 사례에서의 결의[112]

지금까지 유엔 차원의 논의에서 보호책임이 개별 사례에 적용된 경우는 수단 다르푸르와 미얀마가 있다.[113] 케냐, 짐바브웨, 콩고민주공화국, 소말리아의 상황에 대한 안전보장이사회의 고려와 비난은 있었지만, 사태에 대한 유엔의 개입을 요청하는데 있어 '보호책임'을 적용해 채택된 결의는 수단 다르푸르 사태가 최초이다. 수단 다르푸르 사태에 관한 안전보장이사회 결의 제1706호(2006)는 최초로 보호책임 원칙을 구체적 사안에

111) 현재까지 5차례의 회의가 진행되었다. 회의 진행과정에서 나타난 개별 국가의 입장에 관하여는 제6장에서 자세히 다루도록 한다.

112) 개별 사례의 구체적 사건개요 및 보호책임의 적용에 대한 분석은 제3장에서 보호책임의 범위와 관련하여 별도로 다루기로 한다.

113) 수단과 미얀마의 상황에 대해서는 제3장 관련 부분에서 상세히 다루기로 한다.

적용한 예로, "「2005년 세계정상회의결과물」 제138항 및 제139항의 규정을 재확인하고 있는 무력분쟁에 있어 민간인 보호에 관한 결의 제1674호(2006)를 상기하며"라고 간접적으로 보호책임 관련 문서를 언급하였다.[114] 이 밖에 다르푸르의 최근 집단살해와 관련하여, 유엔은 유엔-아프리카연합 다국적군의 파견을 승인하는 결의 제1769호를 추가적으로 채택하였으며, 동 결의 역시 보호책임의 내용을 내포하고 있다고 할 수 있다. 결의 제1769호는 "수단 정부의 주권을 존중하며, 「2005년 세계정상회의결과물」 제138항 및 139항에서 언급하고 있는 집단살해, 전쟁범죄, 인종청소 및 인도에 반한 죄에 대한 보호책임을 규정하고 재확인하고 있는 무력분쟁에 있어 민간인 보호에 관한 결의 제1674호를 승인한다"고 하였다.

한편, 미얀마 사태는 2006년부터 미얀마 인권상황에 관한 특별보고자 Mr. Paulo Sérgio Pinheiro의 보고서 「Report of the Special Rapporteur on the Situation of Human Rights in Myanmar」가 작성되었으며, 미얀마 사태에 관한 안전보장이사회의 회의 소집 및 이에 관한 의장의 성명이 있었지만,[115] 미얀

114) 원문은 다음과 같다. "Recalling also its previous resolutions 1325(2000) on women, peace and security, 1502(2003) on the protection of humanitarian and United Nations personnel, 1612(2005) on children and armed conflict, and 1674(2006) on the protection of civilians in armed conflict, which reaffirms inter alia the provisions of paragraphs 138 and 139 of the 2005 United Nations World Summit outcome document, as well as the report of its Mission to the Sudan and Chad from 4 to 10 June 2006," S/RES/1706(2006).

115) Report of the Special Rapporteur on the situation of human rights in Myanmar (A/HRC/8/12); (A/HRC/7/18); (A/HRC/6/14); (A/HRC/4/14), Situation of human rights in Myanmar, Report of the Special Rapporteur, Paulo Sérgio Pinheiro(E/CN.4/2006/34) 등 다음의 자료를 참고: http://www.

마 사태에 대한 정식 결의는 채택되지 못했다. 2007년 1월 12일 미국과 영국이 제출한 결의안 초안에 대하여 중국과 러시아가 '국제평화와 안전'에 위협이 없다는 이유로 거부권을 행사하였기 때문이다.116) 이후 안전보장이사회는 2007년 10월 11일 미얀마 정부의 시위대에 대한 무차별 진압에 대하여 의장 성명을 대신 발표하였다.117) 이처럼 미얀마 사태에 관한 결의 채택의 실패는 우리에게 보호책임체제의 확립에 있어 원칙의 천명과 관련 원칙의 개별국가에의 실제 적용은 별개 문제임을 단적으로 보여주는 예라 하겠다.

보호책임 이행의 축이라고 할 수 있는 안전보장이사회에서의 논의과정을 살펴볼 때 다수 국가들의 지지를 받으며 활발히 전개되고 있다는 점과 개별 사례에 적용되어 주장되었다는 점은 다행스러운 일이다. 그러나 보호책임의 이행 및 현실사태에 대한 적용에 있어서는 관련 국가들의 정치적 의지를 필요로 하며,

---

ohchr.org/EN/countries/AsiaRegion/Pages/MMIndex.aspx

116) 결의안 초안은 9개 국가가 찬성, 3개 국가 반대(중국, 러시아, 남아프리카공화국), 3개국 기권(콩고, 인도네시아, 카타르)으로 부결되었다. U.N. Doc. S/2007/14(12 January 2007). 반대표를 행사한 국가들은 지역적 평화 및 안전에 위협이 없다는 당사국인 미얀마의 의견을 존중하여, 이번 사태가 국내문제이고 안전보장이사회의 권한하에 있는 문제가 아님을 강조하였다. 5619th Meeting of the Security Council, U.N. Doc. S/PV.5619(12 January 2007). 회의에 관하여 http://www.un.org/News/Press/docs/2008/sc9396.doc.htm 참고.

117) 안전보장이사회 상임이사국의 거부권으로 미얀마 사태의 결의가 통과되지는 못하였으나, 보충적으로 "평화를 위한 단결"의 절차를 발동할 만큼의 절차적 전제조건이 갖추어지지 않았다고 하였다. 의장 성명은 다음 문서를 참고: "Security Council Deplores Violences Used Against Myanmar Demonstrators, Stresses Importance of Early Release for all Political Prisoners, Presidential Statement Reaffirms Strong Support; For Recent Good Offices Mission, Early Return to Facilitate Tangible Results," Security Council 5757th Meeting, U.N. Doc. SC/9139; U.N. Doc. S/PRST/2007/37(11 October 2007).

실제 수단 다르푸르 사태와 미얀마 사태에 대한 결의과정을 통해서도 드러난 바와 같이 해당 사안에 따른 이해관계국의 대립 및 그 가능성은 보호책임이 정립되기 위해서는 반드시 넘어야 할 과제로 남아있다.

6. 2009년 반기문 유엔 사무총장 보고서 「Implementing the Responsibility to Protect」

(1) 보고서의 소개

반기문 유엔 사무총장은 2009년 1월 30일 제63차 회기에서 「Implementing the Responsibility to Protect」란 제목의 보고서를 발표하였다. 보호책임의 이행에 관한 이번 보고서는 「2005년 세계정상회의결과물」 제138항 및 제139항의 보호책임 내용을 재확인하며, 이의 구체적인 이행을 위한 출발점을 마련하고 있다. 보고서는 보호책임이 유엔 총회와 안전보장이사회에서 승인되었음을 강조하며, 「2005년 세계정상회의결과물」 제138항 및 제139항에서 보호책임의 원칙상, 정책상, 제도상으로 활성화를 이끌어 나갈 회원국과 지역 차원 및 유엔 차원에서의 권한체계를 정하고 있음을 밝히고 있다.[118] 따라서 이번 보고서의 목적은 세계정상회의결과물을 재해석하거나 재협상하고자 하는 것이 아니며, 그 결정을 유엔 차원에서 일관성 있게 이행할 수 있는 방법을 찾기 위함이라고 하였다. 이러한 전제하에 보고서는 유엔 사무국의 지원하에 회원국간 보호책임 논의를

118) 「Implementing the Responsibility to Protect」, para. 2.

활성화하는데 기여하는 것을 주된 목적으로 하고 있음을 밝혔다.[119)]

보고서는 보호책임에 대한 기존의 논쟁점을 인식하고, 이에 대한 명확한 입장을 전제로 논의를 전개하고 있다.[120)] 먼저 보호책임은 기존에 확립된 국제법원칙과 충돌하지 않으며, 집단살해, 전쟁범죄, 인도에 반한 죄를 예방하고 처벌해야 하는 국가들에 주어진 의무를 바탕으로 하고 있다. 한편, 인종청소에 대해서는 해당 행위가 국제법상 하나의 범죄 자체로 인정되지 않는다 하더라도 앞서 언급한 범죄의 한 유형을 구성할 수 있다고 보았다. 또한 보고서는 보호책임은 기존의 국제인권법, 국제인도법, 난민법 및 국제형사법에 걸친 의무들과 관련되며, 유엔헌장의 목적과 원칙에 따라 이행되어야 하므로, 개별 회원국의 무력행사를 금지하고 있는 유엔헌장체계와 충돌하지 않는다고 설명한다.[121)] 따라서 이제는 「2005년 세계정상회의결과물」상의 보호책임을 하나의 '약속'(promise)에서 '실행'(practice)으로 전환시키며, 아픈 과거의 경험과 법적 기준(legal standard)과 정치적 책무(political imperative)의 발전을 반영해야 한다고 역설한다.[122)]

이번 보고서의 가장 큰 의의는 보호책임에서 사용되는 용어를 명확히 하고 있다는 점이다. 먼저 동 보고서는 '보호책임'이라는 개념의 범위는 「2005년 세계정상회의결과물」에 규정되어 있는 '보호책임'임을 전제하며, 이러한 보호책임은 '책임으로서

119) *Ibid.*

120) 보호책임 개념의 불명확성, 이행범위 및 기존 국제법원칙과의 관계 등 앞서 살펴본 다양한 문서에 따라 중점적으로 논의되던 사항들은 제2장 참고.

121) 「Implementing the Responsibility to Protect」, para. 3.

122) *Ibid.*, para. 4. 역사적 회고는 paras. 5-9를 참고.

의 주권'이라는 개념에서 이끌어 낼 수 있다고 밝히고 있다. 또한 이 개념은 개별 국가의 주권을 제한하는 것이 아니고, 오히려 주권을 강화하고 있음을 강조한다.[123] 둘째로, 보고서는 네 가지 주요 국제범죄, 즉 집단살해죄, 전쟁범죄, 인종청소 및 인도에 반한 죄에 한정하여 적용하여 보호책임을 설명한다.[124] 따라서 보호책임 개념을 후천성면역결핍증(HIV/AIDS)의 문제나 기후변화 및 자연재해에 대한 대응 등으로 확대시키는 것은 지난 2005년의 합의를 벗어난 논의임을 명확히 밝히고 있다.[125] 셋째로, 보호책임이 논의되는 상황은 협의로 이해되어야 하지만, 해당 상황에 대한 적절하고 필요한 대응은 회원국, 유엔, 지역적 기구 및 시민사회가 취할 수 있는 가능한 넓은 범위의 예방조치 및 보호방법을 포함한다고 하였다.[126] 특히 이번 보고서는 유엔을 통한 회원국의 조기경보체제는 성공적인 예방과 보호의 가장 중요한 요소임을 강조하고 있다.[127] 따라서 보호책임이 필요한 상황에 대한 정보는 반드시 정확하고 신속하게 유엔의 결정자들에게 전달되어야 하며, 유엔 사무국은 지역적 상황을 고려한 사안에 대한 적절한 판단을 할 역량을 갖추어야 하며, 이러한 상황이 유엔 사무총장에게 직접 전달될 수 있어야 한다는 구체적 과제를 제시하고 있다.[128]

---

123) *Ibid.*, para. 10 (a).

124) *Ibid.*, para. 10 (b).

125) *Ibid.*, para. 10 (b).

126) *Ibid.*, para. 10 (c).

127) *Ibid.*, para. 10 (d); 이미 2005년 세계정상들은 조기경보체제가 예방과 보호에 있어 핵심적인 부분임을 인식하였으며, 유엔이 이에 관한 정보를 시의적절하게 믿을 만한 정보망을 통해 수집·분석할 필요가 있음을 강조한 바 있다.

128) *Ibid.*, para. 10 (d).

보고서는 보호책임에 관해 포괄적으로 다루고 있는 유엔에서 발행한 첫 번째 문서로써, 보호책임의 개념, 이행체제 등 전반적 측면을 명확화하고 또한 정책화하는데 기여하기 위한 유엔 사무총장의 노력의 일환으로 보인다. 보고서는 세계정상회의결과물 제138항 및 제139항에 담긴 보호책임을 '세 기둥 체계 접근방식'(three-pillar approach)으로 나누어 설명하고 있다. 이번 보고서의 핵심내용인 '세 기둥 체계 접근방식'은 지난 2008년 7월 독일에서의 유엔 사무총장의 연설문[129]에서 이미 소개된 바 있는 것으로, 국가의 일차적 책임의 보호 및 보장(제1기둥), 국제적 차원의 지원 및 역량 강화(제2기둥), 시의적절하고 단호한 대응(제3기둥)으로 구성된다. 보고서는 세 기둥 모두 중요함을 강조하며, 세 기둥은 어느 시점에서나 활용될 수 있고, 기둥 간의 순서나 차례가 없음을 밝히고 있다.[130] 한편, 이러한 접근방식은 예방의 중요성을 강조하고, 예방적 차원의 실패의 경우, 개별 사례에 따른 조기의 유연한 대응을 요청하고 있다. 이하 세 기둥 체계 접근방식의 내용을 구체적으로 살펴보도록 한다.

(2) 보고서의 구체적 내용

1) 제1기둥 : 국가의 보호책임

제1기둥은 집단살해죄, 전쟁범죄, 인종청소 및 인도에 반한 죄로부터 자국의 영토관할 내에 있는 사람(population)을 보호

129) Press Release, Secretary-General Defends, Clarifies 'Responsibility to Protect' at Berlin Event on 'Responsible Sovereignty: International Cooperation for a Changed World', U.N. Doc. SG/SM/11701(15 July 2008).

130) 「Implementing the Responsibility to Protect」, p.2.

해야 하는 개별 국가의 일차적 책임이다.[131] 이는 「2005년 세계정상회의결과물」 제138항의 처음 세 개의 문장에 담긴 내용으로서, 사람(population)의 보호가 21세기에 요구되는 주권과 국가의 속성이며, 초기 단계부터 예방할 수 있는 시작점이라는 이유에 기초한다.[132] 한편, 보고서는 제138항을 통해 국제공동체가 보조적 역할에 머물러야 함을 확인하고 있다고 언급하며, 개별 국가와 국제공동체의 책임관계를 명확히 하고 있다.[133] 따라서 보호책임의 기초단계로서 제1기둥은 무엇보다 중요하며, 향후 개별 국가간의 안정성의 차이에 대한 분석 및 연구가 필요할 것이라고 하였다.[134]

보고서에 따르면 인권존중에 대한 의무는 책임 있는 주권국가의 기초적인 요소이다. 「세계인권선언」(Universal Declaration of Human Rights)과 「집단살해죄 방지 및 처벌에 관한 협약」(Convention on the Prevention and Punishment of the Crime of Genocide)의 60주년인 2008년에는 유엔 회원국은 개별적으로 또는 집단적으로 인권협약상의 의무를 이행하고, 유엔의 인권 메커니즘에 협력해야 함을 주지시키고 있다. 보고서는 이러한 인권존중의무를 강조하며, 개별 국가들은 보호책임과 관련한 예방과 보호 목적을 달성하기 위하여 국내적, 그리고 국제적으로 협력하여 유엔인권최고대표(United Nations High Commissioner for Human Rights: UNHCHR)와 유엔인권이사회(Human Rights Council: HRC) 그리고 인권조약기구의 특별보고자에게 부여된

131) *Ibid.*, para. 11 (a).
132) *Ibid.*, paras. 13-14.
133) *Ibid.*, para. 14.
134) *Ibid.*, para. 15.

중요한 임무의 달성에 기여할 것을 권고하고 있다.135) 또한 보고서는 유엔인권이사회가 보호책임과 관련한 의무를 이행할 수 있도록 국가들을 장려하고, 보편적이고 정치중립적인 기초하에 이러한 이행을 감독할 수 있도록 지원할 필요가 있음을 밝혔다.136) 보고서는 보호책임과 밀접한 관련을 가지는 국제인권법, 국제인도법, 난민법 등과 관련된 국제협약 및 「국제형사재판소에 관한 로마규정」(Rome Statute of the International Criminal Court)에의 당사국이 될 것을 권고하고 있는데, 그 이유는 이 역시 전체 이행을 향한 기초적인 단계를 이루기 때문이다.137)

보고서는 보호책임의 원칙이 이행될 때에는 개별 사안에 관련된 국가의 문화와 사회적 특성을 고려해야 하며, 보편적인 가치뿐만 아니라 지역적인 가치 및 기준을 함께 고려해야 함을 강조하고 있다.138) 이를 위하여 국가들은 보호책임원칙의 보편성과 이 원칙의 국내적 가치 및 기준과의 통합 가능성을 이해하기 위한 '자기검토 절차'(the process of self-reflection)에 참여해야 할 것이다.139) 한편, 보고서는 모든 사회 전체가 자기검토에 참여하여 대규모의 잔학행위의 발생 여지가 있는 위험요소를 규명해야 하며, 이에는 국가간 파트너십과 국가간 검토체제

135) UN General Assembly, High Commissioner for the promotion and protection of all human rights: resolution / adopted by the General Assembly, U.N. Doc. A/RES/48/141(20 December 1993).

136) 「Implementing the Responsibility to Protect」, para. 16. 이의 방법으로 유엔인권이사회의 보편적 정례검토 메커니즘(Universal Periodic Review Mechanism)을 통한 인권의 증진이 간접적으로 보호책임의 목적과 관련이 있음을 밝히고 있다.

137) *Ibid.*, para. 17.

138) *Ibid.*, para. 20.

139) *Ibid.*, paras. 21-22.

를 이용할 필요가 있다고 밝혔다.[140] 보고서는 국제기구 및 국가기구의 관련 책임 이행을 보다 원활히 할 것을 보장하고, 경찰·군인·사법 및 입법 관련자와 대외적인 인권 및 인도적 기준의 이행을 지원하는 지역적 차원에서의 노력 강화를 보장할 필요가 있음을 강조하고 있다.[141]

2) 제2기둥 : 국제적 지원 및 역량 강화

제2기둥은 국제공동체가 개별 국가가 제1기둥의 책임을 이행할 수 있도록 개별 국가의 역량을 강화하는데 지원을 해야 한다는 내용을 주로 다루고 있다. 국제공동체는 개별국가가 제1기둥의 책임을 이행할 수 있도록 장려하고, 국가들이 책임수행을 할 수 있도록 지원하며, 잔혹행위로부터 그들의 영토 내에 있는 사람을 보호하기 위해 필요한 개별 국가의 역량 강화를 도와야 한다. 여기서 책임수행 지원과 역량 강화 지원의 국가들의 책임은 「2005년 세계정상회의결과물」 제138항의 "국제공동체는 적절하게 각 국가들이 이러한 책임을 수행할 수 있도록 장려하고 도와주어야" 한다는 문구와 제139항의 "우리는 또한 필요하거나 적절한 경우 국가들이 집단살해, 전쟁범죄, 인종청소 및 인도에 반한 죄로부터 자국의 영토관할권 내에 있는 사람을 보호하기 위한 능력을 키우도록 돕고, 위기나 분쟁이 발생하기 전에 이러한 위험에 처한 국가들을 지원하도록 할 것이다"는 문구에 기초한다.[142]

이는 첫째, 제1기둥하의 개별 국가들의 보호책임 이행을 장

140) *Ibid.*, para. 22.
141) *Ibid.*, paras. 25-27.
142) *Ibid.*, para. 28.

려할 것(제138항), 둘째, 보호책임을 이행할 수 있도록 도울 것(제138항), 셋째, 개별 국가가 보호의 역량을 강화할 수 있도록 도울 것(제139항), 넷째, 위기나 분쟁의 위험에 처한 국가를 지원할 것(제139항)의 네 가지의 형태로 구분할 수 있을 것이다. 첫 번째 형태는 개별 국가들이 무엇을 해야 하는가를 설득하는 것을 의미하며, 나머지는 국제공동체와 국가 상호간의 책임을 다하고, 적극적인 파트너십을 형성하는 것으로 볼 수 있다.[143]

보고서는 제2기둥의 이행을 위하여, 구체적으로는 유엔 및 지역기구 체제하에서의 인권과 인권기준에 대한 대화·교육 및 훈련을 지원하고,[144] 기존의 유엔 및 지역적 기구 혹은 외부 지원 및 협조자에 의한 지역간 이해와 교육과정을 지원하고, 지역체제 및 유엔 차원에서의 주선 및 외교적 노력을 지원하며,[145] 지역적 기구에서의 인종간 긴장상태를 완화시키기 위한 민간 차원의 역량 강화를 도울 필요가 있음을 명시하고 있다.[146] 한편, 개별 국가들은 긴급상황에 대해 신속하게 대응할 수 있는 민간 및 경찰 차원의 상시 지원을 강화하고,[147] 예방적 차원의 집단적 군사지원(가령, 동의에 기초한 평화유지활동 등) 및 파견에 참여하여 개별 국가가 비국가행위주체에 의해 범해진 보호책임에서의 관련 범죄를 처리하고, 안정성과 안전을 유지할 수 있도록 하며,[148] 지역과 지역, 국가와 국가 및 하부기간의 전략, 원

143) *Ibid.*
144) *Ibid.*, para. 33.
145) *Ibid.*, para. 30.
146) *Ibid.*, para. 38.
147) *Ibid.*, para. 39.
148) *Ibid.*, para. 40.

칙 및 관행에 대해 연구하는 것을 포함하여, 예방과 보호책임 범죄로부터의 보호의 역량 강화를 지원해야 한다.[149]

이상을 종합해 볼 때 회원국은 i) 민감한 분쟁 발생에 대한 분석(conflict-sensitive development analysis), ii) 고유의 중재능력(indigenous mediation capacity), iii) 합의와 대화(consensus and dialogue), iv) 지역분쟁 해결능력(local dispute resolution capacity), v) 지속적인 역량강화 능력(capacity to replicate capacity)의 다섯 개의 능력을 갖추어야 할 것이다.[150] 또한 국가들은 관할영토 내에 있는 모든 사람들의 안전을 보장하기 위해 자국의 안보체제를 강화하는 한편,[151] 보호책임을 이행하기 위해 국가들은 평화건설위원회(PBC) 활동에 보다 활발한 참여와 지원을 해야 하며, 평화건설위원회의 재단이 긴급상황에 쓰일 수 있도록 해야 한다.[152]

제2기둥은 회원국, 지역기구, 시민단체 등과 같은 다양한 차원의 협력을 유도하고, 유엔체제의 기구적 강점과 상대적 이점을 이용해야 함을 강조하고 있다.[153] 또한 관련 정책과 절차 및 그의 이행을 유도하고, 지속적이고 적용되며 광범위하게 지지될 수 있도록 하는 것이 제2기둥의 불가결한 부분이다. 성공적인 보호책임의 전략을 위해 필수적인 요소인 개별 국가의 예방역량을 강화시키기 위한 방법론의 개발과 제안은 이 보고서의 장점이라 평가할 수 있다.

---

149) *Ibid.*, para. 43.
150) *Ibid.*, para. 45.
151) *Ibid.*, para. 46.
152) *Ibid.*, para. 48.
153) *Ibid.*, para. 11 (b).

3) 제3기둥 : 시의적절하고 단호한 대응

제3기둥은 개별 국가가 자국의 영토관할권 내에 있는 사람(populations)을 보호하는데 '명백히 실패한'(manifestly failing) 경우 집단살해, 전쟁범죄, 인종청소 및 인도에 반한 죄를 예방하고 중지하기 위한 '시의적절하고 단호한'(timely and decisive) 행동을 취할 국제공동체의 책임이다. 이와 같이 제3기둥은 '명백히 실패한' 경우라는 조건을 명시함으로써 제2기둥에 비해 대응조치가 발동하는 기점(threshold)을 조금 높게 설정하고 있다.[154)]

이 보고서는 제3기둥에서의 대응조치를 다음과 같이 설명하고 있다. 제3기둥하의 조치는 좀 더 강력한 조치를 포함하여 유엔헌장 제6장(분쟁의 평화적 해결)과 제8장(지역적 약정)에 따른 비강압적 대응조치까지 모두 아우른다.[155)] 먼저 유엔 안전보장이사회와 유엔 총회는 국제법 위반이 의심되는 상황에 대한 조사 및 보고서 작성을 위해 수행기관을 지정할 수 있다. 유엔 인권이사회나 유엔인권최고대표(UNHCHR)가 그러한 역할을 할 수 있다.[156)] 조사는 그 자체가 '시의적절하고 단호한' 보호조치를 대체하는 것이라기보다는 이러한 조치를 위한 첫걸음에 해당한다.[157)]

이 보고서는 「2005년 세계정상회의결과물」 제138장에서 명시한 4가지 특정 상황의 유인(誘因)을 방지할 개별 국가의 책임을 재확인하고, 개별 국가가 이러한 유인상황을 예방하는데 명

154) *Ibid.*, para. 50.
155) *Ibid.*, para. 51.
156) *Ibid.*, para. 52.
157) *Ibid.*, para. 53.

백하게 실패하는 경우 국제공동체의 의무가 발생함을 강조하였다. 또한 이러한 4가지 국제범죄에 해당하는 행위는 국제형사재판소(ICC)에 제소당할 수 있음을 상기시키고 있다.[158]

제3기둥에 해당하는 대응조치로써 유엔헌장 제7장 제41조상의 제재조치는 안전보장이사회에 의해 취해지며 필요한 경우 유엔헌장 제53조에 따라 안전보장이사회와 지역기구가 협력하여 그러한 조치를 취할 수 있다. 유엔 총회는 비록 법적으로 구속력이 없기는 하지만 유엔헌장 제10조와 제14조에 근거한 조치 및 유엔 총회 결의 제377(V)호, "평화를 위한 단결"에 따라 그러한 조치를 고려해 볼 수 있을 것이다.[159]

이 보고서에서 반기문 유엔 사무총장은 특히 안전보장이사회의 상임이사국의 책임을 특별히 강조하면서 보호책임과 관련된 의무이행 여부를 결정하는데 있어 거부권(veto) 행사를 자제할 것을 강하게 주장하였다.[160] 또한 192개 모든 유엔 회원국들 역시 향후 보호책임 관련 원칙을 발전시키기 위한 실효적인 국제문서를 작성할 책임을 부담하고 있음을 상기시켰다.[161]

(3) 앞으로의 논의 전개 방향

반기문 유엔 사무총장은 이번 보호책임의 이행에 관한 2009년 유엔 사무총장 보고서 「Implementing the Responsibility to Protect」의 결론에서 자신의 특별고문인 Edward C. Luck과 집

158) *Ibid.*, para. 54.
159) *Ibid.*, para. 57.
160) *Ibid.*, para. 61.
161) *Ibid.*

단살해방지에 관한 특별고문인 Francis Deng이 회원국과 유엔 총회 의장과 이 보고서의 결과물에 대한 협의를 지속적으로 할 것을 요청하였다.[162] 또한 보호책임의 향후 이행을 위해 유엔 총회에서 논의가 이루어질 것을 촉구하며 다음과 같은 권고를 하였다. 첫째, 유엔 총회는 유엔 사무총장이 제출한 동 보고서에 대해 환영 혹은 주목하고, 둘째, 「2005년 세계정상회의결과물」 제139항에 명시된 '지속적인 고려'(continuing consideration)에 따른 역할을 명확히 하며, 셋째, 국가와 국제공동체의 제2기둥하에서의 '국제적 지원 및 역량 강화'(international assistance and capacity-building)에 관한 파트너십 형성 문제를 정의하고 이의 논의를 발전시키며, 넷째, 보호책임의 이행을 위해 국가들이 취한 행동에 대해 정기적인 검토를 할 수 있는 방법을 모색하고, 다섯째 그동안 간과되었던 보호책임 이행을 위한 사무국의 역할을 결정해야 한다.[163] 이와 함께, 유엔 사무총장은 보호책임의 실질적 이행에 관한 이번 보고서가 유엔 총회에서 논의되면, 유엔 사무총장은 집단살해 방지에 관한 특별보고자를 주축으로 하는 새로운 연합 사무실(Joint Office)[164] 설립에 관한 제안을 2009년 유엔 총회에 제출할 예정임을 밝혔다.

---

162) *Ibid.*, paras. 69-71.

163) *Ibid.*, para. 71.

164) 연합 사무실(Joint Office) 설립 논의는 「2005년 세계정상회의결과물」 제140항과 관련된다. 세계정상들이 보호책임을 통한 집단살해 방지를 모색함에 따라, 집단살해죄에 대한 유엔 사무총장의 특별고문의 활동 또한 지지를 얻게 된다. 한편, 2009년 1월 30일 동 보고서에서 사무총장은 집단살해죄에 관한 특별고문의 임무와 보호책임에 중점을 둔 특별고문과의 공통점을 강조한 바 있다. 사무총장은 이러한 연합 사무국이 역량 강화 및 실제 이행에서의 정보의 분석과 수집에 있어서의 유기적이 연대과정을 형성함으로써 기존의 협의나 협력구조를 보다 강화시킬 것이라 하였다.

앞서 자세히 설명하였듯이 보호책임은 「2005년 세계정상회의결과물」 제138항 및 제139항에 언급된 이후, 이 문서의 유엔총회에서의 결의를 토대로 논의되고 있다. 따라서 유엔에서 논의되고 있는 보호책임은 「2005년 세계정상회의결과물」에 언급된 집단살해, 전쟁범죄, 인종청소 및 인도에 반한 죄라는 네 가지 핵심 범죄에 대한 국가의 보호책임의 범위로 이해되고 있으며, 2009년 반기문 유엔 사무총장의 보고서 「Implementing the Responsibility to Protect」 역시 이 범위에서의 논의를 전제하고 있다. 보고서 전반에 걸쳐 사무총장은 조기경보체제의 중요성을 강조하고 있으며, 이러한 범죄와 폭력을 예방하기 위하여 인권에 기초한 국내적・국제적 차원의 접근방식과 지역적인 민간 차원의 역량 강화의 필요성을 언급하고 있다. 또한 국제공동체의 구성원간의 정보공유 역시 중요함을 강조하고 있다.[165] 한편, 보호책임의 궁극적인 성과는 국가들의 정책과 태도에 달려 있다는 소극적 입장을 취하면서도, 유엔이 보호책임의 이행에 있어서 개별 국가들에게는 준비된 파트너로서 그 역할을 다할 것은 강조하기도 하였다.[166] 따라서 이번 보고서는 「2005년 세계정상회의결과물」에 담긴 보호책임의 내용을 현실화 하는데 첫 단계를 밟았다는데 가장 큰 의의가 있다고 볼 수 있을 것이다.

165) 「Implementing the Responsibility to Protect」, Annex, paras. 1-7.

166) *Ibid.*, para. 68.

7. 유엔 총회 결의 제63/308호: 'Responsibility to Protect'[167]

유엔은 2009년 제63차 회기에서 보호책임을 상호주제토의(interactive thematic dialogue) 중 하나로 정하였으며, 보호책임의 이행에 관한 국가들의 의견을 교환하였다. 이번 회의 중 주제토의로 채택된 보호책임에 관한 7월 21일 사무총장 보고서 「Implementing the Responsibility to Protect」(A/63/677)의 소개와 23일 비공식적 주제토의 및 관련 문답회의(세션) 논의내용을 바탕으로 진행되었다.[168]

이번 주제토의를 위하여 제63차 총회의 의장인 H.E. Mr. Miguel d'Escoto Brockmann은 「Concept note on responsibility to protect populations from genocide, war crimes, ethnic cleansing and crimes against humanity」(이하, Concept note)를 발표하였다.[169] 서두에서 의장은 지금까지 보호책임에 관해 유엔에서 채택된 5개의 주요 문서의 법적 성격에 관해 언급하면서,[170] 이 문서들 그 어느 것도 ICJ규정 제38조에서 언급

---

167) UN Doc. A/RES/63/308.

168) *CONSIDERATION BY THE GENERAL ASSEMBLY ON THE RESPONSIBILITY TO PROTECT* (21, 23 July 2009, United Nations, New York): Thursday, 21 July 2009-Presentation by the Secretary General of his report entitled "Implementing the Responsibility to Protect," document A/63/677; Thursday, 23 July 2009-Informal Interactive Dialogue on the Responsibility to Protect. 관련 회의의 전체 일정과 주요 토의 내용은 http://www.un.org/ga/president/63/interactive/responsibilitytoprotect.shtml을 참고.

169) Office of the President of the General Assembly, 「Concept note on responsibility to protect populations from genocide, war crimes, ethnic cleansing and crimes against humanity」(이하, Concept note), http://www.un.org/ga/president/63/interactive/responsibilitytoprotect.shtml 참고.

170) 5개의 문서란 다음과 같다. The High Level Panel's "Report on Threats, Challenges and Change"; the Secretary-General's Report "In Larger Freedom";

하고 있는 전통적인 국제법 연원으로 볼 수 없음을 강조하였다.[171] 그러나 국제공동체는 집단살해, 전쟁범죄, 인종청소 및 인도에 반한 죄를 더 이상 묵인할 수 없으며, 유엔은 유엔헌장에 담긴 가치를 저해하지 않음을 전제로 이러한 범죄에 대하여 예측 가능하고 지속적이며 효과적인 방법을 마련해야 한다고 하였다. 한편, 「Concept note」에서 의장은 보호책임에 대한 과거 식민지배를 경험했던 개발도상국들의 우려에 대한 공감을 하였으며, 이 밖에도 국제적 차원의 개입에 관한 주권과의 관계에서의 일부 국가들의 이해와, 안전보장이사회의 거부권행사와 이에 따른 집단안전보장체제의 효과적 대응의 문제, 그리고 국제형사재판소와 관련한 사법적 평화해결의 문제 등 관련 논의사항을 환기하였다.[172]

7월 21일 유엔 사무총장 보고서의 소개에 이어 23일 진행된 회의는 총회 의장인 Miguel d'Escoto Brockmann의 발언으로 시작되었다.[173] 그는 보호책임이론을 추구하기 위해서는 국제적 연대를 필요로 하며, 국가들이 자신의 국민에 대해 갖는 권리를 일정 수준 제한하도록 요구한다고 지적하였다. 또한 국가들은 인도적 재난을 예방하여야 하며, 유엔은 이러한 예방적 차원의 대응을 위한 진정한 역량을 키워야 할 것이라고 하였다. 이러한 보호책임원칙이 중요한 목적을 내세우고 있으며, 국가

---

the Outcome Document of the World Summit 2005; UN Security Council Resolution 1674; Secretary-General's Report on "Implementing the Responsibility to Protect."

171) *Supra* note 169.

172) Press Releases GA/10845 (21 July 2009), http://www.un.org/News/Press/docs/2009/ga10845.doc.htm.

173) http://www.un.org/ga/president/63/statements/openingr2p230709.shtml.

들은 집단안전보장체제의 문제점을 바로잡고, 유엔은 이러한 도전을 헤쳐 나가야 할 것이라고 하였다. 한편, 이러한 발언에 대하여 Edward C. Luck 특별고문은 국가들이 이 회의 전반에 걸쳐 보호책임의 필요성과 그의 목적에 대해서 논의하는 것이 아닌, 보호책임의 실제적인 이행의 문제를 다루어 줄 것을 거듭 강조하기도 하였다.[174)]

이날 회의에서는 H.E. Mr. Raymond Wolfe의 사회로 논의의 세부적 문답을 맡아 줄 패널들과 함께 보다 심도 있게 진행되었다. 패널은 국제위기감시기구(International Crisis Group; ICG)[175)]의 의장이자 2000년부터 2001년까지 ICISS의 공동의장을 맡아서 보호책임의 개념 형성에서부터 직접 참여한 Gareth Evans 교수를 비롯하여 물리학자이며 철학자인 Jean Bricronot 교수, 언어학자인 Noam Chomsky 교수, 그리고 인권운동가이자 작가인 Ngugi wa Thiong'o로 구성되었다.[176)] 패널들의 발표에 이어서는 개별 국가의 질문과 논평이 이어졌다.[177)]

24일 이어진 논의에서는 40여개국의 대표들이 보호책임에 관한 입장을 표명하였다. 보호책임에 관해 국가들은 회의적 입장에서부터 전적인 지원까지 다양한 입장을 보였다. 파키스탄과 쿠바 대표의 경우 보호책임의 개념의 모호성과 범위에 대한

---

174) *Ibid.*

175) 국제위기감시기구(ICG)는 위기지역의 분쟁의 방지 및 해결을 위해, 전문가들의 현지의 분쟁 상황에 기초하여 분석, 전망 및 사안해결을 위한 정책을 제안하는 비영리, 비정부간 국제기구이다(www.crisisgroup.org).

176) 개별 패널의 구체적 성명에 대해서는 앞의 자료를 참고.

177) 보다 자세한 발언내용은 다음의 자료를 참고. http://www.un.org/News/Press/docs/2009/ga10847.doc.htm. 이 밖에도 보호책임에 관한 NGO인 the Global Centre for the Responsibility to Protect와 the People's Coalition for Responsibility to Protect의 참여가 허용되었다.

우려의 입장을 표명하기도 하였다. 일본 대표는 보호책임이 인간안보의 개념과 구별되어야 함을 강조하며, 보호책임이 개념이 주권존중의 원칙과 일치한다고 하였다. 스위스 대표 역시 일본의 주권과 보호책임에 관한 입장을 함께하였으며, 제한된 범위에서의 보다 효과적이고 확실한 방법을 마련할 것을 강조하였다. 한편, 아일랜드 대표와 나이지리아 대표의 경우 보호책임이 군사적 개입과 같은 제한된 범위가 아닌, 예방적 차원의 논의가 필요함을 강조하며, 이에 대한 지역적·국제적 차원의 협력이 필요하다고 하였다.178)

28일 이어진 회의에서는 안전보장이사회의 거부권 행사에 따른 보호책임의 효과적 이행에 관한 논의가 이어졌다. 니카라과 대표의 경우, 보호책임이 예정하고 있는 4가지 주요 범죄에 대해 보호책임을 발동할 법적 근거가 부재한 상황에서, 보호할 책임은 여전히 간섭할 권리(right to intervene)로 제한될 수밖에 없는 현실을 지적하며, 보다 새로운 차원의 보호책임 개념에 대한 논의가 진행되어야 함을 강조하였다. 한편, 아이슬란드 대표와 마케도니아공화국 대표는 유엔을 통한 보호책임의 이행의 측면과 보호책임 논의를 위한 총회의 역할을 강조하기도 하였다. 총회 의장은 지난 7월 21일부터 23일, 24일, 28일까지 수차례의 회의를 통한 94개국 대표들의 열띤 토론은 보호책임의 논의가 지속적으로 진행되어야 함을 보여 주고 있다고 언급하며, 보호책임에 대한 여러 측면의 우려가 있지만, 4가지 주요 범죄에 대한 국제적 차원의 행동이 필요하다는데 대한 국제적 차원의 인

178) Press Release, GA/10849, Sixty-third General Assembly Plenary, 98th & 99th Meetings (AM & PM), (24 July 2009), http://www.un.org/News/Press/docs/2009/ga10849.doc.htm.

식이 확립하였음을 밝혔다.179)

이러한 과정을 통해 2009년 9월 14일, 제63차 총회 제105차 본회의에서 'The responsibility to protect'라는 제목하에 결의 제63/308호가 채택되었다.180) 이번 결의는 67개 국가들의 지지로 발의되었으며,181) 총의(consensus)로 채택되었다. 이번 결의에서 총회는 유엔헌장의 원칙과 목적을 존중함을 재확인하고, 「2005년 세계정상회의결과물」 제138항 및 제139항에 언급된 보호책임을 상기하였다. 이에 따라 유엔 사무총장이 제출한 보고서와 그에 따라 유엔 총회 의장에 의해 시의적절하게 소집된 7월 21일부터 28일까지의 회의를 주목하며, 회원국 전체의 전적인 참여를 통해, 보호책임의 논의를 계속 진행할 것을 결정하였다. 다수의 국가가 이번 결의를 지지한다는 입장을 밝혔으나 일부 국가들은 투표후 발언을 통해 이번 결의가 절차에 관한 것일 뿐이며, 유엔 총회에서 보호책임을 이행한다는 의미가 아니라는 입장을 밝히기도 하였다.182)

179) Press Release, GA/10850, Sixty-third General Assembly Plenary, 100th & 101st Meetings (AM & PM), (28 July 2009), http://www.un.org/News/Press/docs/2009/ga10850.doc.htm.

180) UN Doc. A/RES/63/308 (14 September 2009); 이번 결의는 이후 구두수정(oral amendment)에 의해서 A/63/L.80/Rev.1 가 되었다.

181) Co-sponsor로 참여한 국가는 다음과 같다. Andorra, Argentina, Armenia, Australia, Austria, Belgium, Benin, Bulgaria, Canada, Colombia, Congo, Costa Rica, Côote d'Ivoire, Croatia, Czech Republic, Denmark, Dominican Republic, El Salvador, Estonia, Fiji, Finland, France, Germany, Greece, Guatemala, Guinea, Haiti, Hungary, Iceland, India, Ireland, Italy, Latvia, Lichtenstein, Lithuania, Luxembourg, Madagascar, Malta, Mexico, Monaco, Netherlands, New Zealand, Norway, Panama, Papua New Guinea, Paraguay, Peru, Poland, Portugal, Republic of Korea, Romania, Rwanda, Santa Lucia, Senegal, Singapore, Slovakia, Slovenia, Spain, Swaziland, Sweden, Timor-Leste, Trinidad and Tobago, Ukraine, United Kingdom, United Republic of Tanzania, United States of America, Uruguay.

Ⅳ. 소 결

지금까지 보호책임의 주요 발전과정을 살펴보았다. 1990년대 인도적 간섭의 실패와 반성은 보호책임 논의 등장의 핵심적 역할을 하였다고 보인다. 안보환경의 변화와 집단안전보장체제 논의 범위의 변화 역시 보호책임의 논의가 더욱 활발하게 될 수 있는 배경이 되고 있다. 이러한 과정 속에서 등장한 보호책임은 2001년 독립된 연구단체인 ICISS의 보고서의 내용을 기초로 하여, 2004년 고위급패널의 보고서 「A More Secure World」와 2005년 Kofi Annan 유엔 사무총장 보고서 「In Larger Freedom」에 언급됨에 따라 유엔 차원의 논의로 전환되었다. 이후 「2005년 세계정상회의결과물」에 보호책임의 개념이 포함되고, 이 문서를 승인하는 유엔 총회 결의 제60/1호가 만장일치로 통과됨에 따라, 보호책임의 존재는 최소한 국제연합 내부에서는 공식적으로 승인되고 인정되었다고 보여진다. 특히 보호책임은 2006년 이후 안전보장이사회의 결의에 언급되며, 국제사회의 하나의 주요한 의제로 자리잡았다. 이에 더하여 최근 2009년 반기문 유엔 사무총장이 보호책임의 이행을 위한 보고서 「Implementing the Responsibility to Protect」가 발표됨에 따라, 단순한 개념과 이론적 차원이 아닌, 실질적인 사례에의 적용과 이행의 차원으로 전환되고 있는 보호책임의 논의의 진행과정을 확인할 수 있다. 또한 지난 9월 14일 총의로 채택된

182) Venezuela, Cuba, Syria, Sudan, Iran, Ecuador, and Nicaragua. 이 밖의 총회에서의 개별 국가의 발언은 다음의 자료를 참고. http://globalr2p.org/media/pdf/GCR2P_Summary_of_Statements_on_Adoption_of_Resolution_on_R2P.pdf.

유엔 총회 결의 제63/308호는 향후 보호책임의 논의를 유엔의 장을 통해 지속하겠다는 국가들의 의사를 보여 주고 있다. 따라서 이번 결의를 통해 향후 보호책임에 대한 논의가 더욱 활성화되리라는 기대를 해 볼 수 있다.[183]

이처럼 다양한 단계의 문서를 통해 논의의 발전을 확인할 수 있음에도 불구하고 과연 '보호책임'이 무엇인가라는 질문에 선뜻 명료한 답을 제시할 수 없는 이유는 무엇일까. 지금까지 살펴본 보호책임에 관한 주요 문서는 '보호책임'에 관하여 조금씩 다른 입장을 취하고 있다. ICISS가 제시한 '보호책임'은 보호책임이라는 사고의 전환뿐 아니라 이를 어떻게 이행해야 하는지, 권한은 누구에게 있는지에 관해 전반적인 체제를 가장 포괄적으로 다루고 있으나, 이후의 보고서는 '보호의 책임이 있음'을 선언하였을 뿐, ICISS가 제시한 '보호책임'의 모든 의미를 따르고 있지 않은 점이 개념의 혼란을 불러일으킨 게 아닐까 싶다.

「2005년 세계정상회의결과물」과 이후 2009년 반기문 유엔 사무총장의 보고서 「Implementing the Responsibility to Protect」는 보호책임의 범위를 명확히 설정하기 위한 시도의 일환이라고 보이며, 따라서 이후 논의는 제시된 범위하에서 이루어질 것임이 분명하다. 하지만 그럼에도 불구하고, 보호책임의 실질적인 이행인 예방과 재건의 단계를 고려해 볼 때, '보호책임'으로 주장될 수 있는 사례는 결코 제한적일 수밖에 없을 거

183) 사무총장 역시 이번 결의를 환영하며 특별고문 Professor Edward Luck과 집단살해죄에 관한 특별보고관(the Special Adviser on the Prevention of Genocide)인 Professor Francis Deng과 함께 관련 논의를 심도 있게 검토할 것이라는 성명을 발표하였다. Secretary-General, SG/SM/12452, Press Release, GA/10855 (14 September 2009), http://www.un.org/News/Press/docs/2009/sgsm12452.doc.htm.

라는 게 필자의 예측이다. 향후 보호책임에 관한 문서와 보호책임이라는 명목하에 이루어지는 국제적 행위들은 '보호책임'의 개념을 끊임없이 변화시킬 것이며, 따라서 이에 대해 지속적인 관찰이 필요할 것이다.

제 3 장

보호책임의 이론 분석

Ⅰ. 도 입

앞 장에서 살펴본 보호책임 관련 주요 문서들은 개별 국가 및 국제공동체가 보호책임을 주요한 의무 내지 임무로 받아들여야 하며, 대규모 인권유린 행위가 자행되는 곳에 즉각적이며 실효적인 조치가 필요함을 확인, 강조하고 있다. 그러나 과연 언제, 어떻게 보호책임이 적용이 되고, 누가 누구에게 보호책임을 지울 것인지에 대한 이해와 설명은 조금씩 차이를 보인다. 따라서 보호책임의 의미를 정확히 파악하기 위해서는 지금까지 살펴본 네 가지 문서에 담긴 내용을 비교하여 종합적으로 살펴보아야 할 것이다.[1] 전반적으로 볼 때, 처음 나온 「ICISS 보고서」는 보호책임을 가장 포괄적으로 다루고 있는 반면, 이후 유엔 문서들은 보호책임을 국가들간 합의 도출 과정에서 차츰 구체화시키고 있으면서도 다른 한편 그 적용범주를 좁히고 있는 것 또한 주목할 필요가 있다. 따라서 이하에서는 2001년 「ICISS 보고서」, 2004년 「A More Secure World」, 2005년 「In Larger Freedom」과 「2005년 세계정상회의결과물」들을 각 사항별로 비교 검토하며, 논의의 편의를 위해 「ICISS 보고서」를 기준으로 유사점과 차이점을 서술한다. 이 장의 마지막 부분에서는 보호책임을 보다 명확히 이해하기 위하여 유관개념인 인간안보, 주

1) 2009년 반기문 유엔 사무총장의 보고서 「Implementing the Responsibility to Protect」는 검토대상에서 일단 제외하며, 필요한 경우에만 언급하기로 한다. 그 이유는 「2005년 세계정상회의결과물」에 나타난 보호책임 개념을 전제로 구체적 이행단계의 문제를 다루고 있기 때문이다. 네 가지 문서를 비교한 연구로는 C. Stahn, "Responsibility to Protect: Political Rhetoric or Emerging Legal Norm?," 101 *Am. J. Int'l L.* 619(2005).

권 및 인도적 간섭 등과 어떤 관계에 있는지를 살펴볼 것이다.

II. 언제 : 보호책임의 적용범위

아래 [표 4]에서 보듯이 2001년 「ICISS 보고서」부터 2004년 「A More Secure World」까지는 보호책임의 적용범위를 상당히 넓게 잡고 있으나, 2005년 「In Larger Freedom」과 이후 「2005년 세계정상회의결과물」 및 유엔 총회 결의 제60/1호에서는 집단살해, 전쟁범죄, 인종청소 및 인도에 반한 죄와 같이 이른 바 강행규범(*jus cogens*) 위반행위에 대해서만 보호책임이 발동될 수 있도록 구체화시키고 있다.[2] 따라서 이러한 점에 착안하여 보호책임의 적용범위에 대해서는 크게 두 가지 입장으로 대별될 수 있다. 하나는 인간에 의해 야기된 비인간적 상황에만 국한시키지 아니하고, 자연재해나 국가기능의 와해, 이른바 '실패

2) 1969년 「조약법에 관한 비엔나협약」(Vienna Convention on the Law of Treaties)은 제53조에서 강행규범을 "국제공동체 전체가 수락하고 승인한 규범이며 그로부터 어떠한 일탈도 허용되지 않는 규범"이라고 정의한다. 그러나 강행규범을 일반적이고 추상적으로 규정하였을 뿐 구체적으로 어떠한 것들이 강행규범에 해당하는 지에 대한 예시가 없다. 다만, 1980년 「국가책임초안」(the ILC's Draft Articles on State Responsibility) 제19조에서 강행법규 위반을 의미하는 국제범죄를 열거한 것에서 강행규범에 해당하는 것들을 확인할 수 있다.
제19조에서는 i) 침략의 금지와 같은 국제평화·안전을 위해 본질적으로 중요한 국제의무의 중대한 위반, ii) 무력에 의한 식민지지배의 금지와 인민자결권의 보장을 위해 본질적으로 중요한 국제의무의 중대한 위반, iii) 노예제도·집단살해·인종차별의 금지와 같은 인류의 보호를 위해 본질적으로 중요한 국제의무의 위반, iv) 대기나 해양의 대량오염의 금지와 같은 인간환경의 보존과 보호를 위해 본질적으로 중요한 국제의무의 중대한 위반을 제시한다. *Yearbook of the International Law Commission*, 1980, Vol. II, Part 2, p. 32. 상기 제19조는 비록 최종 초안의 채택과정에서 삭제되었으나 강행규범의 예를 확인하는 문서로서 가치를 인정받고 있다.

한 국가'(failed States) 상황까지 포함시키는 '광의의 보호책임'이며, 또다른 하나는 인간에 의해 이루어진 국제법상 강행규범 위반행위가 발생하였거나 급박한 상황에 한정시키는 '협의의 보호책임'이다.

[표 4] 보호책임이 발생하는 상황

	일반적 상황	군사적 개입의 상황
ICISS 보고서 (2001)	내전이나 폭동, 반란 또는 국가 실패 상황으로 인하여 민간인이 심각한 피해를 겪고 있는 경우	내전이나 폭동, 반란 또는 국가 실패 상황으로 인하여 민간인이 심각한 피해를 겪고 있는 경우; 국가의 고의적인 개입 행위나 부작위 혹은 개입할 능력이 없거나, 실패한 국가의 상황에서 집단살해의 의도의 존부를 불문하고, 대규모의 인명 피해가 발생하거나, 발생할 우려가 있는 경우; 혹은 살해, 강제추방, 테러행위 혹은 강간에 의한 대규모의 인종청소가 발생하거나 발생할 우려가 있는 경우
A More Secure World (2004)	집단살해 및 강간, 강제추방, 테러 행위에 의한 인종청소, 고의적인 기아 또는 질병에의 노출 등 민간인이 피할 수 있는 재난으로부터 고통을 받는 경우	집단살해 및 대규모의 살인, 인종청소, 혹은 심각한 국제인도법 위반이 발생하고 이를 막기 위한 주권국가의 역량이 없거나 예방할 의지가 없는 경우
In Larger Freedom (2005)	집단살해, 인종청소, 인도에 반한 죄	
세계정상 회의결과물 (2005)	집단살해, 전쟁범죄, 인종청소, 인도에 반한 죄	

1. 광의의 보호책임

광의의 보호책임은 집단살해, 전쟁범죄, 인종청소 및 인도에 반한 죄에 해당하는 상황, 즉 협의의 보호책임 이외의 상황에서도 일정한 요건이 충족되는 경우 국제기구나 다른 국가의 개입이 가능하다고 보는 입장이다. 여기에는 2001년 「ICISS 보고서」와 2004년 유엔 고위급패널의 「A More Secure World」 보고서가 이에 해당한다. 협의의 보호책임이 이미 강행규범으로 성립된 원칙에 반하는 행위에 적용되는 것에 반해, 광의의 보호책임의 경우 상당히 포괄적으로 말해서 '인류의 양심에 반하는 심각한 상황'에 대한 보호책임 구도라 할 수 있다. 이러한 광의의 보호책임에 관한 논의는 적용범위에 관한 구체적 합의가 없으며, 상황을 특정화할 수 없다는 등의 내재적 한계가 존재한다.

「ICISS 보고서」가 제시한 '인류의 양심에 반하는 상황'이란 다음과 같이 정리 가능하다.[3]

- 첫째, 1948년 「집단살해죄 방지 및 처벌에 관한 협약」에 정의되어 있는 대규모의 인명의 위협이나 살해가 발생하였을 경우.
- 둘째, 중대한 인명의 손실 및 피해나 위해가 발생한 경우. 단, 이를 판단함에 있어 집단살해의 구체적 의도나 국가의 개입 여부는 불문한다.
- 셋째, '인종청소'가 자행된 경우. 단, 여기에는 특정 지역에서 특정 집단 구성원을 없애기 위하여 행하는 체계적이고 조직적인 살해를 포함한다. 또한 특정 지역에서 특정 그룹이 거주할 수 없도록 하는 조직적인 강제이동이나, 강제적으로 추방하거나 퇴거시키는 테러행위,

3) 「ICISS Report」, paras. 4.19-4.20.

그리고 정치적 목적을 가지고 특정 집단의 여성에 대한 조직적인 강간 등이 이에 해당한다.

- 넷째, 제네바협약과 보충의정서 등에 정의되어 있는 대규모의 살해 또는 인종청소를 수반하는 인도에 반한 죄와 전쟁범죄의 위반.
- 다섯째, 국가의 실질적인 붕괴 내지 실패의 상황으로 인하여 민간인이 내란 또는 대규모의 기아 사태에 직면한 경우.
- 여섯째, 자연적 재해 또는 환경파괴로 인하여 중대한 인명피해가 발생한 경우로서 해당 국가가 대처할 의지가 없거나 대처할 능력이 없고, 그리고 그에 대한 지원을 요청할 의지가 없는 경우.

인류의 양심에 반하는 행위로 열거된 여섯 가지 행위유형을 살펴보면, 제시된 첫째부터 넷째까지의 경우는 뒤에서 살펴볼 협의의 보호책임에 해당하며, 이후 다섯째와 여섯째 경우가 광의의 보호책임에 해당한다고 볼 수 있다. 한편, 집단살해방지협약의 경우 집단살해에 대한 구체적인 '인식과 의도'가 필요함에 반하여, ICISS는 이 요소를 명시적으로 배제함으로써 보호책임하의 집단살해로 판단할 수 있는 범위를 넓히고 있는 것이 특징이다. ICISS는 '위험의 심각성'으로 보호책임 발동의 정당한 원인을 판단하며, 그러한 사실에 대한 고의가 있었는지의 주관적 평가를 하지 않고, 위해가 발생한 '사실상의 객관적 상황'으로만 이를 판단한다. 이러한 ICISS의 심각한 상황의 범위는 기존의 문제점을 수정하고 있음이 주목할 만하다.

광의의 보호책임에 대해서는 두 가지 부연 설명을 할 수 있다. 첫째, ICISS와 유엔 고위급패널은 '일반적 상황'과 '무력사용이 필요한 상황' 등 두 가지로 나누어 설명한다. '무력사용이 필요한 상황'의 경우 두 보고서 모두 뒤에서 살펴볼 협의의 보호책임이 발동되는 상황보다 더 넓게 예정하고 있으며, 보호책임 적용시점에 관해서도 상황 발생 전과 발생후 모두를 강조하고 있다. 한편 군사개입을 전제하지 않는 '일반적 상황'으로 ICISS는 '내전이나 폭동, 반란 또는 국가 실패 상황으로 인하여 민간인이 심각한 피해를 겪고 있는 경우'를 제시하고, 「A More Secure World」는 '집단살해 및 강간, 강제추방, 테러행위에 의한 인종청소, 고의적인 기아 또는 질병에의 노출 등 민간인이 피할 수 있는 재난으로부터 고통을 받는 경우'를 들고 있는데, 약간의 표현의 차이는 있지만 이러한 경우는 '실패한 국가'의 상황을 예정한다 볼 것이다.

둘째, 군사적 개입을 허용하는 상황이라 하더라도, ICISS와 유엔 고위급패널 모두 기존의 집단살해죄가 성립하기 위하여 갖추어야 할 조직적·체계적인 행위 여부와 국가의 집단살해 의도의 존부와 같은 엄격한 조건을 명시적으로 배제함으로써, 집단살해에 해당하는 실질적 행위의 범위를 확대하고 있다. 또한 '실패한 국가' 또는 주권국가로서의 역량이 없거나 예방할 의지가 없는 경우를 강조하고 있다. 따라서 광의의 보호책임의 입장에 설 경우, 궁극적으로 보호책임의 사전예방적 성격을 강조하고 있으며, 그 범위 역시 해당 국가에 대한 주관적 평가를 통한 개입과 간섭 여부를 전제하고 있다는 점이 특이할 만하다. 결론적으로 광의의 보호책임은 기존의 강행규범 내지 성문화된 규범영역 밖에 있기 때문에 쉽게 간과되고 있는, 인간안보가 위협 받는 상황에 보호책임이 개입할 수 있는 새로운 틀을 제공함으로써, 국제공동체가 직접적으로 개입할 수 있는 여지를 만들어 주는 데 의의를 갖는다.

그런데 '인류의 양심에 반하는 심각한 상황'이라든지 심각한 기아나 질병이 만연한 '실패한 국가'를 상대로 해당 국가의 동의 없이 보호책임이 발동될 수 있다는 '광의의 보호책임' 입장에 대해 모든 국제법 학자가 찬성하는 것은 아니다. 가령 국제법학회(l'Institut de droit international)는 2003년에 채택한 '자연재해를 입은 국가에 대한 인도적 지원'에 관한 결의에서 우선 피해를 입은 국가가 이재민이 입는 고통을 최소화시킬 일차적 책임이 있으며, 피해국가의 원조요청이 있을 경우 다른 국가나 관련 국제기구가 필요한 인도적 지원을 할 수 있다고 보았다.[4] 다시 말해서 국제법학회는 외부의 원조행위 내지 개입행위 이전에 피해국가의 사전동의가 있어야 함을 전제조건으로 달기 때문에 간접적으로는 '광의의 보호책임'을 인정하지 않는 결과가 된다.

2. 협의의 보호책임

앞에서 살펴본 「ICISS 보고서」와 「A More Secure World」가 취하는 광의의 보호책임의 경우 그 적용범위를 기존 규범체제가 포함하고 있지 않은 '실패한 국가'의 상황까지 고려하고 있었다. 그러나 2005년 「In Larger Freedom」과 「2005년 세계정상회의결과물」의 경우 그 적용범위를 결과적 판단이 가능한 집단살해, 전쟁범죄, 인종청소 및 인도에 반한 죄로 제한시키고 있기에 편의상 '협의의 보호책임'이라고 지칭하기로 한다.[5]

2008년 7월 15일 반기문 유엔 사무총장은 독일 베를린에서

4) Annuaire de l'Institut de droit international, Session de Bruges, 2003.
5) 전쟁범죄의 경우, 「In Larger Freedom」에서는 언급하지 않았으나, 「2005년 세계정상회의결과물」 이후 이를 포함시키고 있다.

의 연설을 통하여, 보호책임 논의의 범위가 「2005년 세계정상회의결과물」에서 언급한 네 가지 주요범죄에 국한된다고 확인한 바 있다.[6] 이후 2009년초 반기문 유엔 사무총장 보고서 「Implementing the Responsibility to Protect」 역시 이와 같은 협의의 보호책임의 입장을 재확인하였다. 이처럼 보호책임이 발생하는 상황을 집단살해, 전쟁범죄, 인종청소 및 인도에 반한 죄 등으로 한정시킨 이유는 다수의 국제인권법 및 국제형사법과 국제인도법 관련 문서에서 그 개념의 범위에 관하여 많은 논의가 진행되어 왔으므로, 이에 대한 합의를 보다 쉽게 도출할 수 있다는 점 때문일 것이다. 특히 위 네 가지 범죄행위는 국제형사재판소(ICC)의 관할범죄에 포함되므로, 「국제형사재판소에 관한 로마규정」(Rome Statute of the International Criminal Court, 이하 「로마규정」) 제5조에 명시된 바와 같이 "국제공동체 전체의 관심사인 가장 중대한 범죄"에 해당한다고 볼 수 있다.[7] 이하에서는 로마규정의 정의를 통해 제시된 협의의 보호책임이 발동될 수 있는 개별 행위유형을 보다 자세히 살펴보도록 한다.

---

6) Press Release, Secretary-General Defends, Clarifies 'Responsibility to Protect' at Berlin Event on 'Responsible Sovereignty: International Cooperation for a Changed World', U.N. Doc. SG/SM/11701(15 July 2008).

7) 「로마규정」 제5조: 재판소의 관할범죄에서는 다음과 같이 규정하고 있다. 재판소의 관할권은 국제공동체 전체의 관심사인 가장 중대한 범죄에 한정된다. 재판소는 이 규정에 따라 다음의 범죄에 대하여 관할권을 가진다.
가. 집단살해죄
나. 인도에 반한 죄
다. 전쟁범죄
라. 침략범죄. 단, 침략범죄의 경우 아직 정의되지 않았으므로, 재판소의 관할권행사 조건을 정하는 조항이 채택된 후, 재판소는 침략범죄에 대한 관할권을 행사할 수 있을 것이다. 따라서 현재까지 집단살해죄, 인도에 반한 죄, 전쟁범죄가 국제형사재판소의 관할 범죄에 해당한다.

(1) 집단살해(genocide)

1948년 「집단살해죄 방지 및 처벌에 관한 협약」(Convention on the Prevention and Punishment of the Crime of Genocide) 제2조 및 「로마규정」 제6조에 의하면, 집단살해라 함은 국민적·인종적·민족적 또는 종교적 집단을 전부 또는 일부를 파괴할 의도로써 행하여진 행위를 말한다. 여기에는 i) 집단 구성원을 살해하는 것, ii) 집단 구성원에 대하여 중대한 육체적 또는 정신적인 위해를 가하는 것, iii) 전부 또는 부분적으로 육체적 파괴를 초래할 목적으로 의도된 생활조건을 집단에게 고의로 과하는 것, iv) 집단 내에 있어서의 출생을 방지하기 위하여 의도된 조치를 과하는 것, v) 집단의 아동을 강제적으로 타 집단에 이동시키는 것이 포함된다. 한편, 기존의 집단살해방지협약의 체약국의 경우 해당 범죄에 대한 국제형사재판소의 관할권을 자동적으로 수락하고 있다.[8)]

(2) 인도에 반한 죄(crime against humanity)

「로마규정」 제7조 인도에 반한 죄의 정의에 따라, 민간인 주민에 대한 광범위하거나 체계적인 공격의 일부로서 그 공격에 대한 인식을 가지고 범하여진 살해, 절멸, 노예화, 주민의 추방 또는 강제이주, 국제법의 근본원칙을 위반한 구금 또는 신체적 자유의 다른 심각한 박탈, 고문, 강간, 성적 노예화, 강제매춘, 강제임신, 강제불임, 또는 이에 상당하는 기타 중대한 성폭력 및 사람들의 강제실종, 인종차별범죄, 신체 또는 정신적·육체

8) 서철원, "집단살해방지협약," 「국제인권법」, 제1권 제1호(1996), 16쪽.

적 건강에 대하여 중대한 고통이나 심각한 피해를 고의적으로 야기하는 유사한 성격의 다른 비인도적 행위 등이 이에 해당한다.[9]

(3) 인종청소(ethnic cleansing)

인종청소(혹은 민족청소)는 다른 민족집단의 구성원을 강제로 제거하는 정책을 포괄하는 용어로, 강제이동이나 대량학살 등이 여기에 해당한다. 오늘날 우리가 민족청소라 부르는 개념 자체는 예전부터 있었으나, 특히 이 개념은 1990년대 보스니아 내전 당시 대학살을 주도하던 구유고연방 정부 관계자들이 직접 사용하던 용어로, 세르비아어·크로아티아어의 'etničko čišćenje'를 영어로 'ethnic cleansing'이라 번역한데서 유래한다. 보호책임은 인도적 간섭의 반성을 계기로 하고 있으므로, 인도적 간섭이 제기된 해당 상황에서의 용어를 그대로 적용하고 있음을 볼 수 있다. 한편, 이에 대한 별도의 개념 정의를 찾을 수는 없지만, 특정화된 집단에 가해지는 행위로 인도에 반한 죄에 구체화되어 있다고 볼 수 있다.[10]

---

9) 「로마규정」 제7조 1항, 2항에서는 구체적인 행위의 정의를 설명하고 있다. 황성룡, "국제형사법원 로마규정 제7조의 인도에 반한 죄의 정의에 관한 연구," 고려대학교 박사학위논문, 2004.

10) 즉, 주민의 일부를 말살하기 위하여 계산된, 식량과 의약품에 대한 접근 박탈과 같이 생활조건에 대한 고의적 타격을 하는 '절멸' 행위, 국제법상 허용되는 근거없이 주민을 추방하거나 또는 다른 강요적 행위에 의하여 그들이 합법적으로 거주하는 지역으로부터 강제적으로 퇴거시키는 '주민의 추방 또는 강제이주' 행위, 주민의 민족적 구성에 영향을 미치거나 또는 국제법의 다른 중대한 위반을 실행할 의도로 강제적으로 임신시킨 여성을 불법적으로 감금하는 '강제임신' 행위, 집단 또는 집합체와의 동일성을 이유로 국제법에 반하는 기본권의 의도적이고 심각한 박탈을 하는 '박해' 행위, 한 인종집단의 다른 인종집단에

(4) 전쟁범죄(war crimes)[11)]

보호책임의 전제 상황은 국내적 성격의 분쟁이다. 국내 소요(騷擾)로 인하여 난민을 발생시키고 인접국가와 지역적 분쟁을 불러일으킬 수 있지만, 그 원인은 국내적 안보의 위협에 따른 대규모의 인권침해를 전제로 한다. 따라서 「로마규정」 제8조(다)에서 규정하고 있는 비국제적 성격의 무력충돌에 해당하므로, 「1949년 8월 12일자 제네바 4개 협약」 공통 제3조의 중대한 위반, 즉 무기를 버린 군대 구성원과 질병, 부상, 억류 또는 기타 사유로 전투능력을 상실한 자를 포함하여 적대행위에 적극적으로 가담하지 않은 자에 대하여 범하여진 i) 생명 및 신체에 대한 폭행, 특히 모든 종류의 살인, 신체절단, 잔혹한 대우 및 고문, ii) 인간의 존엄성에 대한 유린행위, 특히 모욕적이고 품위를 손상키는 대우, iii) 인질행위, iv) 일반적으로 불가결하다고 인정되는 모든 사법적 보장을 부여하는 정규로 구성된 법원의 판결 없는 형의 선고 및 형의 집행으로 인한 전쟁범죄가 발생한 경우를 말한다. 한편, 비국제적 성격의 무력충돌이라 할

대한 조직적 억압과 지배의 제도화된 체제의 맥락에서 그러한 체제를 유지시킬 의도로 범하여진, 비인도적인 행위인 '인종차별범죄' 등의 구체적 유형의 범죄를 통해 특정 인종을 제거하는 행위 전부를 말한다고 볼 수 있다. 「로마규정」 제7조 2항.

11) 전쟁범죄에 관한 협약으로는 1968년에 채택된 「전쟁범죄 및 인도에 반한 죄에의 시효부적용에 관한 협약」(Convention on the Non-Applicability of Statutory Limitations to War Crimes and Crimes Against Humanity)이 있다. 동 협약 제1조 (a)에서는 전쟁범죄에 대하여 1946년 2월 13일자 유엔 총회 결의 제3(I)호 및 1946년 12월 11일자 결의 제95(I)호에서 확인된 전쟁범죄, 특히 1949년 8월 12일 전쟁희생자 보호를 위한 제네바협약에 열거된 '중대한 위반'으로 정의하고 있다. 로마협약은 국제적 성격의 무력충돌시의 전쟁범죄와 비국제적 성격의 무력충돌시의 전쟁범죄 양자를 모두 서술하고 있다.

지라도 폭동이나 국지적이고 산발적인 폭력행위 또는 국내적 소요나 긴장상태에 의한 인권침해 상황에는 해당하지 않음에 주의할 필요가 있다. 그 밖에 확립된 국제법체계 내에서 비국제적 성격의 무력충돌에 적용되는 법과 관습에 대한 여타의 중대한 위반으로 전쟁범죄에 해당하는 경우도 보호책임이 적용된다고 볼 수 있다.[12)]

2005년 「In Larger Freedom」와 「2005년 세계정상회의결과물」의 경우 단순히 무력사용이 필요한 경우에 한하여 보호책임 논의를 하고 있으며, 이는 기존의 인도적 간섭이 논의되는 상황에 한정된다. 물론 사전경고(early warning)체제의 중요성을 강조하고는 있지만, 이는 단순한 지원의 측면에서의 논의이며, 실제 보호책임이 발생하는 경우는 집단살해, 인도에 반한 죄, 전쟁범죄에 국한하여 설명하고 있음을 주목할 필요가 있다. 특히 제시된 상황은 이미 대규모의 인권유린이 있은 후의 결과에 대한 평가만이 가능한 것으로, 사태가 발생하기 전의 예방을 강조하는 연속적인 보호책임의 핵심적 의미에 부합하지 않는다. 따라서 이렇게 된다면 예방적 차원에서의 보호책임 논의가 거의 사라지기 때문에 사후적 대응에 치중해 왔던 기존의 유엔에 의한 인도적 간섭과 큰 차이를 보이지 않는다는 취약점이 나타난다. 또한 이미 강행규범화되어 있는 범죄 유형에 국한되므로 굳이 보호책임을 새로운 메커니즘이라 부를 필요도 없을 것이다. 그럼에도 불구하고 한 가지 진일보한 점이 있다면 그것은 중대한 범죄에 대한 국제공동체의 공동관심사 및 그에 대한 책임을 재확인한다는 것이다.

---

12) 「로마규정」 제8조 2항 (라)호.

3. 구체적 사례 적용

(1) 협의의 보호책임의 예 : 수단 다르푸르 사태

[사건 개요]

수단은 1983년부터 지속된 내전으로 아프리카계 기독교도 반군과 이슬람교를 믿는 아랍계 정부군이 충돌한 이후 21년 동안 200만명 이상의 희생자를 낳았다. 수단 내전은 2003년 6월, 반군과 정부가 내전종식을 위한 선언문에 합의하면서 극적으로 끝나는 듯 했다. 그러나 다르푸르 지역의 반군은 여기에 참여하지 않았고, '수단해방군'(SLA)과 '정의·평등운동' (JEM) 등 다르푸르 지역에 근거를 둔 일부 반군단체는 수단 정부의 친아랍계 정책에 반발하며 정부를 공격하였다. 이에 아랍계 무장조직인 잔자위드(Janjaweed)가 반격에 나서면서 사태는 더욱 악화되기 시작됐다.

다르푸르 지역은 원래 아랍계 유목민과 아프리카계의 정착민이 섞여 사는 곳으로 경제적·인종적 갈등이 장기간에 걸쳐 누적되었던 곳이다. 여기에 국가능력의 저하, 정치적 불안, 반군들의 은신처 또는 반군이 포섭할 수 있는 인적자원의 충족 등이 내란 발생의 중요한 요인으로 작용했다. 수단 정부의 지원을 받는 것으로 추정되는 잔자위드는 아프리카계 주민을 무차별 학살하였고, 다르푸르 사태는 약 250만명의 대규모 난민을 발생시키고, 최소 20만명 이상이 인종청소에 의해 사망했다고 알려졌다.[13)]

그러나 국제사회의 관심은 미미했고, 1년이 지난 2004년 4월에서야 유엔은 처음으로 수단 정부를 비난하는 결의를 채택하였다.[14)] 미국,

---

13) "[세계는 지금] 수단 '다르푸르' 인종청소," 「세계일보」(2004. 10. 24). 수단 사태에 대한 2003년부터 2005년까지의 국제사회의 대응에 관하여는 다음의 자료를 참고. http://www.responsibilitytoprotect.org/index.php/timeline/1504.

유럽연합 등 다수의 국가들이 수단 정부를 비난했으며, 2004년 9월 안전보장이사회는 아랍계 민병대 잔자위드 공격을 막지 않으면 수단 석유 수출을 봉쇄하겠다는 결의를 채택하였으나, 아랍연맹은 이 결의를 거부하였다. 또한 아프리카 지역 패권을 두고 상임이사국인 미국과 중국이 대립하는 등 강대국들의 이해관계와 함께 수단 다르푸르 지역의 문제는 더욱 복잡해졌다. 한편 아프리카연합(AU) 역시 유엔에 수단 내정간섭하지 말 것을 촉구하는 등 수단 내전 사태에 대한 대응을 두고 국제사회의 첨예한 대립이 나타났다.[15]

다르푸르 사태는 금세기 들어 최대규모의 인도적 재앙으로 부각되었고, 이 사태를 조속히 해결해야 한다는 국제사회의 공감대가 형성되었다.[16] 유엔과 아프리카연합(AU)은 다르푸르 지역에 군인 2만명과 경찰관 6천명으로 구성된 공동평화유지군(UNAMID)을 배치하기로 하고 2008년 초부터 본격적인 활동을 시작하였다. 그러나 유엔평화유지군 사상 최대규모로 운영될 예정인 UNAMID는 아직까지 제대로 가동되지 못하고 있다. 서방국가의 군대들이 다르푸르에 주둔하면 내정에 개입하는 계기가 될 것을 우려한 수단 정부가 아프리카 외 지역의 국가에서 병력을 받지 않겠다는 입장을 고수하고 있기 때문이다. 지금까지 20만명 이상이 희생되고, 약 250만명이 전란을 피해 고향을 등진 것으로 추산되는 다르푸르 지역 사태는 주변지역의 갈등을 가져오며 여전히 많은 논란을 불러오고 있다.

---

14) 2009년 중반까지 수단 다르푸르 사태와 관련한 유엔 안전보장이사회의 결의로는 16개가 있다. 관련 결의 및 유엔 차원에서의 수단 사태에 관한 논의는 http://www.responsibilitytoprotect.org/index.php/united_nations/c37의 자료를 참고.

15) "다르푸르 사태 5년 … 분쟁의 불씨 여전," 「동아일보」(2008. 2. 28).

16) 이러한 인식을 바탕으로 다르푸르 사태에 관하여 지금까지 유엔에서 승인된 수단 관련 결의 및 문서는 다양하다. 수단 사태에 대한 유엔 사무총장의 보고서(Report of the Secretary-General on the Sudan)가 매년 작성되고 있으며, 인권위원회의 수단 사태에 대한 특별보고자의 보고서(Report of the Special

수단 사태의 경우 인종청소가 개입된 내전 상황으로, 수단 정부가 다르푸르 상황에 대한 묵인을 하였으며, 이를 중단할 개입의 의사가 없음이 분명한 경우이다. 전형적인 협의의 보호책임이 적용될 수 있는 상황임에도 불구하고, 국제사회는 일차책임을 지고 있는 수단 정부가 적극적으로 대응하기를 지속적으로 권고하였으며 이러한 과정 속에서 오히려 더 많은 피해자가 속출하였다. 앞서 살펴 본 바와 같이 수단 사태의 경우 보호책임을 간접적으로나마 언급한 안전보장이사회 결의 제1704호가 채택된 바 있다. 이후 유엔고위급미션(UN High-Level Mission)의 2007년 3월 보고서에서도 다르푸르의 인권상황에 대해 국제공동체가 보호책임의 원칙하에 개입할 것을 요구하였다.

안전보장이사회는 2007년 4월 30일 결의 제1755호를 통해 「2005년 세계정상회의결과물」에 포함된 보호책임원칙을 재확인하고, 2007년 7월 31일 결의 제1769호를 통해 다르푸르에 군사력을 보낼 것을 승인하였으며, 민간인 보호를 위한 무력행동을 취할 것을 약속하였다. 결의 제1769호에서 안전보장이사회는 결의 제1674호를 상기하며, 수단의 주권, 결속, 독립과 영토적 보전에 최선을 다할 것을 약속하는 한편, 수단 정부와 함께 행동을 취할 것이고, 수단 정부의 주권을 최대한 존중하며 다르푸르의 문제를 해결하도록 노력할 것이라고 하였다.[17]

Rapporteur on Violence Against Women, Darfur, Commission on Human Rights), 사무총장의 수단의 아동과 무력충돌에 관한 보고서(Report of the Secretary-General on Children and Armed Conflict in Sudan), 아프리카연합군사배치에 대한 사무총장의 보고서(Report of the Secretary-General on the Deployment of the African Union-United Nations Hybrid Operation in Darfur)뿐 아니라, 국제형사재판소 수단 사태 관련 검사의 보고서(Prosecutor Ocampo of the ICC, 7th Report to the UNSC on Darfur 5 June 2008) 등 다차원적인 문제 분석과 해결을 위한 노력이 진행되고 있다.

수단 다르푸르 사태는 지속된 내전과 인종적·민족적 갈등으로 '인종청소'와 '집단살해'가 자행되고, 이로 인하여 수많은 난민이 발생하고 있는 협의의 보호책임이 적용되는 사례임은 분명하다. 또한 보호책임이 소개되고 유엔을 통해 확인된 이후라 보호책임의 논의가 진행되고 있음은 사실이다. 현재 수단 다르푸르 사태는 국제형사재판소(ICC)에서 최초로 안전보장이사회의 기소에 따라 수사가 진행되고 있으며, 이러한 측면에서 수단에 대한 국제사회의 보호책임을 수행해 나아갈 분위기가 마련되어 있다고 볼 수 있다.[18]

그러나 다른 한편, 수단 다르푸르 사태는 여러 가지 난제(難題)를 던져 주었다. 가령 실제 국제공동체 전체의 책임으로의 전환시점이 불분명함에 따라 보호책임의 이행이 쉽지 않음을 여실히 보여 주었다는 점, 또한 강대국의 이해관계로 인한 갈등과 수단 정부의 비협조적 태도로 인하여 보호책임의 목적이행을 다하고 있지 못하는 현실 역시 보호책임이 넘지 못하고 있는 장벽임이 분명하다. 수단 다르푸르 사태를 둘러싼 보호책임 논의는 일차적 책임을 지니고 있는 주권국가가 자신의 책임의

17) UN Security Council, Security Council resolution 1769(2007) [on establishment of AU/UN Hybrid Operation in Darfur(UNAMID)], U.N. Doc. S/RES/1769(31 July 2007); 수단 사태에 대한 보호책임의 논의는, A. De Waal, "Darfur and the Failure of the Responsibility to Protect," 83 *International Affairs* 1039 (2007), pp.1039-1054; M. Matthews, "Tracking the Emergence of a New International Norm: The Responsibility to Protect and the Crisis in Darfur," 31 *Boston College Int'l & Com. L. Rev.* 137(2008) 등 참고.

18) 「로마규정」 제13조는 유엔헌장 제7장에 따라 안전보장이사회에 의하여 소추관에게 회부된 경우 관할권행사가 가능하며, 소추관은 독자적인 수사를 개시할 수 있다. 현재 국제형사재판소에서는 수단 다르푸르 사태에 관한 사건을 조사중이다. 진행상황은 다음을 참고: http://www.icc-cpi.int/cases/current_situations/Darfur_Sudan.html.

이전을 인정하지 않는 경우에도 이차책임을 이행할 수 있는지, 과연 그것에 대한 판단은 누가 해야 하는지에 대한 보호책임 자체에 대한 궁극적인 질문을 던지고 있다.

(2) 광의의 보호책임의 예 : 미얀마 사태

[사건 개요]

1962년 이래 미얀마는 군정 치하에서 인권유린이 자행되었다. 독재권력이 더욱 조직적으로 강화됨에 따라 미얀마의 인권문제에 대한 국제사회의 우려는 더욱 높아졌다. 그러한 가운데 2007년 8월 군사정부가 석유 값을 500% 인상하자 천여 명의 미얀마 승려들이 평화시위를 시작하게 된다. 이에 시위대가 가세하여 군사정부를 향한 평화적인 시위가 계속되었고, 이에 대하여 군사정부는 강경진압에 나서 3,000여명 이상의 시위대를 구속하기에 이르렀다.

미얀마 사태에 대한 국제사회의 관심은 2007년 9월 26일, 미얀마 군사정부가 민주화를 요구하는 승려와 시위대를 향해 발포하여 수십명의 사망자를 내며 시작되었다.[19] 미얀마 사태가 발생하자마자 유엔인권이사회는 제네바에서 특별회의를 열고 미얀마 사태를 논의하였고, 유엔안전보장이사회 역시 미얀마 사태에 대하여 긴급회의를 가졌으나, 특사파견 결정만 하였을 뿐 실질적인 결의를 내놓지는 못하였다. 미국을 비롯한 서방국가들은 유엔을 통한 조속하고 강력한 대응을 강구하였으나, 중국과 러시아는 미얀마 사태에 우려를 표명하면서도 제재나 규탄성명 등에는 반대하였다.[20] 이후 2007년 1월 미얀마 사태에 대한 유엔 결의안이 중국과 러시아의 거부권 행사로 인하여 좌절되었다.

19) 미얀마 사태의 사건 개요 및 관련 문서는 다음을 참고: http://www.responsibilitytoprotect.org/index.php/pages/1182

20) "미얀마 사태 유엔 해법은 … 특사 방문성과 분수령될 듯," 「연합뉴스」(2007. 9. 26).

이러한 상황에서 2008년 5월 3일 사이클론 나르기스가 미얀마를 강타하였다. 이로 인해 2만 2천여명이 사망하였고, 10만명 이상의 이재민이 발생하였다고 알려졌다. 이러한 자연재해로 인한 대규모의 재난에 대하여 미얀마 정부는 피해를 사전에 경고하기는커녕, 사태 발생 이후에도 즉각 대처에 나서지 않았다. 특히 초기 미얀마 정부가 국제사회의 지원을 거부하여, 더 많은 희생자를 낳게 되었다.21) 이러한 미얀마 정부에 대해 프랑스를 비롯한 국가들은 사이클론 피해로 신음하고 있는 미얀마 주민들을 위해, 구호활동을 막는 군사정부를 개의치 말고 행동에 나서야 한다는 주장을 하기에 이른다.22)

2007년 9월 시위대에 대한 강경진압으로 인한 유혈사태의 경우, 수단 다르푸르와 같이 대규모의 인명피해에 이르지 않는 경우, 반정부 시위와 같은 내란을 국제문제화하여 보호책임을 주장하기에는 어려움이 있을 것이다. 그러나 2008년 5월, 자연재해에 대한 군사정부의 태도에 대해서는 오히려 국제사회가 강경한 태도로 대응하고 있음이 주목할 만하다. 미얀마 정부는 사이클론으로 10만여명의 이재민이 속출하였음에도 불구하고, 초기 국제사회의 지원을 거부하여 더 많은 희생자를 야기하였다. 이러한 경우 미얀마 정부는 인도적 재앙에 대해 대처할 의지가 없는 것으로 볼 수 있으며, 결과적으로 집단살해와 인종청소에서의 피해와 같은 결과를 낳을 수 있다는 점에서 보호책임이 적용될 수 있다는 논의가 가능할 수도 있다. 그러나 이 경우는 오히려 국제적인 인도적 지원에 있어서의 정부의 '동의'가 필요

21) "'2만 2천명 이상 사망' 미얀마 사이클론 재앙," 「한겨레」(2008. 5. 6).
22) "국제사회 미얀마 사태 강제개입 필요," 「한겨레」(2008. 5. 11); "'주권보장이냐 인도적 개입이냐' 국제사회 고심," 「한겨레」(2008. 7. 2).

한지 여부의 문제이며, 보호책임의 논의를 끌어들여 일차책임을 자국 정부에게, 그리고 이차책임을 국제공동체에게 부여하는 것이 보호책임의 의의를 더하는지에 대해서는 의문이 생길 수 있다.

광의의 보호책임의 경우 결과적으로 발생하는 대규모의 인권침해를 예상할 수 있는 경우에도 보호책임이 발생하며, 그것이 자연재해로 인해 발생한 경우도 포함될 수 있다. 따라서 미얀마 사태의 경우에도 충분히 보호책임 적용이 가능하다는 논리가 성립한다. 그러나 2005년 유엔 총회에서 국가들이 합의한 보호책임의 범위는 집단살해, 인종청소, 인도에 반한 죄 등 협의의 보호책임으로 한정되어 있으며, 이들은 주로 '목적'을 중심으로 판단할 수밖에 없는 유형에 속한다. 즉, 자연재해의 경우 결과만 동일할 뿐 동일한 원인이라 볼 수 없다는 문제가 생긴다. 그러나 미얀마 정부의 지원에 대한 소극적 태도가 부작위를 구성하거나, 또는 지원을 적극적으로 거부한 행위가 자신의 책임을 이행하지 아니한 것으로 일차적인 보호책임이 실패하였다고 판단할 수는 있을 것이다. 미얀마 사태가 보호책임 논의의 범위에 명확히 속하는 것인지는 향후 보호책임 논의의 발전방향에 따라 달라질 것으로 예상된다.

Ⅲ. 누가 : 보호책임의 주체

보호책임의 주체는 개별 국가와 국제공동체 전체이다. 개별 문서마다 표현방식에는 차이가 있으나, 일차책임 주체로서 주권국가를, 그리고 이차책임 주체로서 국제공동체를 예정하고 있음은 동일하다.23) 따라서 일차책임 주체가 책임을 이행할 의사가 없거나, 역량이 없어 책임수행에 실패할 경우, 이차책임 주체는 그의 책임을 지게 된다.

---

23) 이하는 일차책임과 이차책임에 관한 4가지 문서들의 관련 원문 문구를 정리한 표이다.

		Responsible Holders
ICISS Report	Primary	"State sovereignty implies responsibility, and the primary responsibility for the protection of its people lies with state itself."
	Secondary	"When the state in question is unwilling or unable to halt or avert it, the principle of non-intervention yields to the international responsibility to protect."
High-Level Report	Primary	Sovereign governments have the primary responsibility to protect their own citizens from such catastrophes.
	Secondary	When sovereign governments are unable or unwilling to do so that responsibility should be taken up by the wider international community.
Report of the SG	Primary	Responsibility lies first and foremost with each individual state, whose duty it is to protect its population.
	Secondary	If national authorities are unwilling or unable to protect their citizens, then the responsibility shifts to the international community
World Summit Outcome	Primary	Each individual state has the responsibility to protect its populations.
		"The international community should encourage and help States to exercise this responsibility and support the United Nations in establishing an early warning capability."
	Secondary	"The international community, through the United Nations [···] in accordance with Chapters VI and VIII of the Charter"; "Prepared to take collective action, in a timely and decisive manner, through the Security Council, in accordance with the Charter, including Chapter VII."

1. 일차책임 : 주권국가

ICISS의 경우 보호책임의 일차책임은 주권국가에 있음을 확인하고, 국가주권 개념이 이러한 책임을 내포하고 있다고 파악하면서, "국가주권은 책임을 의미한다. 그리고 주권국가의 일차적 책임은 자국민을 보호하는 것"이라고 보고서는 언급하고 있다.[24] 책임으로서의 주권의 문제는 주권국가가 자신의 국민에 대하여 책임이 있다고 볼 수도 있고, 주권국가가 국제공동체에 대하여 자신의 국민을 '보호하지 못하였음에 대한' 책임을 진다고 해석할 수도 있다. 보호하지 못한 상황에 대하여는 국가가 직접적인 가해자가 될 수도 있으나, 보호책임은 국가가 자국민의 인권을 보호하지 못한다는 무능력의 상황을 더욱 강조하고 있다. 따라서 이러한 경우 개별 국가가 자신의 국민의 보호에 '무능력'한 대내적 주권의 책임을 국제사회가 평가하고 이에 대한 책임을 논한다는 점에서 흥미로운 전환이 아닐 수 없다. 기존의 국제법상 주권이 다른 국가로부터의 독립성의 측면이 강조되었음과는 달리, 보호책임에서의 주권의 개념은 오히려 국제공동체가 원하는 역할을 수행하는 매개체 내지는 국제공동체의 구성원으로서의 기본적 의무를 이행해야 할 주권으로 해석될 수 있기 때문이다.[25]

유엔 고위급패널의 「A More Secure World」 역시 주권을 책임으로 설명하고 있다. 보고서는, 웨스트팔리아 체제의 주권의

24) 「ICISS Report」, Synopsis, p.XI.

25) 책임의 의미 및 근거에 대한 자세한 내용은 임예준, "*A Study on the Responsibility to Protect in International Law,*" 고려대학교 석사학위논문, 2008, 61-79쪽.

개념이 무엇이건 간에, 오늘날의 주권은 그들의 국민을 보호해야 할 의무를 부여하며 또한 그러한 의무가 국제공동체 전체에 대해서 주어진다고 하였다. 이는 개별 국가의 국제공동체에 대한 넓은 책임을 의미하고 있다 볼 수 있다. 한편「2005년 세계정상회의결과물」의 경우 일차책임을 지고 있는 주권국가가 그의 책임을 다할 수 있도록 지원할 것을 명시하고 있다. 따라서 보호책임의 일차책임은 개별 주권국가에게 주어지며, 다른 국가들은 그 국가가 주권자로서의 책임을 다할 수 있도록 도움을 주어야 한다고 정리할 수 있다.

그러면 이와 같은 일차책임을 상정함으로써 발생할 수 있는 국제법적 함의는 무엇일까. 우선 우리는 일차책임 존재 자체가 기존의 '주권평등의 원칙'을 변형시킨다고 본다. 왜냐하면 지금까지 국가들은 자신의 영토 내에서의 통치력에 대해 다른 국가나 국제기구가 평가를 한다는 일은, 예외적으로 사전에 조약에 의한 의무를 자발적으로 부담한다든지 아니면 국제관습법 준수 등을 제외하고는 생각조차 할 수 없었다. 그런데 일차책임의 추궁은 이러한 상식적인 원칙을 깨뜨리려고 하고 있는 것이다. 그렇기 때문에 우리는 과연 국가들이 자발적으로 '주권평등의 원칙'에 대한 대폭적인 제약을 받아들일 준비가 되어 있을지에 대해 의문을 가지지 않을 수 없다.

다음으로 '보호책임의 이행' 측면에서 본다면 보호책임을 이행하여야 할 일차책임 주체인 주권국가는, 자신의 국민을 보호해야 할 주권국가로서의 내부적 인권보호 책임 이외에도, 동시에 보호책임을 이행하여 인권유린을 막아야 한다는 대외적 책임을 국제공동체에 대해 부담하는, 이른바 '양면적 책임의 병존'을 이야기할 수 있다는 점이다. 이는 기존에 다른 국가를 침략하거나, 국제사회의 평화를 위협하거나 또는 지역분쟁을 야기 함으로써 지는 '일방적 책임'과는 판연히 다르다 할 것이다. 그렇다 하더라도 모든 문제가 다 해결된 것은 아니다. 왜냐하면 군벌이 난립하고 있거나, 내전상황의 격화로 중앙정부와 반란군이 호각지세를 이루고 있을 때 누가 이러한 일차책임을 부담할 지는 미지수이다.[26]

여하튼 일차책임의 존재를 수락할 수만 있다면 이는 기존의 국제법과 국제사회의 변화를 예정할 것이며, '책임으로서의 주권' 개념을 바탕으로 하고 있는 보호책임에서의 책임 배분이 갖는 국제법상 의미는 매우 크다고 보인다.

2. 이차책임 : 국제공동체

ICISS는 내전, 내란 또는 국가의 실패로 인하여 한 국가의 국민이 심각한 대규모의 피해를 입었고, 그 국가가 이 사태를 중지할 의사가 없거나 막을 수 있는 능력이 없을 때는, 국제공동체의 책임이 전통적인 국내문제 불간섭원칙에 우선한다는 입장을 취한다.[27] 이후의 보고서들 역시 일차적 책임을 가지고 있는 개별 국가가 자국민을 보호할 책임을 다하지 못하거나, 보호할 의사가 없는 경우 그 책임은 국제공동체에게 이전된다고 한다. 그 결과 국제공동체는 책임을 다하지 못한 개별 국가의 책임을 대위 또는 대리하는 것이 아닌 인권유린 사태에 대응하는

26) P. Daillier, "La 'responsabilité de protéger', corollaire ou remise en cause de la souveraineté?," in Société française pour le droit international, *La Responsabilité de Protéger*, 2008, pp.41-58 특히 p.53 이하 참조.

27) 「ICISS Report」, Synopsis, p.XI.

자기 자신의 고유한 이차적 책임을 발생케 한다는 해석이 가능하다. 따라서 국제공동체는 인권유린에 의한 이차적인 책임을 지고 있게 된다. 다른 의미로는, 이러한 원칙은 간섭의 정당성을 보장해 주며, 오히려 이는 국가들의 책임을 의무화하고 있다. 한편 「2005년 세계정상회의결과물」에서는 국제공동체라는 추상적 주체 대신 안전보장이사회가 헌장 제7장에 따라 단호하고 시의적절하게 대응해야 함을 이차책임으로 언급함으로써 명확성을 시도하고 있다.

3. 권한의 문제

보호책임 이행시 무력사용이 수반되지 않는 경우에 비해 무력사용이 수반되는 상황은 권한문제가 대두된다. 왜냐하면 무력사용의 경우에는 국내문제 불간섭의 원칙 외에도 무력사용금지원칙이라는 근본적 원칙을 해할 우려가 있으므로, 별도의 권한의 문제를 다룰 필요가 있기 때문이다. 보호책임의 주체의 문제와는 별도로, 무력사용을 수반하는 경우의 권한 있는 주체는 국제공동체가 아닌 안전보장이사회로 제한된다. 네 개의 모든 문서가 유엔헌장에서 보장되어 있는 국제평화와 안전에 책임이 있는 안전보장이사회가 가장 적합한 기관이라고 하고 있다. 다음 [표 5]는 보호책임 이행권한에 관한 4개의 문서와 관련된 내용이다.

「ICISS 보고서」의 경우 다른 지역기구나 '뜻을 함께하는 동지'(coalition of willings)라 하더라도 안전보장이사회의 사후승인이 있다면 무력행사를 수반한 보호책임을 이행할 권한이 있다고 하였다. 그러나 고위급패널 보고서 이후에는 유엔체제하에서

[표 5] 보호책임 이행의 권한

	보호책임 이행의 권한
ICISS 보고서 (2001)	일차권한: 안전보장이사회 보조권한: '평화를 위한 단결' 절차에 따른 유엔 총회
	유엔체제 외: 헌장 제8장에 따른 지역기구의 활용. 단, 안전보장이사회의 사후승인 필요
A More Secure World (2004)	집단적인 국제보호책임(Collective international responsibility to protect)이므로 안전보장이사회의 승인하의 집단안보체제만이 보호책임의 권한을 가지고 있음
In Larger Freedom (2005)	일차권한: 안전보장이사회는 헌장에 따른 강제조치를 포함한 필요하고 적절한 조치
	유엔체제 외: 명시적으로 일방적 간섭의 가능성을 배제하고 있지는 않음. 또한 안전보장이사회의 승인 없이 행해진 군사행동의 수용 여부에 대하여 명확한 태도를 보이고 있지 않음.
세계정상회의결과물 (2005)	일차권한: 헌장 제7장에 따라 안전보장이사회는 시의적절하고 단호한 태도로 집단조치를 위할 것
	유엔체제 외: 안전보장이사회는 사안에 따라 필요한 경우 관련 지역기구와 협력을 통하여 대응할 것

보호책임이 이루어져야 함을 강조하고 있다. 한편 2005년 「In Larger Freedom」과 「2005년 세계정상회의결과물」의 경우 이에 대한 명백한 입장을 밝히고 있지 않다. 다만 「In Larger Freedom」은 거부권행사로 인하여 집단살해에 대한 유엔 차원의 적절한 조치를 취할 수 없는 경우 일방적 행위가 허용되는지에 대하여 이를 전적으로 배제하고 있지는 않고 있다. 「2005년 세계정상회의결과물」 또한 극한상황에서의 안전보장이사회의 승인이 없는 일방적 무력사용을 배제한다는 명확한 내용을

담고 있지는 않다. 이처럼 의도적으로 처리한 애매모호함은 혹시 개별 국가가 사안에 따라 행위를 할 수 있는 여지를 남겨둔 것은 아닌가라는 의문을 제기할 수 있으나, 다행히 「2009년 반기문 유엔 사무총장 보고서」에서는 '제3기둥'(third pillar) 부분에서 안전보장이사회, 지역기구 및 예외적으로 유엔 총회에게 관련 권한을 위임하고 있다.[28]

Ⅳ. 무엇을, 어떻게 : 보호책임의 내용 및 실행방법

「ICISS 보고서」에 처음 등장한 보호책임의 세 가지 구체적 책임, 즉 예방책임(responsibility to prevent), 대응책임(responsibility to react), 재건책임(responsibility to rebuild)은 앞서 언급한 바와 같이 일차적으로 개별 국가에게 주어지고, 이차적으로 국제공동체에게 주어진다. 이러한 보호책임의 구체적 3단계의 내용은 모든 문서들에 계승되어 반영되어 있다고 판단된다. 가령 유엔 고위급패널의 보고서 「A More Secure World」는 이를 거의 반영하고 있다고 볼 수 있다. 그러나 이후의 두 개의 문서 「In Larger Freedom」과 「2005년 세계정상회의결과물」에는 구체적인 내용은 포함되어 있지 않지만, 비무력적 간섭의 수단이 이용되는 상황에 대해서는 이 문제를 고려하고 있었음을 추측할 수 있다. 「2005년 세계정상회의결과물」의 경우 사전경고 능력을 마련할 것을 요구하고 있으며, 사후의 재건의 문제는 다른 평화유지활동에 관한 부분에서 다루고 있다. 한편 「2009년 반

28) 제2장 III. 6, pp.96-97 참조.

기문 유엔 사무총장 보고서」에서는 이른바 '세 기둥 체계 접근방식'(three-pillar approach)에 따라 문제를 구체화시키고 있다.[29] 이하 설명은 보호책임 논의의 바탕이 되는 ICISS가 제시한 구체적 실행방안을 토대로 검토한다.

1. 예방책임

보호책임의 첫 단계는 분쟁을 예방할 책임이다. 예방책임은 원칙적으로 주권국가의 책임이지만 분쟁의 '효과적인' 예방을 위해서는 여타 국가들의 적극적 참여와 지원이 필수적이다. 보다 효과적인 분쟁예방을 위한 전제조건에 대하여 「ICISS 보고서」는 다음과 같이 설명하고 있다.

첫째, 위태롭고 위험한 상황을 알릴 수 있는 '조기경보'(early warning)체제가 필요하다. 특히 조기경보체제의 의의는 상황 자체의 판단뿐 아니라 이에 대한 시의적절한 조치가 반드시 수반되어야 한다는 것에 있다.[30] 따라서 보고서는 어떠한 상황 보고에 있어서의 정확한 해석과 분석이 있어야 하며, 그에 따른 적절한 정책이 마련되어야 함을 강조하고 있다. 실제로 이에 관한 다수의 정보기관이 활동하고 있으나, 전문적 식견의 부족이나 인력의 부족, 그리고 정확하고 믿을 만한 조기경보 정보가 부족하다는 것이 문제로 지적되고 있다. 따라서 관련된 행위자 간의 협력을 강화할 필요가 있다.

둘째, '예방도구'(prevention toolbox)가 마련되어야 한다. 실제

29) 제2장 III. 6, p.87 이하 참조.
30) 「ICISS Report」, para. 3.10.

무력충돌의 문제를 다룰 때 그의 궁극적인 원인인 가난, 정치적 박해, 자원의 불공평한 분배 등의 문제를 간과하는 경우가 많다. 따라서 보고서는 이러한 근본적 원인(root causes)을 분석하고 고려하여, 평화와 안전에 대한 개념을 확대하고 다차원적인 접근을 통해 분쟁예방의 장기적인 접근의 필요성을 강조하고 있다.[31] 이러한 근본원인과 관련된 구조적 문제의 해결은 첫째, 빈곤의 완화(poverty alleviation), 둘째, 경제적 발전 및 투자(economic growth and investment), 셋째, 민주적 발전(democratic development), 넷째, 교육 및 역량 증진(training and capacity building), 다섯째, 안보분야의 개혁(security sector reform) 등으로 요약된다. ICISS가 제시한 구체적인 이행의 방법은 [표 6]과 같다.

[표 6] 예방의 책임 이행방법

분 류	구체적 이행 방법
정치적 · 외교적 (방법)	- 민주적 기관 설립 및 역량 강화 - 합법적인 권력의 분배 - 권력 교체 및 재분배의 중재 - 타 집단과의 신뢰 구축 - 언론의 자유를 지원하고 법치주의 확립 - 시민사회의 발전 및 인간안보 체제에 적합한 기타 구상들의 발전
경제적	- 자원의 재분배 및 기회 창출을 위한 개발 지원 및 협력 - 경제발전 지원 및 기회 제공 - 필요한 경제구조의 개혁 격려 - 기관 강화를 위한 기술적 지원

31) *Ibid.*, para. 3.18.

분 류	구체적 이행 방법
법 적	- 법치를 강화하고자 하는 노력을 지원 - 사법기관의 통일성과 중립성, 독립성을 보호 - 법집행에 있어 신뢰와 책임을 증진 - 소수자와 같은 취약한 집단의 보호를 강화 - 인권을 위하여 일하는 지방 기관과 단체에 대한 지원을 제공
군사적	- 군사 및 기타 안보 관련 분야의 구조 개혁을 착수 - 군사교육과 훈련을 강화하고 교전자들의 재사회화를 도움 - 예산 조정을 포함한 민간 차원의 통제체제를 강화 - 법집행과 관련한 안전 분야의 서비스를 보장하고 책임을 강화 - 소형화 무기 및 지뢰 금지를 포함한 군비통제 및 군축과 비확산체제를 지원하고 이의 준수를 강화

보다 직접적 예방조치는 개별 사례마다 직접적인 지원과 같은 긍정적 조치(positive measures)와 이에 관한 가벌적인 부정적 조치(negative measures)를 포함한다. 이는 또한 동의를 전제로 한 적극적 조치와 동의를 전제로 하지 않는 소극적 조치로 다음과 같이 구분된다. 적극적 조치는 대부분 상대 국가의 동의를 전제로 하며, 주선(good offices) 및 특별외교사절의 파견, 경제적 원조 제공이 이에 해당한다. 중개(mediation) 및 중재(arbitration), 예방적 배치(preventive deployment) 또한 직접적인 예방의 노력에 해당한다. 소극적 조치는 상대 국가의 동의를 전제로 하지 않으며, 주로 가벌적인 제재를 의미한다. 여기에는 외교적 고립 등의 외교적 제재, 경제적 제재, 전쟁범죄재판소 설립 및 보편적 관할권에 의한 사법적 제재, 무기 수출입 통제가 있으며, 극단적인 경우 직접적인 무력적 위협이 이에 해당한다.[32]

셋째, 마지막으로 보다 실효적인 예방의 책임 이행을 위해서는 무엇보다도 국가들의 보호책임 이행에 대한 '정치적 의지'가 필요하다. 즉, 앞서 설명한 모든 예방의 수단이 효과적으로 이행되기 위해서는 국가들의 적극적인 보호책임에 대한 인식과 협조가 반드시 수반되어야 한다는 것이다. 보호책임으로 개입에 대한 의무적 성격이 강조된다 하더라도 사실상 개입이 필요한 상황에서 국가가 아무런 조치를 취하지 않는 경우 이를 강제할 방법이 없기 때문이다. 「ICISS 보고서」 역시 '정치적 의지'의 부재를 문제점으로 지적하고 있으나, 의도적으로 그에 대한 자세한 설명은 생략하고 있다. 보호책임의 실질적인 기능은 안전보장이사회가 앞으로 발생할 인도적 위기상황에서 이를 예방하고 중지시키기 위한 국가들의 정치적 행동의지를 모을 수 있느냐의 여부에 달려 있다. 따라서 예방의 책임에 있어 가장 핵심의 전제조건은 앞에서도 언급했듯이 국가들의 '정치적 의지'의 존재 여부일 것이다.[33]

2. 대응책임

예방조치에 실패하였을 경우 국제공동체의 적절한 개입조치가 필요하다. 개입의 방법으로 정치・경제・사법적 조치 등을 포함하여 극한상황에서는 무력조치까지 포함하고 있다.[34] 적용에 있어서는 먼저 '비군사적 대응'을 통해 사안을 해결하도록 노력하여야 하고, 이 방법으로 해결이 되지 않는 경우에 한하여

32) 직접 예방 노력에 대한 구체적 내용은 *ibid.*, paras. 3.25-3.32.

33) 이 책 pp.86-87 참조.

34) 「ICISS Report」, paras. 4.1-4.3.

군사적 개입을 할 수 있다. 그러나 대응책임의 경우 무력조치를 수반하는 경우가 대부분이므로, 이 단계의 논의는 군사적 개입의 경우를 중점적으로 다루고 있다.

다음 [표 7]에서 보듯이 「ICISS 보고서」와 유엔 고위급패널의 보고서 「A More Secure World」는 대응책임시 무력사용의 기본원칙을 제시한다.[35] 먼저 무력사용이 필요한 정당한 이유(just cause threshold)가 있어야 하고, 사전예방원칙(precautionary principles)으로서 i) 정당한 의도(right intention)가 있을 것, ii) 최후의 수단(last resort)일 것, iii) 비례적 방법(proportional means)일 것, iv) 합리적인 전망(reasonable prospects)을 갖출 것을 제시한다. 그리고 무력사용은 정당한 권한(right authority)이 있는 자에 의해서 수행되어야 한다고 한다.[36]

다음 [표 7]에 나타난 요건들을 좀 더 구체적으로 살펴보자. ICISS는 무력사용, 즉 군사적 개입의 전제조건으로서, 먼저 군사적 개입이 필요한 정당한 이유가 있어야 한다고 강조한다. 이는 보호책임이 발생할 수 있는 기본적 상황과도 일치한다. 이러한 정당한 이유가 확인된다면, 사전예방 요건(precautionary criteria)으로 목적의 정당성, 수단의 최후적 성격, 방법의 비례성 및 결과의 균형성을 요구한다. 보호책임에서 특히 무력조치를

35) 유엔 고위급패널이 제시한 무력사용의 원칙은 제2장 [표 3]을 참조.

36) 이는 이른바 '정의로운 전쟁론'(Just War Theory)이 내세우는 기준과 유사하다. 따라서 보호책임 이행시 군사개입이 이루어질 경우 무력충돌법 및 국제인도법이 제시하는 적법성의 기준을 충족해야 할 뿐만 아니라 소위 '정의로운 전쟁론'이 내세우는 정당성의 문제를 포섭해야 한다는 새로운 문제가 제기될 수도 있다. I. Shearer, "Decline of the Just War Theory and the Use of Force under the United Nations," in M. Schmitt & J. Pejic(eds.), *International Law and Armed Conflicts: Exploring the Faultlines* (Leiden: Martinus Nijhoff Publishers, 2007), pp.6-11.

[표 7] ICISS가 제시한 무력사용의 기본원칙

	군사개입의 원칙
정당한 이유	국가의 고의적인 개입 행위나 부작위 혹은 개입할 능력이 없거나, 실패한 국가의 상황에서 집단살해의 의도의 존부를 불문하고, 대규모의 인명피해가 발생하거나, 발생할 우려가 있는 경우; 혹은 살해, 강제추방, 테러행위 혹은 강간에 의한 대규모의 인종청소가 발생하거나 발생할 우려가 있는 경우 정당한 원인이 존재한다고 본다.
정당성	개입하는 국가들의 동기를 불문하고, 간섭의 주목적은 인권침해로 인한 고통을 중지시키는데 있어야 한다. 이는 해당 지역의 견해를 존중하고, 피해자를 고려한 다차원적인 운영에 의해 확보될 수 있다.
최후성	군사개입은 발생한 위기에 대한 예방조치와 평화적 해결의 모든 다른 비군사적 수단이 다한 경우에만 정당화될 수 있으며, 여기에는 여타 방법이 다하였다는 합리적인 믿음에 기해야만 한다.
최소성	군사 개입의 범위, 기간 및 정도는 최소화되어야 하며, 오직 인간보호를 위한 목적의 필요범위 내여야 한다.
균형성	군사개입시에는 이러한 개입이 비개입보다 더 나은 결과를 가져오고, 이러한 개입이 인권침해를 성공적으로 막을 수 있다는 합리적인 판단을 필요로 한다.

수반하는 경우, 개입의 목적은 '인권침해의 중단'에 있어야 한다. 이는 유엔과 같은 다자적인 참여가 보장되는 기관에 의하여 이행되어야 하며, 이에 대한 지역적 의견과 희생자들의 고려를 모두 수렴해야 한다.37) 또한 이는 비무력적 조치가 실패하였을 경우 최후의 수단이어야 하며, 정해진 인권보호의 목적에

37) 「ICISS Report」, paras. 4.33-4.36.

맞는 최소의 방법으로 이루어져야 할 것이다. 또한 이러한 개입의 결과가 개입하지 않는 경우의 결과보다 더 나을 것이라는 확신을 전제로 하여야 한다. 이를 위하여 「ICISS 보고서」는 정치적·군사적으로 개입을 담당할 체제가 마련되어야 함을 강조하고, 이러한 구상을 함께하는 일원의 공동의 목표가 바로 서야 하며, 이에 대한 충분한 자발적 기여와 자원이 필요함을 강조하고 있다.[38)]

3. 재건책임

대응책임이 종료한 후에는 재건할 책임이 따른다. 이는 분쟁지역의 재건뿐만 아니라 충돌집단간의 화해를 위해 필요한 모든 원조를 포함한다. 보호책임은 군사개입으로 끝나는 것이 아니라 재건을 포함하여 지속적인 평화와 안정적인 발전의 확립을 포함한다. 실제로 분쟁이 일단 종료된 지역에서는 피해자 집단이 가해자 집단을 역으로 공격하는 '역(逆)인종청소'(reverse ethnic cleansing) 현상이 나타남은 주지의 사실이다. 따라서 분쟁후 지역에 지속적이며 계획적으로 모든 인종이 거주하는 지역의 치안을 유지하는 것이 핵심과제로 떠오르고 있다. 안정적인 상태가 유지된 이후에는 임시군사정권으로부터 민간인에게로의 권한과 책임의 이전이 있어야 한다. 한편 다른 국가들은 평화와 안정을 회복할 수 있도록 지속적으로 협조하여야 한다.[39)] 「ICISS 보고서」가 제시한 다섯 가지 재건을 위한 조치는 다음과 같다.

---

38) *Ibid.*, paras. 7.9-7.17.

39) *Ibid.*, para. 7.40.

첫째, 소수민에 대한 보호이다. 이 단계는 강제적으로 이주된 민간인들이 지역으로 돌아오고, 다른 민족들이 다수를 차지하고 있을 경우 특히 중요시된다.[40]

둘째, 안보 분야의 개혁이다. 치안에 관한 구조의 개혁은 분쟁후 지역에서는 공정하고 중립적인 민간인 경찰 지원을 위하여 반드시 필요하다.[41]

셋째, 무장해제, 동원해제, 사회복귀(disarmament, demobilization, reintegration: DDR)이다. 안전보장이사회의 결의에 반영되어 있듯이, 분쟁후 지역의 평화와 안정을 위한 첫째 조건은 그 지역의 교전자들을 무장해제하고 사회에 복귀시키는 일이다. 이는 궁극적으로 그 지역의 인력을 공급함으로써 경제 재건과도 연결되는 문제로 동원해제 이후에도 지속적인 관리가 필요하다.

넷째, 지뢰 제거이다. 분쟁후 지역의 주요한 업무로 현재 평화유지활동에서 가장 중요하게 다루어지고 있으며, 특히 오타와협약(Ottawa Convention)의 보편화에 따라 유엔의 평화와 안전에 관한 문제 중 중요한 문제 중 하나로 다루어지고 있다.[42]

다섯째, 전쟁범죄자의 처벌이다. 2001년 동 보고서가 채택된 이후 「국제형사재판소에 관한 로마규정」이 발효되었고, 국제형사재판소가 설립되었다. 지금까지 르완다국제형사재판소(International Criminal Tribunal for Rwanda: ICTR), 구 유고국제형사재판소(International Criminal Tribunal for the former Yugoslavia: ICTY)와 같은 개별 사례에 따른 특별임시재판소와는 달리 상설적인 국제형사재판소(ICC)는 전쟁범죄에 대한 관할권을 가지고 있으므로, 물론 해당 국가의 가입 여부에 따라 고려되는 문제가 있기는 하지만, 적어도 이러한 재건의 책임에 있어 전쟁범죄자의 처벌에 관한 국제적 절차가 마련되었다고 할 수 있겠다.[43]

---

40) *Ibid.*, para. 7.42.

41) *Ibid.*, paras. 7.43-7.44.

보호책임의 이행에 있어 마지막 단계인 재건책임에 참여하는 국가 내지 국제기구는 위에 언급된 다섯 가지 예시처럼 명확한 목적을 가지고 그 임무를 수행해야 할 것이다. 특히 보호책임의 주된 목적은 민간인 보호에 있지, 결코 보호책임의 적용대상이 된 국가를 복속시키는데 있는 것이 아니라는 사실을 명심하여야 한다. 만일, 그렇지 아니하다면 새로운 식민지정책(neo-colonialism)이라든지 제국주의라는 오해 내지 비판을 살 것이다. 한편 재건책임에 직접 참여하는 자들은 통일적인 지휘체계하에서 정확한 의사전달 수단을 확보하는데 주력해야 하며, 관련 규칙들은 그 내용이 가급적 간결하고 명백하여야 할 것이다. 만일 재건책임 과정에서 소기의 목적 달성, 가령 소수자 보호나 무장해제 등을 위하여 부득이하게 무력사용을 할 수밖에 없을 때는 '대응책임' 단계에서의 무력사용의 기본원칙에 준하여 이루어져야 할 것이다. 특히 그 과정에서 비례성원칙과 국제인도법에의 합치는 당연할 것이며, 현지에 파견된 인도주의 관련 기구, 예컨대 국제적십자위원회 등과의 협력체제 유지를 운영원칙으로 삼아야 할 것이다.[44]

---

42) 지뢰 제거는 평화유지 활동에 있어서의 핵심활동 내용이다. 지뢰 방지 및 제거에 관한 평화유지활동에 관하여는 http://www.un.org/Depts/dpko/lessons/. 유엔 지뢰 제거를 위한 일반 활동에 관하여는 자료 http://www.mineaction.org/; *ibid.*, para. 7.48 참조.

43) 「ICISS Report」, para. 7.49.

44) *Ibid.*, Synopsis.

Ⅴ. 보호책임의 유관개념

1. 보호책임과 인간안보

(1) 인간안보의 의의

이미 제2장 '안보 개념의 확대' 부분에서 우리는 인간안보 개념의 등장을 간단히 언급한 바 있었다. 이제 보호책임과 밀접히 관련되는 인간안보를 보다 상세히 살펴본다. 1994년 유엔개발계획(United Nations Development Programme: UNDP)은 「인간개발보고서」(Human Development Report)를 통해 기존의 안보 개념이 외부의 침략으로부터 국가영토를 보전하는 것과 외교정책을 통해 국가이익을 도모하는 것에 초점을 두었고, 핵전쟁 등의 위협과 같이 세계안보를 위협하는 실체를 좁게 해석함에 따라, 가장 기초적인 일상생활 속에서의 평범한 사람들의 정당한 관심은 무시되었다고 비판하며, 인간중심의 안보 개념을 '인간안보'라는 용어로 처음으로 소개한다.[45] 인간안보라는 개념은 인권의 고려에서 출발하였지만, 실제 인권 그 자체보다는 더 많은 것을 포함하고 있는 개념이다. 인간안보에의 정의에 대해서는 많은 학자들의 서로 다른 의견을 제시하고 있으며, 아직까지 보편적 개념의 합의에 이르지 못하고 있다.[46]

---

45) UNDP, *Human Development Report* 1994(Oxford: Oxford University Press, 1994), p.22.

46) P. Kerr, "Human Security," in A. Collins(ed.), *Contemporary Security Studies* (Oxford: Oxford University Press, 2007), pp.91-108.

1994년 유엔개발계획(UNDP)의 「인간개발보고서」에서는 인간안보의 의미를 "첫째, 기아, 질병, 가혹행위 등 만성적인 위협으로부터 보호하는 것, 둘째, 가정・직장・사회공동체 속에서 일상생활 양식이 갑작스럽게 파괴되는 것으로부터 보호하는 것"이라 정의한다. 그리고 이러한 인간안보는 경제안보, 식량안보, 건강안보, 환경안보, 개인안보, 공동체 안보, 정치적 안보의 요소로 구성된다고 한다.[47] 그러나 이러한 개념 정의는 물리적 안보부터 정신적인 안정까지를 광범위하게 포괄하고 있어 개념을 구체화하는데 많은 어려움이 있다.[48] 한편, 인간안보는 위협의 근원을 중심으로 정의되기도 하는데, 협의로는 내란이나 집단살해와 인구의 강제이동과 같은 위협으로부터의 안보를, 광의로는 기아, 질병 그리고 자연재해와 같은 대규모의 인명살상 행위를 포함하는 안보를 의미한다는 견해도 제시된다. 이와 같은 다양한 인간안보에 대한 이해는 그 범위를 달리하기는 하지만, 기존의 국가안보와 달리 인간을 '단위'로 한다는 것에 가장 큰 의의를 찾을 수 있다. 2005년 세계정상회의에서 국가들은 인간안보의 정의에 관하여 유엔 총회에서 논의할 것을 요청하였으며,[49] 이에 대한 학계와 국제사회에서의 논의는 앞

47) 자세한 내용은 *ibid.*, pp.22-23.

48) 전웅, "국가안보와 인간안보," 「국제정치논집」, 제44집 제1호(2004), 33쪽.

49) 「World Summit Outcome」, U.N. Doc. A/60/L.1, para. 143; 관련 부분은 다음과 같다. "143. We stress the right of people to live in freedom and dignity, free from poverty and despair. We recognize that all individuals, in particular vulnerable people, are entitled to freedom from fear and freedom from want, with an equal opportunity to enjoy all their rights and fully develop their human potential. To this end, we commit ourselves to discussing and defining the notion of human security in the General Assembly."(*밑줄은 필자에 의한 것임)

으로도 계속될 것이다.[50]

(2) 인간안보를 위한 보호책임

인간안보는 그 자체로서 안보에 대한 전통적 인식에 대한 도전이라고 의미를 부여할 수 있을 것이다. 왜냐하면 인간안보의 제도화 및 체계화는 각 국가의 관할권하에 있는 인간을 주권이라는 경계를 뛰어넘어 국제사회가 직접 고려하겠다는 의미로 해석되기 때문이다. 국제사회에서 국가 이외의 비국가행위자 중 개인의 권리와 의무는 이미 오래 전부터 논의되어 왔으나, 국제정치적 색채가 강한 안보의 영역에서는 배제되어 왔다. 하지만 인간안보가 등장함으로써 안보의 중심에 인간을 두고, 그의 안보를 국제공동체가 관여한다는 것은 국제법의 영역을 국가간 관계 이상의 것으로 확대하려는 시도라고 볼 수 있다. 이러한 관점에서 지금까지 전통적으로 국가의 안보에 대한 위협을 국제사회의 평화와 안전에 관한 문제라고 파악해 온 안전보장이사회가 인간안보 개념을 향후 어떻게 받아들여 자신의 판단에 적용시킬지는 지켜봐야 할 문제로 남는다.[51]

인간안보는 이미 개별 국가의 외교정책에 반영되어 있다. 특히 캐나다와 일본의 경우 외교정책 결정에 있어 인간안보에 관한 문제를 심도있게 다루고 있으며, 인간안보의 국제회의에서의 의제화에 앞장서고 있다.[52] 한편 인간안보를 지지하는 국가

---

50) 국내 관련 논문으로는 이정원, "인간안보와 국제법," 고려대학교 석사학위논문, 2006.

51) 집단안전보장체제에서의 인간안보의 의의에 관하여는 임예준, 앞의 주 25, 108-118쪽.

52) 캐나다의 인간안보에 관한 외교정책은 http://geo.international.gc.ca/cip-pic/

들은 그 목적을 함께하는 보호책임에 대해서도 긍정적인 입장을 취하고 있다. 캐나다와 일본은 인간안보를 지지하며 보호책임을 지지하는 대표적 국가군에 속하며, 그에 대한 공식적인 입장을 발표한 바 있다. 참고로 대한민국 정부는 유엔 차원의 보호책임 논의에 적극적으로 참여해 왔지만 아직 인간안보에 관한 공식적인 외교정책으로서의 입장은 좀 더 발전시켜야 할 상태이다. 물론 보호책임과 인간안보는 별도의 개념이며, 유엔 사무총장 반기문 역시 인간안보와 보호책임은 구분의 필요성을 역설하며, "인간안보는 모든 정책결정에 있어서 다양한 위협으로부터 국가뿐 아니라 인간의 안보를 고려해야 함을 의미하는 포괄적인 개념"이라고 하였다.[53] 인간안보의 정립으로 인하여 보호책임이 조명을 받고, 보호책임의 이행단계 중 마지막 단계인 재건책임에 있어서 교육과 같이 다양한 인간의 삶의 질을 고려하여야 한다는 것이 강조되고는 있기 때문에 양자는 상호 밀접한 관계에 있음은 분명하다. 하지만 보호책임은 인간안보에 비해 보다 제한되며 명확한 목적달성을 위한 제도로서 사안별로 구체적인 이행을 요한다는 차이를 갖는다.

---

cip-pic/humansecurity-en.aspx; 일본의 인간안보에 관한 외교정책은 http://www.mofa.go.jp/policy/human_secu/index.html; 일본의 인간안보와 보호책임에 관한 입장은 2008년 1월 26일 스위스의 다보스에서 열린 회의 "The Responsibility to Protect: Human Security and International Action"에서 총리 Yasuo Fukuda의 연설 내용 참고. http://www.mofa.go.jp/policy/economy/wef/2008/address.html.

53) Press Release, Secretary-General Defends, Clarifies 'Responsibility to Protect' at Berlin Event on 'Responsible Sovereignty: International Cooperation for a Changed World', U.N. Doc. SG/SM/11701(15 July 2008).

2. 보호책임과 주권

(1) 상대적 의미의 주권론 등장 가능성

보호책임은 어떤 국가 영역 내에서 '보호가 필요한 상황'이 발생하였거나 발생이 임박한 경우에 다른 국가, 국가의 집단 내지 국제기구에 의한 일정한 '조치'의 개입을 상정하기 때문에 일견 주권을 제한한다고 볼 수 있다. 이런 맥락에서 주권과 보호책임의 관계 설정은 보호책임을 이해하기 위한 전제이다.

1648년 웨스트팔리아 체제 이후 지금까지 주권은 지나치다고 할 만큼 국가들의 이기주의의 표방이요, 독립을 열망하는 국민들의 상징처럼 여겨졌다.[54] 주권은 역사적으로 볼 때, 국내문제에 대한 외부로부터의 개입을 막는 하나의 도구였으며, 국가의사주의를 기치로 내세우는 법실증주의가 득세하기 시작한 18세기 이후 주권은 절대적 의미의 국가의 무제한한 권력행사로 이해되어 왔다. 법적으로 볼 때, 주권은 국가권력과 관할권의 충만성을 의미함과 동시에 국가는 자기 자신 이외의 그 누구에게도 종속되지 아니한다는 배타성을 의미한다.

하지만 이러한 절대적 의미의 주권은 20세기 들면서, 국제사회의 변화에 따른 국가의 전속영역 내지 국내문제의 축소에 관한 논의에서 보듯 조금씩 변하기 시작했다.[55] 국가들 간의 상

54) M. Virally, "Panorama du droit international contemporain"(Cours général de droit international public), *RCADI*, 1983-V, Tome 183, p.76.

55) 국가의 전속영역이란 국가의 내부생활에 직접 관련되는 부문에 관하여 국제법이 국가에 재량권을 부여하여 그 구체적 상황과 여건에 맞추어 자율적으로 행사하여 나가도록 하는 것을 의미한다. 전속영역은 상대적이어서 국제법 발전에 따라 그 범위와 내용은 언제든지 변경될 수 있다. 이러한 취지는 국제법학회

호관계가 지속적으로 발전하고, 전 지구적 문제에 관한 협력이 필수불가결해짐에 따라 더 이상 주권의 배타성과 절대성을 유지하기가 어렵다는 시각이 점점 힘을 얻고 있는 실정이다.[56] 이러한 흐름에 다시 힘을 실어주는 계기는 1990년초 국제질서에 대한 인식을 정곡으로 찌른 당시 유엔 사무총장 Boutros Boutros-Ghali의 "절대적이고 배타적인 주권의 시대는 갔다. 실제 절대적 주권이 현실과 일치한 적이 없다"라고 한 선언에서 찾아볼 수 있다.[57]

이처럼 주권을 상대적 시각에서 파악하려는 시도는 주권에서 파생된 원칙에도 영향을 미치게 됨은 당연하다. 그 중에서도 국내문제 불간섭원칙은 아직까지 국제법의 기본 원칙 중 하나로 확고히 인정되고 있지만, 앞에서 언급했다시피 기존의 국내문제라고 간주되어 왔던 대상과 영역은 더욱더 좁아질 수밖에 없다.[58] 만일 주권을 상대적인 개념으로 이해할 수만 있다면, 오늘날 주권행사에는 보다 실질적인 제약이 수반될 수 있다는 결론에 이를 수 있을 것이다. 그렇다면 21세기 오늘날 주권에 대

(Institut de droit international)의 1954년 결의에도 나타난다. 유병화·박노형·박기갑, 「국제법 I」(법문사, 2000), 324쪽.

56) 국제법 분야 중 과거 이와 유사한 주장이 대두된 예로서, 가령 우주법을 들 수 있다. 우주물체의 발사와 귀환활동의 자유를 위한 상대적 주권론이 대두되었으나 학설 차원에 머물렀다. 그러나 국제환경법과 국제인권법 등은 본격적으로 주권의 절대성에 대항하는 중요한 분야라고 볼 수 있다.

57) Report of the Secretary General, An Agenda for Peace: Preventive diplomacy, Peace-making and Peace-keeping, U.N. Doc. A/47/277-S/24111(1992).

58) 주권 개념의 상대성에 관하여는 H. Stacy, "Relational Sovereignty," 55 *Stan. L. Rev.* 2029(2003). 한편 Reisman 교수는 국제법상 주권을 국가의 주권이 아닌 그 안의 사람들의 주권으로 이해하고 국내문제와 국제문제의 구분을 부정한다. M. Reisman, "Sovereignty and Human Rights in Contemporary International Law," 84 *Am. J. Int'l L.* 866(1990), pp.866-867; L. Henkin, "Human Rights and State 'Sovereignty'," 25 *Ga. J. Int'l & Comp. L.* 31(1996), pp.31-32.

한 새로운 제약 내지 부과되는 의무는 무엇일까. 추측컨대 이는 인권을 보호해야 하는 책임으로서의 주권의 논의에서 찾아볼 수 있지 않을까 싶다.

(2) 책임으로서의 주권

보호책임은 이미 앞에서 여러 번 언급했듯 책임으로서의 주권 개념을 강조한다. 즉, 국가의 주권에는 자신의 관할권이 행사되는 영역 내에서 인권을 보호할 '책임'이 내포되어 있다는 것이다. 이뿐만 아니다. 보호책임에서의 주권은 자국민을 보호할 주권국가의 책임과 함께 이를 지원해야 할 국제공동체의 다른 주권국가들의 책임 역시 동시에 내포하고 있다. 이런 논리를 받아들인다면, 오늘날 인권보호는 개별 국가의 문제만 아니라 국제사회 전체의 문제라는 전제하에,[59] 보호책임은 모든 주권국가에게 자국민의 인권보호를 할 책임을 부과시킴과 동시에 다른 국가 내에서 발생하는 인류의 양심에 반하는 인권유린 사태에 대해 책임을 함께 부담한다는 설명이 가능해진다. 보호책임이 기존의 인도적 간섭과 구별되는 점은 바로 뒤에서 설명하겠지만, 보호책임의 경우 바로 이처럼 간섭의 당위성을 논리적으로 설명하고 있다는 점이다. 즉, 일차적으로 모든 국가는 자국의 국민을 보호할 책임이 있으며, 그러한 일차적 책임의 '해태' 내지 '불이행' 상황이 도래하면 국제공동체의 이차적 책임, 즉 개입이 불가피하다는 논리가 모두에 의해 받아들여진다는 것이다.[60]

59) 이에 관하여 제2장 참고.

60) 이러한 설명을 놓고서 과연 보호책임이 국제법의 대원칙인 주권평등의 원칙과

그런데 이러한 인권보호의 의무가 과연 특정한 법적 의무를 도출하는지에 대해서는 아직 논란의 여지가 있다. 만약, 인권을 보호해야 한다는 것이 '대세적 의무'(obligation of *erga omnes*)라 여겨진다면, 이러한 의무를 이행하지 않았을 경우, 다른 국가들은 자신의 법적 이익이 침해당했다고 주장할 수 있을 것이며, 가해자에게 대항할 권리가 주어지기 때문이다. 이렇게 된다면 모든 국가는 그러한 상황에서 개입할 여지가 당연히 생기기 때문에, 단순히 인도적 목적을 위하여 개입하는 것이 아니라 자기 자신의 법적 이익이 침해당했다는데 근거를 두고 개입을 할 것이기 때문이다. 지금까지 이루어진 보호책임의 논의에서는 이에 관한 명확한 해답이 제시되고 있지는 않다. 그럼에도 불구하고 주권에 대한 새로운 시각을 제시하는 것은 분명 보호책임이 국제법상 논의되어야 하는 실익이 있음을 반증한다.

3. 보호책임과 인도적 간섭

인도적 간섭에 대해서는 이미 제2장에서 전반적으로 설명되었다. 여기서는 보호책임이 어떻게 인도적 간섭과 다르게 이해될 수 있을지에 대해 살펴보기로 한다.

보호책임에 관한 「ICISS 보고서」는 인도적 간섭에 대하여 '피간섭국의 동의 없이 행해진 인도적 목적을 위한 무력사용'이라 정의한다. 여기에서 '인도적 목적'이라 함은 대규모의 인명을 위협하거나 해하는 집단살해, 강제이주 및 인권침해에 대한 인권

국내문제 불간섭원칙을 수정하는 것인지, 아니면 단지 주권 개념에 숨겨져 있던 속성을 강조할 뿐인지 여부에 관한 논의는 상당히 흥미롭다 할 것이다.

을 보호하기 위함이라고 설명한다. 또한 인도적 목적은 인도적 간섭에 있어 주요한 목적으로 존재하는 경우는 물론이고, 본연의 목적 외에 결과적으로 인도적 조건을 만드는데 있어 기여한 경우도 포함한다고 한다.[61] 따라서 보호책임 논의의 전제가 되는 개념으로서의 '인도적 간섭'은 무력사용을 전제로 한, 대규모의 인권침해에 대한 국제사회의 인도적 목적의 개입을 의미한다. 이는 일방주의적 간섭뿐 아니라 유엔체제하에서의 집단적 간섭을 포함하는 것으로, 적법성의 여부와 관계없이 개입 행위를 기준으로 지칭되는 포괄적 의미의 간섭을 의미한다. 한편 해당 목적을 위하여 수반되는 부수적인 행위들을 배제하지 않고 있다.

어떤 학자들은 보호책임이란 종국적으로 포괄적인 인도적 간섭에 해당한다고 파악하기도 한다.[62] 이에 해당하는 입장들 중에는, 가령 보호책임이란 기존의 국제법과 일치하지 않을 뿐더러 국제법원칙을 중시하지 않는다는 비판이 있으며,[63] 현재까지 인도적 간섭에 대한 명확한 국제법적 근거가 존재하지 않는데, 이러한 존재하지 않는 규범 자체를 전제로 하는 개념 설정은 논리적으로 문제가 있다는 입장,[64] 그리고 보호책임이란 기

61) 「ICISS Supplementary Volume」, pp.15-16.

62) D.M. Malone, "Recent Books on International Law," 97 *Am. J. Int'l L.* 999(2003), p.1001; J. Tanguy, "Redefining Sovereignty and Intervention," 17 *Ethics & Int'l Aff.* 141(2003), pp.141-142.

63) M.E. O'Connell, "Taking *Opinio Juris* Seriously: A Classical Approach to International Law on the Use of Force," in Enzo Cannizzaro & Paulo Palchetti(eds.), *Customary International Law on the Use of Force* (Leiden: Martinus Nijhoff, 2005), pp.28-29.

64) D. Vesel, "The Lonely Pragmatist: Humanitarian Intervention in an Imperfect World," 18 *BYU J. Pub. L.* 1(2003), pp.18-19.

존의 인도적 간섭과 다를 것이 없기 때문에 마치 새로운 병에 오래된 와인을 넣는 것과 같다는 비판도 있다.[65]

이러한 논란에 대하여 2008년 7월 15일, 유엔 사무총장 반기문은 '보호책임'은 결코 인도적 간섭의 새로운 이름이 아니라고 하며 양자의 개념을 처음으로 명확히 밝혔다. 유엔 사무총장의 설명에 따른다면 보호책임은 단순한 외부의 간섭의 문제가 아닌, 보다 적극적인 '책임으로서의 주권'(responsible sovereignty)을 의미한다는 것이다.[66] '책임으로서의 주권'이란 집단살해에 관한 특별보고자로 임명된 수단의 Francis Deng이 10여년 전에 주권의 책임 개념을 제시한 것으로,[67] 보호책임이 기존의 인도적 간섭과 다른 면을 적절히 설명하고 있다.

또한 인도적 간섭은 사태가 발생한 이후의 사후적 개입에 한정되었으며, 체계적인 재건의 책임의 단계에 대해서는 침묵하고 있었다. 즉, 인도적 간섭이 '대응책임' 부분만을 강조하고 있음에 반하여, 보호책임은 보다 포괄적이고 지속적인 책임의 이행을 강조하고 있기 때문에 실질적인 발전이라고 볼 수 있을 것이다. 보호책임은 기존의 인도적 간섭이 갖고 있던 명확하지 아니한 규범성과 사후적 대응에만 치중하고 있는 것, 그리고 방법에 있어서의 제한성이라는 단점을 적절히 보완하고 있다. 그 범위 역시 기존의 인도적 간섭이 해당하는 사례보다 확장된 것 역시 차이점이라 할 수 있다. 따라서 보호책임은 인도적 간

65) Stahn, *supra* note 1, pp.111-115.

66) Press Release, Secretary-General Defends, Clarifies 'Responsibility to Protect' at Berlin Event on 'Responsible Sovereignty: International Cooperation for a Changed World', U.N. Doc. SG/SM/11701(15 July 2008).

67) F.M. Deng, *Sovereignty as Responsibility: Conflict Management in Africa* (Washington, D.C.: Brookings Institution Press, 1996).

섭을 기초로 하고 있으나, 인도적 간섭에 비해 확장되고 수정된 인간안보를 위한 발전하고 있는 이행원칙이라고 파악할 수 있다.

보호책임은 간섭의 권리를 보호의 책임으로 전환함으로써 지원을 받고, 구하는 입장에게 시혜를 베푸는 것이 아닌, 간섭자 자신이 지고 있는 의무를 이행하는 입장으로 관점을 전환한다. 또한 보호책임의 일차적 책임은 어디까지나 주권국가에게 있으며, 단지 국제공동체는 해당 국가가 책임을 이행하지 못하거나, 이행할 의사가 없는 경우에만 개입하는 것으로, 이 경우 국제공동체는 주권국가의 역할을 대신할 수 있다는 의의가 있다. 이러한 논의를 종합하여 인도적 간섭과 보호책임을 다음 [표 8]과 같이 비교해 볼 수 있다.

[표 8] 인도적 간섭과 보호책임의 비교

인도적 간섭	보호책임
간섭의 권리	보호의 책임
집단살해, 인도에 반한 죄, 전쟁범죄 등 대규모의 인권침해가 이미 발생한 경우 해당 상황이 '국제평화를 위협'하는 것인지 결정하고 개입·대응의 책임 단계만을 설정	협의의 보호책임
	광의의 보호책임은 협의의 개념 외의 국가의 실패로 인한 대규모의 인권침해를 야기할 가능성이 있는 경우를 포함
대응의 책임	예방책임
	대응책임
	재건책임
무력적 개입 cf. 인도적 지원	예방과 재건의 단계에서의 비무력적 개입·지원을 포함

VI. 소 결

보호책임은 일차책임을 국가에게, 이차책임을 국제공동체에게 부여하고 있으며, 구체적인 무력사용에 관하여는 안전보장이사회의 고유권한임을 확인하고 있다. 이러한 보호책임의 이행은 예방책임, 대응책임, 재건책임 세 가지 단계로 구분된다. 그렇기 때문에 보호책임은 단순한 개념 이상의 이행체계로서 고려 가능한 것이다. 이를 요약하자면, 먼저 인간에게 위해를 가하고 있는 내전 및 인간이 만들어낸 재난의 근본적이고 직접적인 원인을 찾고, 이에 대한 적절한 조치를 취하여 인간을 위협하는 상황에 대처한다. 이 경우 제재와 국제적 소추 및 불가피한 경우 군사적 개입을 취하는 등의 강제적인 조치를 취할 수 있다. 군사적 개입 이후에는 해당 지역의 회복과 재건 및 화해를 위하여 전면적인 도움을 제공한다. 또한, 개입으로 인한 피해의 원인을 적시하여 이를 막고 중지시킴으로써 사후에 분쟁이 발생하지 않도록 예방의 조치를 취한다. 실제 이러한 삼단계적 접근방식은 평화유지활동에 관한 권고안과 유엔의 다양한 문서에서 제시된 바 있다.[68] 그러나 현재 평화유지활동의 가장 취약점으로 지적되고 있는 것은 예방의 측면이다.[69] 따라서 보

68) 대표적으로 1993년 Boutros Boutos-Ghali 유엔 사무총장 보고서, Report of the Secretary-General, Supplement to an Agenda for Peace: Position Paper of the Secretary-General on th Occasion of the Fiftieth Anniversary of the United Nations, A/50/60-S/1995/1(3 January 1995) 및 Report of the Panel on United Nations Peace Operations(A/55/305-S/2000/809, Brahimi Report) 및 UN Secretary-General Kofi Annan's Action Plan to Prevent Genocide(April 7, 2004)가 있으며, 현재 일부분의 권고 내용들은 평화유지활동에 적용되어 이행되고 있다. 이에 관한 자세한 내용은 제4장 이행 부분 참고.

호책임 역시 가장 중요한 예방의 책임을 어떻게 이행해 나아갈 것인가가 향후 핵심과제가 될 것이라고 본다.

한편 보호책임은 안보, 주권, 간섭의 세 가지 개념과 밀접한 관련이 있으며, 이들은 보호책임 이해의 핵심적인 유관개념이 된다. 앞서 살펴본 바와 같이, 안보 개념이 확장되고 인간안보에 관한 국제적 인식이 공고화됨에 따라, '인간안보'를 위한 보호책임의 논의가 가능해졌음을 알 수 있다. 또한, 보호책임은 책임으로서의 주권의 개념을 핵심에 두고 있다. 이는 인권에 관한 국제적 관심의 증가와 국제공동체에 관한 인식의 증대는 주권의 고유영역을 축소시킴과 동시에 주권을 새로운 평가적 개념으로 이해하는 데 밑바탕을 마련하였다고 볼 수 있다. 이를 바탕으로 보호책임은 기존의 인도적 간섭보다 더 넓은 범위의 안보의 문제를 국제적 차원에서 다루게 되었고, 개별 국가의 인권보호의 책임을 주권의 개념하에 정립시켰으며, 기존의 대응의 책임에만 국한되었던 논의를 연속적 이행의 차원으로 확대하였다는데 그 의미를 찾을 수 있다고 본다.

69) 현재까지 이러한 예방의 책임을 이행한 평화유지활동 사례는 마케도니아의 UNPREDEP가 유일한 실정이다.

제 4 장

보호책임의 이행체제

Ⅰ. 도 입

보호책임의 이행 시점은 심각한 인권침해 상황으로부터 자국민을 보호할 일차적 책임을 부담하는 주권국가가 사태 해결 능력이 없거나 또는 의지가 없는 경우 국제공동체의 집단적 보호책임이 발생하는 시점으로 이해된다. 국제법상 보호책임의 권리와 의무에 관련된 실체법적 측면뿐만 아니라 이를 실제로 집행 및 이행하기 위한 메커니즘에 대한 구체적인 논의가 진행되고 있음은 빠른 시일 내에 보호책임을 제도적으로 정착시키기 위한 노력의 일환으로 보인다.

그러면 보호책임체제를 현실에 적용시키는 이행주체는 누구인가. 일견 보호책임의 이행은 기존 체제를 활용하는 방법과 새로운 이행체제를 개발하는 방법을 생각해 볼 수 있는데, 현재까지는 주로 기존의 유엔체제를 강화하고 활용하는 방안에 무게가 실리는 것 같다. 가령 「ICISS 보고서」 유엔헌장 제7장하의 집단안보조치를 염두에 두고 어떤 국가의 국내적 재난상황이 국제사회의 평화와 안전을 위협한다고 판단될 때, 안전보장이사회는 국제공동체의 집단적 보호책임을 발동시킬 것을 권고하고 있다.[1] 이와 같은 맥락에서 보호책임이 유엔 평화유지활동의 명분을 강화하기 위한 근거로 활용되는 것은 서로를 위해 당연하며 또한 바람직한 방향으로 보인다.

이하에서 살펴볼 보호책임의 이행 메커니즘은 보호책임을 논의하는 진정한 가치를 살펴볼 수 있는 좋은 기회가 될 것이다.

---

1) 「ICISS Report」, p.29.

보호책임의 이행에 있어 논의의 출발이 되는 것은 과연 누가 보호책임이 필요한 상황을 결정하고 이를 이행하느냐의 문제이다. 이러한 점을 상기하면서 보호책임이 기존 국제법의 규범체계에 따라 운영되어야 한다는 당위하에 유엔체제하의 집단적 안보체제는 물론, 독자적인 지역안보체제 및 일부 국가들의 개별적 조치도 검토할 것이다. 보호책임의 이행방식 내지 수단은 무력을 수반하는 경우와 그렇지 아니한 경우로 크게 둘로 나누어 볼 수 있는데, 이 글은 논란의 소지가 더욱 큰 군대를 동원한 무력조치에 초점을 맞출 것이다.

II. 유엔 집단안전보장체제에서의 보호책임의 이행(1) –안전보장이사회의 역할의 재검토와 대안

현재 유엔과 국제사회는, 어떻게 하면 정치적・재정적 문제에 구애받지 않고, 분쟁예방과 평화유지를 위한 제안이나 결의를 효과적으로 이행할 수 있는가 하는 방안을 마련하여 실천하는 문제에 직면해 있다.[2] 특히 9・11 이후 미국이 이라크에 대해 일방적 무력조치를 행하려고 할 때 효과적으로 제지하지 못한 걸 두고 유엔체제가 무력화(無力化)되었다는 지적이 끊이지 않았다.[3] 따라서 유엔의 주된 기능을 회생시키는 방안이 될 수 있을지도 모르는 보호책임이 기존의 집단안전보장체제 내에서

2) 이신화, "국제분쟁과 UN: 평화유지활동(PKO)의 역할을 중심으로," 「신아세아」, 제11권 제4호(2004), 72쪽.

3) J. Brunnée & S. Toope, "Norms Institutions and UN Reform: The Responsibility to Protect," 2 *J. Int'l L. & Int'l Rel.* 121(2005), pp.122-123.

어떻게 이행될 수 있는지, 그리고 만일 그렇게 된다면 기존 체제에 어떤 결과를 가져올 수 있는지를 살펴본다.

1. 유엔의 집단안전보장체제와 보호책임의 이행

(1) 무력사용의 금지와 유엔헌장상의 집단안전보장체제

유엔의 최우선 목적은 국제평화와 안전의 유지이다. 이를 위해 유엔헌장은 원칙적으로 국가들에 의한 모든 자의적 무력행사를 금지시키는 대신, "평화에 대한 위협의 방지, 제거 그리고 침략행위 또는 기타 평화의 파괴를 진압하기 위한 유효한 집단적 조치를 취할 것"과 "평화의 파괴로 이를 우려가 있는 국제적 분쟁이나 사태의 조정·해결을 평화적 수단에 의하여 정의와 국제법의 원칙에 따라 실현할 것"을 규정하고 있다.[4] 이에 따라 유엔 회원국들은 유엔헌장에 따라 평화와 안전의 유지 의무를 가지며, 국제분쟁을 평화적인 수단으로 해결하여야 할 의무를 가진다.[5]

유엔의 '집단적 조치'는 단순히 개별 국가의 집합적 조치를 의미하는 것이 아니라, 유엔이라는 이름하에 회원국들이 집단적으로 참여하는 조치를 말하며, 이 때문에 유엔을 집단안전보장체제라고 부른다. 유엔은 헌장에 따라 안전보장이사회에 국제평화와 안전의 유지에 관한 '우선적 책임'(primary responsibility)을 부여하는 집단안전보장체제를 구축하고 있다.[6] 안전보

4) 유엔헌장 제1조 1항.

5) 유엔헌장 제2조 3항: 모든 회원국은 그들의 국제분쟁을 국제평화와 안전 그리고 정의를 위태롭게 하지 아니하는 방식으로 평화적 수단에 의하여 해결한다.

장이사회는 당사국에 대해 분쟁을 평화적으로 해결하도록 요청할 수 있는 권한을 가지며,[7] 적절한 조정절차 또는 조정방법, 나아가 해결조건까지 수립하여 권고할 수 있다.[8] 이들은 모두 비강제적 조치이다.

그러나 유엔의 집단안전보장체제의 특징과 핵심은 안전보장이사회 강제조치에 있다. 유엔의 강제조치는 "평화에 대한 위협, 평화의 파괴 또는 침략행위의 존재"시에 취할 수 있으며, 이러한 상황의 존재 여부에 대한 결정권한은 안전보장이사회가 가지고 있다. 유엔의 강제조치는 유엔헌장 제7장('평화에 대한 위협, 평화의 파괴 및 침략행위에 관한 조치': 제39조~제51조)에서 규정하고 있다.

(2) 무력사용금지원칙과 예외

유엔헌장은 제1조 1항에서 국제평화와 안전의 유지를 유엔의 창설목적과 원칙으로 규정하면서, 제2조 2항에서는 모든 유엔 회원국들에게 "다른 국가의 영토보전 또는 정치적 독립에 대하

---

6) 유엔헌장 제24조 1항: 유엔의 신속하고 효과적인 조치를 확보하기 위하여, 유엔 회원국은 국제평화와 안전의 유지를 위한 일차적 책임을 안전보장이사회에 부여하며, 또한 안전보장이사회가 그 책임하에 의무를 이행함에 있어 회원국을 대신하여 활동하는 것에 동의한다.

7) 유엔헌장 제33조 2항: 안전보장이사회는 필요하다고 인정하는 경우 당사자에 대하여 그 분쟁을 그러한 수단에 의하여 해결하도록 요청한다.

8) 유엔헌장 제36조 1항: 안전보장이사회는 제33조에 규정된 성격의 분쟁 또는 유사한 성격의 사태의 어떠한 단계에 있어서도 적절한 조정절차 또는 조정방법을 권고할 수 있다. 제37조 2항: 안전보장이사회는 분쟁의 계속이 국제평화와 안전의 유지를 위태롭게 할 우려가 실제로 있다고 인정하는 경우 제36조에 의하여 조치를 취할 것인지 또는 적절하다고 인정되는 해결조건을 권고할 것인지를 결정한다.

여 또는 유엔의 목적과 양립하지 않는 기타 어떠한 방식으로도 무력의 위협이나 사용을 자제할" 의무를 부과하고 있다. 이러한 무력사용금지원칙은 현재 일반국제법의 강행규범(*jus cogens*)으로 확립되어 이에 위반되는 조약과 국제관습법은 '당연무효'(null and void)가 된다.[9] 이러한 무력사용금지원칙에 대해 유엔헌장은 두 가지 예외를 인정하고 있다. 하나는 회원국에 대해 외부로부터 무력공격이 발생한 경우 개별적 · 집단적 자위권을 허용하고 있다. 그러나 이러한 조치는 안전보장이사회가 국제평화와 안전을 유지하는데 필요한 조치를 취할 때까지 가능하며, 이 때 취해진 조치는 안전보장이사회에 즉시 보고하여야 한다. 그러나 안전보장이사회가 아무런 조치를 취하지 않거나 또는 그 조치가 불충분한 경우 침해 상태가 지속되고 있다면 자위권행사는 적법하게 계속된다.[10]

무력사용의 또 다른 합법적 근거는 국제평화와 안전을 유지 · 회복하는데 필요한 육 · 해 · 공군 등 무력사용을 수반하는 안전보장이사회의 강제조치(유엔헌장 제7장, 제42~46조)와 안전보장이사회의 승인을 얻은 지역적 기구의 강제조치(유엔헌장 제53조)이다. 유엔헌장에 의하면 이러한 강제조치는 유엔 회원국과의 특별협정에 기초하여 편성되는 유엔군이 담당한다. 그러나 이제까지 이러한 특별협정이 체결된 사례가 없으며, 원래 예상했던 유엔군은 실재하지 않았다. 또한 유엔군을 통한 유엔의 직접적인 군사활동은 사실상 불가능한 상황이 계속되고 있다.

9) 1969년 조약법에 관한 비엔나협약 제64조: "일반국제법의 새 절대규범이 출현하는 경우에 그 규범과 충돌하는 현행 조약은 무효로 되어 종료한다."

10) 박현석, "자위권 행사에 대한 UN안전보장이사회의 규제, 「서울국제법연구」, 제6권 제2호(1999), 93쪽; R. Higgins, *Problems and Process: International Law and How We Use it* (Oxford: Oxford University Press, 1994), p.262.

때문에 안전보장이사회는 "헌장 제7장에 기초하여" 회원국에 의한 무력의 행사를 요청하거나 또는 이를 용인하는 방식으로 무력조치를 취하였다.11)

(3) 무력사용금지원칙의 예외로서 보호책임

보호책임의 이행에 있어 핵심은 심각한 인권침해 사태가 발생하였을 경우 이를 제재하기 위한 적절한 수단으로써 필요한 경우 무력조치를 취할 수 있다는데 있다. 무력사용금지원칙이 현대국제법에서 강행규범으로 지켜지고 있는 이상 보호책임 역시 이러한 원칙에 따라 이행되어야 함은 물론이다. 따라서 보호책임의 이행을 위한 무력조치가 과연 무력사용 금지의 예외에 해당할 수 있는 지를 검토해야 한다.

보호책임 이행이 이루어질 수 있는 상황은 집단살해, 전쟁범죄, 인종청소 및 인도에 반한 죄에 한정하여 논의되고 있으며, 이러한 상황은 보호책임 논의 이전에도 국가들이 이러한 상황을 예방하고 처벌해야 하는 의무를 발생시켰다. 결국 보호책임의 논의가 구체화되어 가면서 그 적용대상의 범위가 제한되고 있기 때문에, 보호책임의 이행 또한 기존 국제법상의 무력사용금지원칙과 예외라는 큰 테두리 내에서 논의가 가능하지 않을까 싶다. 보다 구체적으로 말한다면, 보호책임 이행을 위한 무력사용도 유엔헌장 제7장상의 안전보장이사회의 강제조치 및 안전보장이사회의 승인을 얻은 지역기구의 강제조치(헌장 제53조) 또는 개별적・집단적 자위권의 행사의 경우와 같은 합법적

11) 山本草二, 박배근 역, 「국제법」, 신판(국제해양법학회, 1999), 725쪽.

예외의 범위 내에서 이루어져야 할 것이다.

2. 유엔의 집단안전보장체제의 문제점과 보호책임의 이행

(1) 집단안전보장체제에서 안전보장이사회의 역할과 문제점

유엔의 집단안전보장제도는 안전보장이사회가 '평화에 대한 위협, 평화의 파괴 또는 침략행위의 존재'를 결정하는 것과 이러한 상황을 해소하기 위한 강제조치를 취함으로써 실현된다. 즉, 유엔의 집단안전보장체제가 효과적으로 작동하기 위해서는 적어도 정치적 판단기관인 안전보장이사회의 신속하고도 유연한 대처가 가장 중요하다.[12] 그러나 냉전시대 안전보장이사회는 국제분쟁의 관리나 세계평화의 유지기능 측면에서 본연의 기능과 역할을 수행하지 못함으로써 무용론(無用論)이 제기되기도 하였다.

실제로 냉전시대 동안 미국과 소련 등 상임이사국의 거부권 행사에 의해 강제조치가 필요한 상황에 대한 결정조차 여의치 않았다. 1945년 유엔 창설 이후부터 1990년 이라크의 쿠웨이트 침공 이전까지 안전보장이사회가 헌장 제39조에 의거하여 '평화의 파괴'가 존재한다고 결정한 것은 1950년의 한국전쟁[13] 및 1986년의 포클랜드 전쟁,[14] 단 두 번뿐이었으며, '침략'을 언급한 것도 이스라엘[15]과 남아프리카[16] 사례뿐이었다. 또한 '국제

12) 위의 주, 719쪽.
13) S.C. Res. 82, U.N. Doc. S/RES/82(25 June 1950).
14) S.C. Res. 502, U.N. Doc. S/RES/502(3 April 1982).
15) S.C. Res. 573, U.N. Doc. S/RES/573(4 October 1985).

평화와 안전에 대한 위협'이 존재한다고 결정한 것은 일곱 번을 넘지 않았다. 사실상 이 기간중 발생한 크고 작은 무력충돌의 대부분은 헌장 제7장을 통해 규제되지 않았다.[17] 또한 이라크 사태 이전의 군사조치에 대해 명시적으로 제42조를 언급한 적은 단 한 번도 없었다.[18]

강제조치의 행사에 있어서도 문제가 있다. 유엔헌장은 제41조에서 위반국에 대한 경제 관계 및 철도, 항해, 항공, 우편, 전신, 무선통신 및 다른 교통통신 수단의 전부 또는 일부의 중단과 외교관계의 단절을 포함하는 비군사적 강제조치를 규정하고 있다. 그러나 비군사적 강제조치는 결국 그 실효성이 각 회원국의 이행 여하에 달려 있다는 제약이 있다. 군사적 강제조치에 있어서도 같은 문제가 제기된다. 유엔헌장에 따르면 군사적 강제조치는 특별협정에 기초한 '유엔군'이 담당하도록 되어 있는데 오늘날까지 특별협정에 기초한 유엔군이 결성된 예가 없으며, 앞으로도 이를 기대하기란 사실상 어렵다.

---

16) S.C. Res. 387, U.N. Doc. S/RES/387(31 March, 1976); Res. 568, U.N. Doc. S/RES/568(21 June 1985).

17) P. Malanczuk, *Akehurst's Modern Introduction to International Law*, 7th revised ed.(London: Routledge, 1997), p.391. 예를 들어, 1960년대 미국의 베트남전에 대해 유엔 총회나 안전보장이사회에서 아무런 조치를 취하지 않았으며, 소련의 아프가니스탄 간섭(1979~1989)도 안전보장이사회에서 다뤄지지 못했다.

18) J. Frowein & N. Krisch, "Article 42," in B. Simma(ed.), *Charter of the United Nations: A Commentary* (Oxford: Oxford University Press, 1995), p.751. 한국전쟁 당시에도 안전보장이사회는 유엔헌장 제51조상의 집단안보에 근거하여 남한에 대한 국가들의 지원을 권고하고 있을 뿐이다(S/RES/ 84(1950)).

(2) 무력사용을 포함한 보호책임 이행을 위한 보완책

1) 안전보장이사회의 거부권 문제

5개의 상임이사국을 포함한 15개국으로 구성된 안전보장이사회는 상임이사국에게만 거부권을 주고 있다. 거부권이 제27조에 명시된 바는 아니지만, 실질적인 문제에 있어서 5개의 상임이사국 동의를 포함한 9개국의 찬성을 요한다는 규정은, 곧 상임이사국 일국이 전체의 결의 채택에 영향을 미칠 수 있다는 것을 의미한다.[19][20] 따라서 보호책임의 안전보장이사회에서의 이행을 위해서 「ICISS 보고서」는 안전보장이사회의 거부권을 이 원칙의 이행에 있어서는 제한해야 한다고 주장하면서 상임이사국은 자국의 중대한 이해관계가 개입되어 있지 않는 경우 거부권을 행사할 수 없으며, 보호책임의 군사적 개입을 승인해야 할 의무가 있다고 보았다.[21]

그동안 안전보장이사회는 이러한 문제들을 해결하는 데 있어서 일관성을 유지하지 못하였으며, 효과적으로 문제를 다루지도 못하였다. 이제까지의 관행으로 보아 안전보장이사회의 대응은 대부분 늦거나, 주저하거나 또는 이루어지지 않았다. 「ICISS 보

19) M.N. Shaw, *International Saw*, 5th ed.(Cambridge: Cambridge University Press, 2003), p.1084. 유엔헌장 제27조:
1. 안전보장이사회의 각 이사국은 1개의 투표권을 가진다.
2. 절차사항에 관한 안전보장이사회의 결정은 9개 이사국의 찬성투표로써 한다.
3. 그 외 모든 사항에 관한 안전보장이사회의 결정은 상임이사국의 동의 투표를 포함한 9개 이사국의 찬성투표로써 한다. 다만, 제6장 및 제52조 3항에 의한 결정에 있어서는 분쟁 당사국은 투표를 기권한다.

20) 관행에 있어, 거부권은 냉전기간 동안 주로 구 소련이 행사하였으나 최근에는 미국의 거부권행사가 눈에 띄게 증가하고 있다. Shaw, *ibid.*, pp.1084-1085.

21) 「ICISS Report」, p. XIII.

고서」는 인권보호 목적의 군사적 개입을 위한 결의 채택의 경우에는 상임이사국이 거부권을 행사하지 않기로 합의하는 것이 매우 중요하다고 보았다.[22] 이 문제는 유엔 고위급패널에서도 논란의 대상이 되었으며, 집단살해와 대규모의 인권침해의 경우에는 상임이사국들이 거부권행사를 자제해 줄 것을 촉구하는 내용이 언급되었다.[23] 하지만 세계정상회의에서는 이 문제가 논의조차 되지 않았다는 점은 우리에게 시사하는 바가 크다. 이는 결국 안전보장이사회의 상임이사국들은 여전히 정치적으로 비중이 큰 거부권을 포기하지 않겠다는 의미로 해석될 수밖에 없을 것이며, 그로 인하여 안전보장이사회가 보호책임 이행을 위한 역할에 실패할 경우 그 대안은 계속 모호한 상태로 남을 것이다.

2) 유엔헌장 제24조 'primary responsibility'의 해석 문제

보호책임을 이행하기 위한 조치로서 무력사용이 가능한가의 여부는 무력사용을 금지한 유엔헌장 제2조 4항과 국제평화와 안전의 유지를 위한 책임을 안전보장이사회에 부여한 제24조와 직접 관련된다. 문제는 국제평화와 안전의 유지를 위한 안전보장이사회의 권한이 배타적이고 전속적인 것인가 여부이다.[24] 만약 무력사용의 허용에 관한 결정권한이 안전보장이사

---

22) 「ICISS Report」, p.75, "That the Permanent Five members of the Security Council should consider and seek to reach agreement not to apply their veto power, in matters where their vital state interests are not involved, to obstruct the passage of resolutions authorizing military intervention for human protection purposes for which there is otherwise majority support."

23) 「A More Secure World」, para. 256, "We also ask the permanent members, in their individual capacities, to pledge themselves to refrain from the use of the veto in cases of genocide and large-scale human rights abuses."

회의 배타적이고 전속적인 권한이라면, 안전보장이사회의 결정이 있어야만 무력조치를 포함하는 보호책임을 이행할 수 있다. 이러한 문제는 제24조의 'primary responsibility'의 해석과 관련된다.

이 문구는 단지 안전보장이사회가 유엔의 다른 내부기관과의 관계에서 '우선적' 권한을 행사함을 인정하는 것으로, 안전보장이사회가 배타적이고 독점적인 권한을 행사하는 것으로 이해할 필요는 없다고 보인다.[25] 다만, 우리가 현대국제법상 무력사용은 유엔헌장의 정신과 규정에 부합하여야 한다는 대명제를 아무런 문제없이 받아들인다면 유엔헌장 제39조에 따라 안전보장이사회에 부여된 권한은 인정되어야 하고, 특히 무력을 수반하는 조치를 취함에 있어 안전보장이사회의 우선적 역할은 당연히 인정되어야 할 것이다. 이러한 맥락에서 「ICISS 보고서」와 유엔의 주요 문서들 또한 모두 보호책임을 이행하기 위한 무력개입 여부의 결정에 관한 한 안전보장이사회에게 우선적 권한이 있음을 인정하고 있다.

---

24) J. Delbrück, "Art. 24" in Bruno Simma(ed.), *The Charter of the United Nations: Commentary*, 2nd ed., Vol. I(Oxford: Oxford University Press, 2002), pp.446-447.

25) *Ibid.*, p.447; G. Gaja, "The Long Journey towards Repressing Aggression," in A. Cassese, P. Gaeta & J.R.W.D. Jones(eds.), *The Rome Statute of the International Criminal Court: A Commentary*(Oxford: Oxford University Press, 2002), pp.432-434. 국내학자 중 김대순 교수 역시 "… 헌장 제24조 1항은 안보리에 "국제평화와 안전의 유지를 위한 1차적 책임"을 부여하고 있는데, 그렇다면 안보리가 이 같은 ('배타적'이 아닌) '1차적' 책임을 수행하는 경우 …" 라고 언급하고 있다(* 밑줄은 필자에 의한 것임). 김대순, 『국제법론』, 제14판(삼영사, 2009), 1146쪽.

3) 무력조치를 위한 유엔 총회의 이차적 권한 인정 여부

그렇다면 안전보장이사회의 역할 실패에 대한 대안으로 유엔 총회를 거론할 수 있을까. 역사적으로 볼 때 국제사회의 평화와 안전을 위한 안전보장이사회의 활동은 미국과 구소련이란 두 강대국의 충돌과 대립으로 말미암아 그 설립의 의의와 기대에 미치지 못하였다는 평가가 주를 이루었으며, 그 결과 유엔 총회와 유엔 사무총장의 이 문제에 대한 보조적인 권한과 역할이 강조되기도 했다.[26]

실제로 유엔 총회는 과거 냉전시기에 안전보장이사회가 미국과 구소련의 패권 싸움으로 기능이 마비되었을 때, 1950년 11월 3일 '평화를 위한 단결'(Uniting for Peace, 결의 제377(V)호)을 채택한 바 있다.[27] 이 결의는 평화에 대한 위협, 평화의 파괴 또는 침략행위가 존재한다고 판단되는 경우에 안전보장이사회가 거부권의 행사 때문에 그 책임을 다하지 못할 때에는 안전보장이사회를 대신하여 유엔 총회가 국제평화와 안전의 유지 또는 회복을 위하여 집단적 조치를 취하도록 회원국에게 권고할 수 있다는 취지이다.[28] 실제로 이 결의에 근거하여 이루어

---

26) Shaw, *supra* note 19, pp.1086-1087.

27) "Uniting for peace," G.A. Res. 377(V), U.N. GAOR, 5th Sess., Supp. No. 20, 302d plen. mtg., U.N. Doc. A/1775(1950).

28) *Ibid.*, A(1): "1. Resolves that if the Security Council, because of lack of unanimity of the permanent members, fails to exercise its primary responsibility for the maintenance of international peace and security in any case where there appears to be a threat to the peace, breach of the peace, or act of aggression, the General Assembly shall consider the matter immediately with a view to making appropriate recommendations to Members for collective measures, including in the case of a breach of the peace or act of aggression the use of armed force when necessary, to maintain or restore international peace and security."

진 행동으로는 1956년 유엔 총회에 의한 중동지역 휴전을 감시할 유엔긴급군(UNEF; United Nations Emergency Force) 창설, 1960년 유엔 사무총장의 주도하에 콩고에 파견하는 유엔군(ONUC; Opération des Nations Unies au Congo) 창설 등을 들 수 있으며, 이 밖에도 이 결의가 언급된 예로서 방글라데시(1971), 아프가니스탄(1980), 나미비아(1981), 팔레스타인(1980-82) 문제 등을 들 수 있다.[29)]

따라서 보호책임의 경우에도 안전보장이사회의 역할이 마비되는 경우, 이론적으로는 유엔 총회가 대신할 수 있다는 형식적 결론은 도출 가능하다. 하지만 실질적으로 따져본다면 유엔 총회가 주도한 행동들은 유엔체제 내의 권한 분배의 우려를 의식한 안전보장이사회 상임이사국들에 의해 심한 견제를 받았을 뿐만 아니라, 결의 제377(V)호가 국제평화와 안전의 유지에 관하여 그다지 큰 영향을 미치지 못했다는 평가가 지배적이며, 절차적인 문제로서 유엔 총회 결의 채택을 위해 출석하여 투표하는 회원국의 2/3의 찬성 및 논의의 지연 우려 등의 문제를 감안할 때 그 전망이 썩 밝은 것은 아니다.

4) 또 다른 대안으로서 지역기구

다른 대안으로서 지역기구가 보호책임의 이행과정에서 주된 역할을 담당하는 방법을 생각해 볼 수 있다. 지역기구를 통한 분쟁의 평화적 해결의 경우에는 유엔헌장 제52조에 의거, 충분히 가능하다. 하지만 보호책임의 대응책임 단계에서 군사력이 개입되는 강제조치의 경우는 유엔헌장 제53조에 따르면 “안전

29) Shaw, *supra* note 19, pp.1152-1153.

보장이사회의 허가 없이는 어떠한 강제조치도 지역적 협정 또는 지역적 기관에 의하여 취하여져서는 아니 된다"고 못박고 있기 때문에 결국 유엔체제 내에서 보호책임을 이행하는데 실패할 경우 현재의 국제법 틀 내에서 이를 대체할 다른 방법을 강구하기란 어렵다.

(3) 정치적 의지의 부재에 관한 문제

집단살해, 인도에 반한 죄, 전쟁범죄 등 심각한 인권침해의 상황이 발생하였을 경우 안전보장이사회는 제39조에 따라 평화에 대한 위협, 평화의 파괴 또는 침략행위의 존재 등을 결정하여 제40조, 제41조 또는 제42조상의 조치를 취할 수 있으며, 유엔헌장 제7장에 따라 이루어지는 안전보장이사회의 조치는 유엔 회원국을 구속한다. 그러나 유엔헌장의 규정을 실제로 이행함에 있어 많은 문제가 드러났다. 이는 유엔헌장의 규정 자체가 현실과 맞지 않는 부분도 있었지만, 더 큰 문제점은 1999년 르완다 사태 당시 유엔 총회 보고서에서 Kofi Annan 유엔 사무총장이 지적했듯이 국가들의 '정치적 의지'의 부족이었다.[30]

제42조에 따르면, 안전보장이사회는 제41조에 규정된 비군사적 제재조치가 불충분한 것으로 인정되는 경우, 유엔 회원국의 공군・해군 또는 육군에 의한 시위・봉쇄 및 다른 작전을 취할 수 있다. 이러한 군사적 제재조치는 유엔헌장 제43조에 따라

30) S/1999/1257, "Letter dated 99/12/15 from the Secretary-General addressed to the President of the Security Council(Independent Inquiry into the Actions of the United Nations during the 1994 Genocide in Rwanda)" (New York: UN, 16 Dec. 1999).

회원국과의 특별협정을 체결하여 회원국이 제공하는 병력에 의한다. 그러나 실제에 있어 제43조상의 특별협정이 이제까지 체결된 사례가 없다. 때문에 그동안 안전보장이사회는 전쟁에 관여하는 국가들의 무력을 승인하는 방식으로 진행되었다.[31]

이러한 정치적 의지의 부족으로 생기는 문제점과 우려는 보호책임에 있어서도 마찬가지일 것이다. 보호 '책임'으로 지칭되기는 하지만, 사실상 개입이 필요한 상황에서 국가가 아무런 조치를 취하지 않는 경우 이를 강제할 방법이 현 국제법에서는 존재하지 않는다. 보호책임이 실질적으로 기능할 것인지의 여부는 안전보장이사회가 향후 발생할 인도적 위기상황에서 이를 예방하고 중지시키기 위한 국가들의 정치적 행동의지를 어떻게 효율적으로 신속히 모을 수 있느냐의 여부에 달려 있다고 해도 과언은 아닐 것이다.[32]

---

31) 예를 들어, 1990년 이라크에 의한 쿠웨이트 침공 사태와 관련하여 안전보장이사회는 결의 제678호에서 '쿠웨이트 정부와 협력하는 회원국들에게 안전보장이사회 결의 제660호와 그 후의 모든 관련 결의를 통해 무력사용을 지지하였고, 이 지역에서의 국제평화와 안전을 회복하기 위하여 필요한 모든 수단을 사용할 권한을 부여'하는 결의를 채택함으로써 유엔연합군을 별도로 마련하여 무력조치를 취하는 방식이 아닌 관련 국가들의 무력사용을 허용하는 방식을 택했다. 박기갑, "이라크의 쿠웨이트에 대한 무력침략과 국제법상의 문제점," 『국제법률경영』, 통권 제6호(1991. 1), 101-120쪽; 박기갑, "걸프사태에 관한 소고(II)," 『전환기의 국제관계법』, 김찬규박사 화갑기념논문집(법문사, 1992), 541-564쪽. 이후에도 소말리아 사태(안전보장이사회 결의 제794호, 1992년), 르완다 사태(안전보장이사회 결의 제929호, 1994년), 아이티 사태(안전보장이사회 결의 제940호, 1994년) 등에서 '필요한 모든 수단을 사용'하도록 국가들에게 허용하는 방식으로 유엔헌장상의 군사적 조치를 대신해 왔다.

32) '정치적 의지'와 관련된 내용은 제3장 IV. 1. 예방책임 부분 참조.

Ⅲ. 유엔 집단안전보장체제에서의 보호책임의 이행(2) –유엔 평화유지활동과 보호책임

1. 평화유지활동의 의의와 법적 근거

평화유지활동(Peace-keeping Operations: PKO)은 유엔의 집단안전보장체제에서 가장 실질적이고 핵심적인 역할을 수행하고 있다. 평화유지활동은 냉전기의 안전보장이사회 기능의 마비와 유엔 상비군 부재로 인한 실질적 능력을 보장할 수 없는 상태에서 가장 현실적인 분쟁 관리의 방법으로 발전하였지만, 사실 평화유지활동은 유엔헌장에 명문의 근거를 가지고 있지 않다. 일찍이 Dag Hammarskjold는 평화유지활동을 제6장의 분쟁의 평화적 해결과 제7장의 강제조치의 중간이라는 개념하에 제6.5장이라고 하였다.[33] 그렇다면 평화유지활동의 법적 근거는 어디서 찾을 수 있는가? ICJ는 *Certain Expenses of the United Nations case*의 권고적 의견에서 유엔의 평화유지활동은 유엔의 목적인 평화와 안전의 유지를 위한 행위이므로 월권행위가 아니라고 판단하였다.[34] 실제 안전보장이사회와 유엔 총회는 평화유지활동의 승인을 위한 결의에서 구체적인 법적 근거를 명시하고 있지 않다. 이에 관하여 학자들은 안전보장이사회의 결의의 경우 유엔헌장 제7장의 제40조 또는 헌장 제6장의 제36

33) *Blue Helmets: A Review of United Nations Peacekeeping*, 2nd ed.(UN, 1991), p.5.

34) *Certain Expenses of the United Nations*, ICJ Reports 1962, p.151.

조에 근거하고 있다고 주장하기도 하며, 유엔 총회의 경우 헌장 제11조 및 제14조가 근거가 된다고 주장하기도 한다.[35] 요컨대 평화유지활동은 유엔헌장을 제정할 당시에는 고려되지 않은 집단안전보장조치였으나, 냉전이라는 국제정치상황에 적응하여 유엔이 기능을 수행하기 위한 하나의 방편으로 고안된 것이라고 할 수 있다. 그러나 실제 평화유지활동의 다양한 양상에 따라 평화적 조치와 강제적 조치의 이분법으로 나누기 어려워짐에 따라 평화유지활동의 법적 근거를 헌장의 구체적인 규정보다는 전반적인 목적에서 나온다고 보는 것이 나을 것이다.

전통적으로 평화유지활동은 분쟁발생지역에서 유엔이 오직 평화를 회복하고 유지함을 목적으로 접수국의 합의에 기초하여 조직되는 유엔평화유지군(United Nations Peacekeeping Forces)에 의한 비무력적 활동으로 정의되었다. 이러한 정의에 따라 평화유지활동의 가장 중요한 원칙을 다음과 같이 도출할 수 있을 것이다. 즉, 평화유지활동은 분쟁 당사국의 동의원칙, 중립의 원칙, 비강제의 원칙, 대표성의 원칙, 자발성의 원칙을 기본으로 하고 있다.[36] 그러나 이러한 원칙들도 평화유지활동이 1948년부터 오늘날까지 60여년간 발전함에 따라 함께 변화하였다.[37] 아래에서 살펴보겠지만, 평화유지활동의 범위가 평화유지뿐만 아니라 평화강제 활동으로 확대·강화함에 따라 유엔헌

35) J. H. Paik, "Legal Aspect of United Nations Peacekeeping: with Particular Reference to Domestic Law and Practice of Korea," 「서울국제법연구」, 제3권 제2호(1996), 69-70쪽 참고.

36) M. Goulding, "The Evolution on United Nations Peacekeeping," 69 *International Affairs* 451(1993), p.455.

37) 최초의 평화유지활동은 1948년 UNTSO(United Nations Truce Supervision Organization)이다.

장 제7장에 따른 강제조치의 경우에는 국가의 동의를 요하지 않으며, 자위 이외에도 무력을 사용할 수 있다.

2. 유엔 평화유지활동의 내용

유엔 평화유지활동은 발전과정에 있어 크게 3단계로 나누어 볼 수 있다.[38] 먼저 1948년부터 1956년까지 진행된 제1세대 평화유지활동은 유엔 평화유지활동의 기본개념이 형성된 시기라 할 수 있다. 이 시기의 평화유지활동은 교전 당사자간에 휴전 또는 정전이 성립되었을 경우에 유엔이 이를 준수하도록 감시함으로써 분쟁의 확대를 막는 역할에서 출발하였다. 이러한 예의 평화유지활동은 유엔 예루살렘 정전감시단(UN Truce Supervision Organization: UNTSO)과 인도-파키스탄 유엔정전감시단(UN Military Observer Group in India and Pakistan: UNMOGIP)이 있다. 그러나 유엔은 1956년 수에즈사태 때 유엔의 군감시단만으로는 사태 완화에 큰 도움이 되지 않는다는 것을 인지하고 처음으로 무장병력을 파견하였다. 요컨대 이 시기의 유엔 평화유지활동은 분쟁지역에서 최소한의 군사적 충돌만이라도 정지시킴으로써 평화창설의 환경을 조성한다는 목적하에 중립적인 제3자가 평화적인 조치 또는 최소한의 군사적 성격의 활동만을 통해 분쟁을 예방·중재·해결하려는 전통적인 평화유지활동을 말한다.

제2세대 평화유지활동은 냉전 이후, 임무부여의 근거로 제7

38) T. Findlay, *The Use of Force in UN Peace Operations* (Oxford: Oxford University Press, 2002).

장이 원용됨에 따라 평화유지가 아닌 평화강제(peace enforcement)의 역할을 수행함에 따라 평화유지활동이 다원화된 시기이다. 냉전이 종식됨에 따라 그 동안 이데올로기 갈등에 억눌려 있던 종교, 인종, 민족자결권과 같은 국가 내부의 문제들이 발생함에 따라 기존의 전통적 평화유지활동만으로는 새로운 분쟁해결에 대처하기가 어려웠다. 이러한 상황에 맞춰 유엔 평화유지활동도 그 임무가 다원화되고 확대되었다. 예를 들어 군사적 기능으로 휴전감시, 완충지대, 침투방지, 교전 당사자 무장해제, 인도적 구호활동 지원, 지뢰 제거, 내란 방지 등 정치·행정적 기능으로서 법질서 유지, 정치적 독립 지지, 정부수립 지원, 치안유지, 일시적 행정통치, 선거진행 감시, 인권협정 이행 확인과 민간적 차원에서 인도적 자원의 제공, 난민이동 감독 및 지원, 신뢰구축조치 지원, 경찰 훈련 등이다. 이렇게 확대된 유엔 평화유지활동은 1992년 Boutros Boutros-Ghali의 「평화를 위한 과제 보고서」(An Agenda for Peace-Preventive diplomacy, peacemaking and peace-keeping)에서 더 광범위하게 정의되었으며, 분쟁이 예상되는 지역에 유엔군을 배치하여 무력분쟁의 발발을 막을 수 있다는 개념의 예방적 배치(preventive deployment)가 제시되었다.[39] 1995년 마케도니아 국경지역 안정을 위해 배치된 유엔 마케도니아예방배치군(UN Preventive Deployment Force in the Former Yugoslav Republic of Macedonia: UNPREDEP)이 그 대표적인 예이다. 이러한 예방적 배치는 일반

39) Boutros Boutros-Ghali, "An Agenda for Peace-Preventive diplomacy, peacemaking and peace-keeping," A/47/277-S/24111, 17 June 1992, Report of the Secretary-General pursuant to the statement adopted by the Summit Meeting of the Security Council on 31 January 1992. paras. 28-32.

적으로 유엔 평화유지활동이 분쟁 종료후 평화 회복 내지는 유지 과정에서 투입되고 있음을 고려해 볼 때 매우 새로운 시도였다.

제3세대 평화유지활동은 기존의 제2세대 평화유지활동의 평화강제(peace enforcement)의 임무를 강화하여 당사자의 동의의 문제, 무력사용금지원칙에 자기방위시에만 무력사용을 허용하도록 하는 평화유지활동에 있어서의 제한을 필요에 따라서는 헌장 제7장에 의거하여 이를 일부 허용하도록 하는 강화된 강제적 성격을 갖는다.

3. 유엔 평화유지활동에 보호책임이 미치는 영향

(1) 유엔 평화유지활동의 문제점

유엔평화유지군은 분쟁지역에 주둔하여 평화유지의 역할을 수행함으로써 그 지역의 갈등을 완화하고 대화와 협상을 통해 분쟁해결에 이르도록 돕는데 중요한 역할을 수행해 왔다. 이러한 평화유지활동은 국제안보와 분쟁중인 지역의 평화와 안전을 회복·유지하기 위해 국제사회가 취하는 활동으로서 군사적 강제력을 행하지 않는 군인들에 의해 수행된다.[40] 유엔 평화유지활동은 헌장상의 집단안보체제가 제대로 작동하지 않는 상황에서 유엔이 국제평화를 유지하기 위하여 시도한 대안으로서 가장 널리 알려져 있고, 가장 효과적이라 할 수 있다.[41] 그러나

40) O. Ramsbotham & T. Woodhouse, *Encyclopedia of International Peace-keeping Operations* (Santa Barbara ABC-CLIO, 1999), p.11.

41) C. Gray, "Peacekeeping After the Brahimi Report: is There a Crisis of

이러한 유엔평화유지군의 활동이 얼마나 성공적이었느냐에 대한 회의적인 비판이 존재해 왔고, 무엇보다 분쟁의 재발을 막지 못했다는 측면에서 근본적인 분쟁해결에는 실패해 왔다는 지적이 있었다.[42] 예를 들어, 유엔 캄보디아 과도행정기구(UN Transitional Authority in Cambodia: UNTAC)는 4개 정파의 무력충돌을 억제하고 유엔 지도하에 비교적 평화적인 선거를 치러냈음에도 불구하고, 결과적으로 분쟁이 재발하고 캄보디아 내부의 갈등도 치유하지 못했다는 비난을 받았다.[43]

특히 집단살해, 반인도적 범죄 및 전쟁범죄를 예방할 의무를 이행함에 있어 과연 평화유지군이 무력을 사용할 수 있는지가 오랫동안 문제되어 왔다. 이는 평화유지군의 비무력적 조치만으로는 더 이상 이러한 심각한 상황을 예방할 수 없다는 인식에서 비롯되었다.[44] 그러나 평화유지활동은 원칙적으로 i) 당사자 동의, ii) 중립의 의무, iii) 무력사용금지라는 원칙하에서만 그 활동이 정당화되었기 때문에 평화유지와 분쟁해결에 있어서는 많은 제약이 따른다. 그렇다면 보호책임의 개념을 유엔 평화유지활동에 도입하는 것이 이러한 제한을 극복할 수 있는 긍정적 방안이 될 수 있는지 검토해 보아야 한다.

(2) 보호책임과 유엔 평화유지활동의 비교

그 동안 논의되어 온 보호책임은 유엔평화유지군 활동의 확

Credibility for the UN?," 6 *J. Conflict & Security L.* 267(2001), p.269.

42) 이신화, 앞의 주 2, 80쪽.

43) 위의 주.

44) S.C. Breau, "The Impact of the Responsibility to Protect on Peacekeeping," 11 *J. Conflict & Security L.* 429(2006), p.430.

대와 다원화 과정에서 발전되어 온 것에서 그 개념뿐만 아니라 이행방식도 유사하다. 그러나 보호책임은 유엔평화유지군과는 다음과 같은 몇 가지 점에서 근본적인 차이점이 발견될 수 있다고 본다.

첫째로, 보호책임은 그 개념상 국제공동체가 개입할 시점에서는 동의의 원칙을 필요로 하지 않는다. 유엔 평화유지활동은 원칙적으로 분쟁 당사국들의 동의가 있어야만 가능하다. 즉, 안전보장이사회 또는 유엔 총회의 동의, 그리고 그 분쟁에 참여하는 국가들의 동의를 전제로 하며 이러한 동의에는 분쟁 당사국이 철수를 요청할 시 이를 수락해야 한다는 동의도 포함되어 있다고 해석된다.[45] 보호책임은 책임 있는 주권국가의 인권유린에 대한 보호의 실패를 기초로 하는 것이다. 따라서 이러한 경우 주권국의 동의를 받는 것은 현실적인 어려움이 따른다. 그렇다면 만일 주권국의 '동의'가 이미 존재한다면 더 이상 간섭의 논의는 제기되지 않을 것인가의 여부에 대해 생각해 볼 필요가 있다. 이는 책임의 이행일 뿐 기존의 원칙을 해하지 않다는 해석이 가능하기 때문이다. 대신 보호책임은 유엔과 국가들의 자신의 책임에 의한 동의를 전제로 할 것이다. 따라서 궁극적으로는 보호책임은 접수국의 동의를 기초로 했던 제한적 평화유지활동을 무한대로 확대하는 역할을 할 수 있다고 생각할 수 있다.

둘째로, 보호책임은 평화유지활동의 비무력사용원칙을 변화시킨다. 평화유지활동은 기본적으로 자위(self-defence)를 제외한 경우에 무력을 사용하는 것을 제한하고 있었다. 평화유지활

45) 유엔긴급군 UNEF-1에 대한 이집트의 요청.

동 요원들은 군인, 경찰, 민간인으로 구성되는데 무기를 휴대할 수 있는 신분은 군인에 제한된다. 그러나 군인 역시 경무장을 원칙으로 하고 있으므로 실제 평화유지활동 수행에 어려움이 제기되기도 하였다. 보호책임은 우선 극단적인 인권침해 상황의 존재를 전제로 한다는 점에서 실제로 자위의 원칙을 변화시켰다고 보기는 어려울 것이다. 어쨌든 '자위의 원칙'에 얽매이지 않게 된다면 보호책임 이행을 위한 평화유지군 활동은 보다 적극적이 될 수 있을 것이다.

셋째로, 보호책임은 평화유지활동의 자발성의 원칙을 변화시킨다. 앞서 설명한 동의의 원칙과 유사한 맥락으로, 평화유지활동은 참여국의 자발적 의사에 의해 구성되며 참여요원 또한 지원자로 충당된다. 평화유지활동에 대한 안전보장이사회와 유엔총회의 결의는 대부분 자발적 참여를 요청하고 있으며, 안전보장이사회의 결의가 구속력이 있다 하여도 평화유지활동에의 참여는 전적으로 개별 국가의 의지에 달려 있다. 이는 실제 평화유지군 활동의 난관으로 제시되고 있는 사항이다. 재원과 능력의 문제를 떠나 대부분 파견 국가들은 파병 동의 반대의 국내정치적 압박으로 인하여 평화유지활동에의 참여가 저조한 실정이다. 어떠한 연유에서건 이미 앞에서 여러 번 강조했듯이 국가들의 정치적 의지의 부재가 주요 원인일 것이다. 한편 보호책임의 경우, 평화유지군 활동의 동의성의 원칙과 마찬가지로 자발성의 원칙은 자신의 책임을 이행하는 것이 되므로, 여기서의 자발성은 이전의 자발성과는 다른 측면임이 분명하다.

Ⅳ. 지역기구 및 개별 국가의 보호책임 이행 문제

1. 유엔의 집단안보와 지역기구 및 개별 국가에 의한 이행의 문제

유엔헌장상의 '지역적 기구'라 함은 평화와 안전의 유지에 있어 분쟁의 해결을 포함하여 넓은 기능들을 수행하도록 의도된 지역적 차원의 상설기구를 말한다. 이러한 지역기구의 예로서 아랍연맹(League of Arab States), 미주기구(OAS), 아프리카단결기구(OAU)와 2001년 이를 대체한 아프리카연합(African Union), 유럽평의회(Council of Europe), 북대서양조약기구(NATO), 유럽안보협력기구(OSCE), 서유럽동맹(Western European Union), 유럽연합(European Union) 등이 있다. 유엔헌장 체제 내에서 분쟁의 평화적 해결과 관련하여 지역적 기구(regional agencies)와 지역적 협정(regional arrangements)이 제6장(분쟁의 평화적 해결) 부분과 제8장(지역적 약정)에서 언급되고 있다.

먼저 유엔헌장 제6장은 평화적 분쟁해결 방법으로 제33조 1항에서는 어떠한 분쟁의 계속이 국제평화와 안전의 유지를 위태롭게 할 우려가 있는 것일 경우, 그 분쟁의 당사자가 지역적 기관 또는 지역적 약정을 이용하여 분쟁을 해결할 수 있도록 규정하고 있다. 따라서 당사자가 지역적 기관 또는 지역적 약정을 분쟁해결 방법으로 선택하였을 경우 지역기구가 이 문제에 관여할 수 있다. 그러나 2항에서는 안전보장이사회가 필요하다고 인정하는 경우 지역적 기관 또는 지역적 약정을 통해 분쟁을 해결하도록 요청할 수 있도록 하고 있어, 안전보장이사회가 개입하는 경우 국가의 동의 없이도 지역기구가 문제해결에 참여할 수 있다. 실제 분쟁해결에 있어서 유엔의 직접적인 개입보다 지역적 특성을 잘 이해하고 있는 지역기구가 나서서 분쟁을 해결하는 것이 더 용이하며, 나은 결과를 가져올 수 있다는 점에서 고무적이라 할 수 있다.

그러나 지역기구에 의한 분쟁의 평화적 해결은 유엔의 개입과 상관없이 독자적으로 이루어질 수 있으나, 분쟁의 해결을 위한 무력적 조치는 안전보장이사회의 승인을 요구한다. 즉, 유엔헌장 제53조에서는 "안전보장이사회는 그 권위하에 취하여지는 강제조치를 위하여 적절한 경우에는 그러한 지역적 약정 또는 지역적 기관을 허용한다. 다만, 안전보장이사회의 허가 없이는 어떠한 강제조치도 지역적 약정 또는 지역적 기관에 의하여 취하여져서는 아니된다"고 규정하고 있다.[46] 즉, 지역기구는 유엔헌장 제53조에 따라 안전보장이사회의 허가가 있는 경우에만 적절한 경우 강제조치를 취할 수 있다.

유엔 평화유지활동에 있어서도 지역기구의 역할은 크다. 당시 Boutros Boutros-Ghali 유엔 사무총장이 "평화를 위한 의제"에서 제안한 유엔에 의한 평화강제가 소말리아와 보스니아 사태에서 실패함에 따라 1995년 1월, 유엔 창설 50주년을 기념

46) 유엔헌장 제8장은 국제평화와 안전의 유지를 위한 지역적 협정 또는 지역적 기관의 존재를 인정하면서도(제52조) "안전보장이사회의 허가 없이는 어떠한 강제조치도 지역적 협정 또는 지역적 기관에 의하여 취하여져서는 아니된다"고 규정한다(제53조). 하지만 실제 사례에서 보듯 안전보장이사회의 허가가 사후에 이루어진 적도 있다. 가령 서아프리카 경제공동체(Economic Community of West African States; ECOWAS)의 Peace Monitoring Group(ECOMOG)이 리베리아(1990), 시에라리온(1997) 등에의 개입사례이다. 자세한 내용은 Shaw, *supra* note 19, pp.932-933 참조.

하면서 '평화를 위한 의제: 보론'(Supplement to an Agenda for Peace)을 발표했다.[47] 그는 이 보론이 '평화를 위한 의제'를 수정하거나 지난 3년간 시행된 유엔 평화유지활동의 구조나 절차에 대해 문제를 삼는 것은 아니라는 점을 분명히 밝히면서도, 대규모의 군사력이 신속하게 동원되어야 할 경우에는 능력의 한계가 있는 유엔보다는 다른 수단을 찾아볼 것을 권고하고 있다.[48] 즉, 유엔이 평화강제활동을 시행하는 것이 아니라 지역기구나 다국적군에 의한 평화강제를 유엔이 권고하도록 하는 방식을 제안하고 있다. 보론이 발표된 이후 다국적 국가나 지역기구가 평화강제임무를 수행하기 시작하였다.[49]

요컨대 분쟁의 평화적 해결에 있어 지역기구의 역할은 그 비중이 매우 크다. 지역기구는, 그러나 비무력적 조치를 통한 평화유지 및 분쟁해결 등에 있어서는 독립적으로 행동할 수 있으나, 무력적 조치의 경우 무력사용 금지의 원칙과 그 예외에 따라 오로지 안전보장이사회가 이를 허가하는 경우나 또는 집단적 자위권을 행사하는 경우에만 그 타당성이 인정된다.

2. 유엔의 승인 없는 보호책임 이행 가능성 여부

지역기구와 개별 국가가 유엔의 승인 없이 보호책임을 이행하는 것은 1999년 코소보 공습에서 보듯이 기존에 일방적인 인

47) Boutros Boutos-Ghali, Supplement to an Agenda for Peace: Position Paper of the Secretary-General on th Occasion of the Fiftieth Anniversary of the United Nations, A/50/60-S/1995/1, 3 January 1995.

48) *Ibid.*, para. 25.

49) 김열수, "유엔 평화강제활동 실패 원인과 실패의 유산," 「신아세아」, 제13권 (2006), 79쪽.

도적 개입이 가지고 있었던 비판으로부터 자유로울 수가 없을 것이다. 지금까지 일방적인 인도적 개입은 아무리 그 명목이 그럴싸해도 국제법상 적법성 여부에 관한 논쟁이 그치지 않았다.[50] 따라서 보호책임과 관련된 마지막 권한의 문제는 과연 보호책임원칙이 개별 국가에게 인도적인 개입을 할 권한의 근거를 주는가이다.

집단안전보장체제는 개별 국가의 무력사용을 제한하고, 안전보장이사회에게 그 권한을 모두 위임함을 그 성립과 존속의 기반으로 한다. 만일, 보호책임의 이행을 안전보장이사회의 권한부여와 관계없이 허용한다면 일방적으로 인도적 개입을 할 수 있는 명목이 될 수 있다는 점에서 오용의 여지를 남겨 두고 있다. 이는 「A More Secure World」에서도 지적되었는데, "세력균형이나 또는 어떤 단일 초강대국—선의의 동기를 가졌다고 하더라고—에 의해 안보가 가장 잘 보존되리라는 개념을 국제적으로 수락하는 것이 명백한 경우는 거의 없다"라고 언급함으로써 일방적인 인도적 간섭에 대한 부정적인 입장을 표시하였다.[51] 다시 말하건대 일방적 개입의 문제는 정당성의 문제 이전에 적법하지 않은 행위로 간주하는 추세가 강하다. 보호책임의 필요성이 강조되고, 또 이 원칙이 국제법상 확립된다 하더라도, 이는 일방적 개입의 근거로 사용되어서는 아니 되며, 또한 적법하지 않은 경우, 그에 대한 정당성을 보장하지도 않음을 명확히 할 필요가 있을 것이다.

일방적인 인도적 개입이 허용될 수 있는지에 대해서는 학자

---

50) A. Jokic(ed.), *Lessons of Kosovo: the Dangers of Humanitarian Intervention* (Broadview, 2003), p.184.

51) 「A More Secure World」, para. 186.

들 간에도 의견이 충돌된다.[52] 그러나 현행 국제법상 일방적인 인도적 개입은 허용될 수 없다는 것이 다수의 견해이며, 이 입장에서는 보호책임에 있어서도 정당한 권한의 부여 없이는 무력사용이 허용될 수 없다고 하겠다. 그럼에도 불구하고 유엔의 승인 없이 지역기구와 개별 국가가 안전보장이사회의 권한 부여와 관계없이 일방적으로 인도적 개입을 행하는 것이 '보호책임'이라는 명목하에 허용될 수 있는 있는지와 그렇다면 그 실익은 무엇인지에 대한 의문이 남는다.

3. 개별적·집단적 자위권을 근거로 한 보호책임의 이행 가능성

개별 국가나 또는 지역기구가 자위권을 근거로 하여 안전보장이사회의 승인 없이 보호책임을 이행할 수 있는가에 대해 의문을 제기해 볼 수 있다. 이 문제는 기존에 인도적 개입의 타당근거를 찾기 위해 국가들이 자위권 행사를 근거로 한 논의와 그 맥을 같이하고 있다.[53]

보호책임의 행사를 위해 유엔 총회는 침략국에 대한 희생국을 방어하기 위해 집단적 자위권(collective self-defence)에 근거하여 무력조치를 취할 수 있도록 국가들에게 권고할 수 있다.[54] 사실

52) M. Evans(ed.), *International Law*, 2nd ed.(Oxford: Oxford University Press, 2006), pp.594-597.

53) U. Beyerlin, "Humanitarian intervention," in: R. Bernhardt(ed.), Encyclopedia of Public International Law, Volume II(1992), p.926 이하 참조.

54) 그러나 이 경우 관련 국가들의 군대를 유엔군으로 볼 수 없다는 견해가 있다 (P. Malanczuk, *Akerhusrst's Modern Introduction to International Law*, 7th revised ed.(London: Routledge, 1997), p.390).

상 안전보장이사회가 제7장상의 강제조치를 취하는 방법으로 지역기구 또는 국가집단의 무력사용을 승인해 주는 행위와 집단적 자위권을 행사하도록 하는 것은 구분이 명확하지 않다.[55]

자위권을 근거로 한 인도적 개입이 문제가 되는 것은 자위권 행사의 요건을 충족하는 상황인가 자체에 대해 논란의 여지가 있기 때문이다. 자위권이 행사될 수 있는 상황만 갖춰진다면 국가는 인도적 개입의 개념을 끌어올 필요가 없다. 이 점은 보호책임에 있어서도 마찬가지이다. 만약 국가들이 자위권행사의 요건만 갖춘다면 자위권을 행사하면 되는 것이지, 안전보장이사회의 승인 없는 보호책임을 이행하기 위해 자위권 개념을 끌어 온다는 것은 논의의 실익이 없다고 하겠다.

V. 소 결

제4장에서는 보호책임이 실제로 어떠한 메커니즘을 통해 이행이 될 수 있는지의 문제를 검토해 보았다. 먼저 유엔의 집단안전보장체제는 무력사용을 포함한 강제조치의 결정에 있어 안전보장이사회에 '우선적' 권한을 인정하고 있으며, 이러한 원칙은 무력사용을 포함한 보호책임의 이행에도 적용되어야 한다. 따라서 보호책임의 이행이 실효성을 확보하기 위해서는 무엇보다 안전보장이사회의 역할이 중요하다. 이 점에서 그 동안 안전보장이사회의 역할 마비의 주원인이 되었던 거부권행사의 자제

---

55) A. Randelzhofer, "Art. 51" in Bruno Simma(ed.), *The Charter of the United Nations: Commentary*, 2nd ed., Vol. I(Oxford: Oxford University Press, 2002), pp.802-803.

가 요구된다.

그럼에도 불구하고 안전보장이사회가 이러한 권한행사에 실패하는 경우 유엔 총회가 '평화를 위한 단결'에서 경험한 바와 같이 유엔 총회 결의를 통해 군사적 행동에 관한 권고를 내림으로써 안전보장이사회를 대신하는 방식을 고려해볼 수 있다. 유엔 총회가 안전보장이사회가 마비되었을 때 가장 적절히 역할을 대체할 기관이기는 하나, 유엔체제 내의 권한 분배의 문제와 유엔 총회 결의 채택과정에서의 지연 가능성 등의 문제도 있다. 또 다른 대안으로써 지역기구를 생각해 볼 수 있는데, 지역기구를 통한 무력조치를 포함하는 보호책임의 이행은 유엔헌장 제53조에 근거하고 있다. 그러나 동 조항은 지역기구가 무력을 사용하는 경우에는 반드시 안전보장이사회의 허가를 요구하고 있어서 독자적인 행동을 할 수는 없다.

보호책임의 이행은 유엔평화유지군 활동을 통해서도 구현될 수 있다. 사실상 지금까지 논의된 보호책임은 유엔 평화유지활동의 개념과 이행방식과 매우 흡사하다. 그러나 보호책임은 개념상으로는 유엔과 평화유지군과는 근본적으로 당사국들의 동의가 필요하지 않다는 점, 무력사용을 통한 적극적 조치를 취할 수 있다는 점, 국가의 의무이행을 강제할 수 있다는 점에서 비교될 수 있으나, 실제 이행에 있어 이러한 개념상 특징들이 어떻게 적용될 수 있을지는 좀 더 지켜보아야 할 것이다.

그러나 다른 무엇보다 중요한 것은 다른 집단적 안보조치들과 마찬가지로 보호책임의 경우도 여전히 국가들의 '정치적 의지의 부재'로 인한 문제로부터 자유로울 수 없다는 것이다. 보호책임의 개념이 확립되고 실행되기 위해서는 결국 국가들의 정치적 의지에 달려 있다고 하겠다.

제 5 장

보호책임의 법적 지위

Ⅰ. 도 입

주지하다시피 보호책임은 2001년 「ICISS 보고서」를 통해 국제사회에 처음 등장한 개념으로 국제사회에서 인식되기 시작한 지 채 10년 정도되었다. 그럼에도 불구하고 보호책임이 국가들에 부여하는 '의무'에 대한 강렬한 인상은 이것이 과연 국제법상 확립된 규범인지에 대한 의문을 불러일으킨다.[1)]

보호책임은 또한 2004년 「A More Secure World」, 2005년 「In Larger Freedom」, 「2005년 세계정상회의결과물」, 「2009년 반기문 유엔 사무총장 보고서」 및 유엔 총회 결의와 안전보장이사회의 결의 등 국제문서에서 여러 차례 언급되었는데, 이러한 문서들이 갖는 법적 성격과 관련하여 보호책임의 법적 지위도 검토해 보아야 할 부분이다. 따라서 이를 위하여 우선 보호책임이 발동되는 상황 내지는 적용범위를 기준으로 협의의 보호책임과 광의의 보호책임 둘로 나누어 간단히 살펴본 후에 국제법의 연원 일반론에 비추어 본 보호책임의 법적 성격을 검토하고자 한다.

---

1) H. Nasu, "Operationalizing the 'Responsibility to Protect' and Conflict Prevention: Dilemmas of Civilian Protection in Armed Conflict," 14 *Journal of Conflict & Security Law* 209(2009). Nasu는 그의 논문에서 "The responsibility to protect is nascent, highly contentious concept."이라고 전제하면서, "The responsibility to protect is a multifaceted concept with slightly different versions envisaged in different documents. The ambiguous and controversial aspects of the concept concern its scope, stage and strength."라고 기술한다 (p.213).

II. 보호책임의 개념과 법적 지위의 관련성

1. 국제법의 연원과 보호책임

국제사법재판소(ICJ) 규정 제38조는 본래 ICJ의 재판준칙을 나열한 것이지만, 국제법의 연원을 명시한 가장 권위 있는 문서로서 인정받고 있다.[2] 이 규정은 재판준칙으로서 조약과 국제관습법 그리고 법의 일반원칙, 이 세 가지를 들고 있다. 아울러 국제법의 흠결시 국제법규의 존재를 발견하고 인식하기 위한 법칙결정의 보조수단으로서의 사법판결과 학설을 언급하고 있다.

'보호책임'이라는 명칭을 가지고 체결된 조약은 아직까지 국제사회에 없다. 일반적인 개념 정의에 따르면 법의 일반원칙은 국제재판에 있어 조약과 국제관습법이 없는 경우에만 법의 흠결을 방지하기 위해 준칙으로 사용되는 것으로, 국가들의 공통으로 적용될 수 있는 법원칙으로 소송기술적인 부분이 크다. 그렇다면 이제 막 생성되기 시작한 보호책임을 법의 일반원칙으로 보기는 불가능할 것이다. 따라서 보호책임이 국제법규범으로 성립하였는지의 여부는 국제관습법으로 인정될 수 있는지

2) R. Bernhardt, "Customary International Law: new and old problems," 19 *Thesaurus acroasium of the Institute of Public International Law and International Relations of Thessaloniki*, SUMMER 1991(Thessaloniki, Greece: Inst. Int'l Pub. L., 1992), p.204; I. Brownlie, *Principles of International Law*, 6th ed.(Oxford: Oxford University Press, 2006), p.3; R. Jennings & A. Watts (eds.), *Oppenheim's International Law*, 9th ed., Vol. I(London: Longman, 1991), p.24.

여부의 판단을 필요로 한다.

2. 협의의 보호책임 v. 광의의 보호책임

우리는 제3장(보호책임의 이론분석)에서 2001년 「ICISS 보고서」와 2004년 「A More Secure World」는 보호책임이 적용될 수 있는 상황을 넓게 파악하는 반면, 2005년 「In Larger Freedom」, 「2005년 세계정상회의결과물」, 「2009년 반기문 유엔 사무총장 보고서」 등은 집단살해, 전쟁범죄, 인종청소 및 인도에 반한 죄와 같이 매우 심각하고 중대한 경우에 한정하여 보호책임이 발동될 수 있도록 해석하고 있음을 보았다. 그리하여 편의상 전자를 '광의의 보호책임', 후자를 '협의의 보호책임'이라고 구별하였다.

만일, 후자인 '협의의 보호책임'을 따를 경우 적용대상이 되는 행위에 대해서 구태여 보호책임이라는 새로운 명목으로 국가들을 구속하지 않아도 이미 강행규범 또는 국제관습법 위반에 해당하기 때문에 국가의 '동의' 여부와 무관하게 처리될 수도 있을 것이다.[3] 따라서 협의의 보호책임 논의는 기존의 강행규범

---

3) 물론 국제관습법의 경우 '집요한 반대자'(persistent objector) 이론에 따라 구속하지 않는다고 보는 입장도 있으나, 실제 국제사회는 지속적 반대자를 국제법의 위반자로 취급한다. 박현석, "'집요한 반대자' 규칙에 대한 집요한 반대," 「국제법학회논총」, 제49권 제2호, 통권 제99호(2004), 75쪽. 한편 ICJ는 2007년 *Bosnian Genocide case* (2007)에서 비록 집단살해에만 국한되었지만, 각 국가는 비단 자신의 영토 내에서 뿐만 아니라 다른 나라의 영토에서의 집단살해를 예방하기 위한 필요한 조치를 취할 의무가 있다고 판시한 바 있다. *Application of the Convention on the Prevention and Punishment of the Crime of Genocide* (Bosnia and Herzegovina v. Serbia and Montenegro), Judgment, ICJ Reports, 2007, para. 431.

또는 국제관습법을 반복 강조하는 역할 이상의 것이 아니라는 평가도 나올 수 있다. 하지만 그렇다고 해서 협의의 보호책임을 논할 법적 실익이 전혀 없는 것은 아니다. 보호책임의 발동 상황을 협의로 파악하더라도 보호책임론은 구체적인 이행체제 측면에서 차이를 보인다. 가령 제노사이드협약과 같은 경우, 실체적 의무만을 규정하고 이 협약을 이행하기 위한 구체적인 입법은 각각의 국가에게 위임하였기 때문에 규범은 존재하나 그 이행이 쉽지 않았다. 그러나 보호책임은 실체적 의무 이외에도 이를 이행하기 위한 메커니즘으로써 유엔체제를 구체적으로 활용하고 있기 때문에 실체적 의무의 구속력을 강화하고 그 실현을 용이하게 할 것으로 보인다.

한편 '광의의 보호책임'에 따를 경우에는 대규모 기아나 자연재해 발생시에도 보호책임의 발동이 가능하도록 상황을 넓게 설정하므로, 실체적 의무에서부터 기존 국제법의 틀 내에 없던 새로운 의무를 부여한다. 즉, '광의의 보호책임'은 '협의의 보호책임' 이외의 상황에서도 보호책임을 적용할 수 있는 상황을 설정하고 있는 것이다. 그런데 문제는 이미 지적하였듯이, 새롭게 제기되는 의무 영역이기 때문에 아직 그 구체적 상황에 대한 범위 설정과 구체화가 미흡하다는 내재적 한계가 존재한다.

그러나 보호책임은 이미 언급한 바와 같이 독립적인 연구기관인 ICISS가 발표한 보고서에서 소개되어 고위급패널 보고서에서 채택이 되고, 이 보고서가 유엔 총회에서 채택이 됨에 따라 유엔 총회 결의의 한 부분을 이루게 되었다. 그리고 유엔 사무총장의 보고서 및 권고가 발표됨에 따라 국제사회에서 무시하지 못할 제도로 자리잡아가고 있는 것은 아닌가라는 주장이 제기될 수도 있다. 이러한 주장에 힘이 실릴 수 있는 또 다른 이유로서 유엔 회원국에게 구속력을 행사하는 안전보장이사회의 결의에서도 보호책임이 언급됨으로써 단순한 정치적 구호나 정책적 목표가 아닌 일종의 넓은 의미에서의 규범적 가치를 가진 개념이 되었다는 주장도 나올 수 있다. 그러나 보호책임이 형식적이고 엄격한 의미에서의 국제법으로서 형성되었는지, 아니라면 앞으로 국제법으로 발전할 가능성이 있는지는 여전히 의문이다.[4)]

이하에서는 국제법의 연원에 대한 검토를 통해 현 시점에서의 보호책임의 국제법상 지위를 살펴볼 것이다. 이를 위해 조약과 국제관습법과 같은 일반적으로 인정되는 국제법의 연원뿐만 아니라 soft law 이론의 검토를 통하여 보호책임의 규범적 가치를 살펴보기로 한다. 아울러 검토하는 사람마다 조금씩 뉘앙스가 달라지겠지만, 필자는 보호책임이 발동될 수 있는 적용대상 내지 상황을 어떻게 파악하는가에 따라 크게 협의·광의의 보호책임론으로 구별하고 있다. 법적 성격에 관한 한, 적용대상이 되는 행위를 협의로 파악하는 이른 바 '협의의 보호책임'의 경우 실체적 측면은 이미 강행규범 내지 국제관습법에 의해 규율되므로 큰 문제는 없다고 보지만 그 이행체제, 즉 절차적 측면의 법적 성격의 검토는 남아 있다. 한편 적용대상을 확대시켜 국가들에게 새로운 의무를 창설하려는 '광의의 보호책임'의 경우는 실체적 측면뿐만 아니라 절차적 측면 모두 과연 현실적 규범력을 갖는지 여부 및 향후 전망에 관해 검토 대상이 된다.

4) Société française pour le droit international, *La Responsabilité de protéger, Colloque de Nanterre* (Paris: Editions Pedone, 2008).

Ⅲ. 전통적 국제관습법 이론과 보호책임의 규범성

1. 전통적 국제관습법의 이론

국제관습법과 관련하여서는 ICJ규정 제38조 제1항 (나)에서 "법으로 수락된 일반관행의 증거로서 국제관습"(international custom, as evidence of a general practice accepted as law)을 ICJ의 재판준칙으로 명시하고 있다. 이에 근거하면 국제관습법이 성립하기 위해서는 첫째, 일반관행이 존재하여야 하고, 둘째 이러한 관행이 법으로 수락되어야 한다. 이와 같이 국제관습법 형성에 있어 일반관행(general practice)과 법적 확신(*opinio juris*) 두 가지를 요건으로 하는 것이 전통국제법의 견해이며 현재 다수설이다.

(1) 일반관행의 존재 여부

ICJ의 판례에 따르면 국가들의 개별 관행이 일반관행으로 확립되기 위해서는 국가관행이 '광범위하고 실질적으로 통일적'이어야 한다.[5] 즉, 개별 국가의 관행이 일반관행이 되기 위해서는 관행의 지속성, 관행의 통일성, 관행의 일반성이 충족되어야

5) *North Sea Continental Shelf case* (Federal Republic of Germany/Denmark; Federal Republic of Germany/Netherlands), ICJ Reports, 1969, p.43 (para. 74); *Military and Paramilitary Activities in and Against Nicaragua case* (Nicaragua v. United States of America)(merits. 1986), ICJ Reports, 1986, p.98(para. 186).

한다.6)

먼저, 관행의 반복에 있어 대다수의 견해는 일회적 행위로는 국제관습법이 형성될 수 없으며 어느 정도의 반복이 필요하다고 보고 있다. 따라서 어떤 행위가 관행으로 성립되기 위해서는 일정한 시간이 요구된다. 일반적으로 관행이 성립되기 위해서는 오랜 기간이 필요하다고 보고 있으나, 어느 정도의 시간이 요구되는지 여부를 정한다는 것이 사실상 불합리하며, 사건에 따라 그리고 일반관행의 다른 요건들을 함께 고려하여 적정한 시간을 판단해야 할 것이다. 이와 관련하여 ICJ는 *North Sea Continental Shelf case*(1969)에서 관행이 형성되는 동안 특별히 이해관계를 갖는 국가들을 포함한 국가들의 관행이 광범위하고 실질적으로 통일되었다면 짧은 기간에도 국제관습법이 형성될 수 있다고 보았다.7) 따라서 실제 국제관습법의 형성에 있어 시간적 요소는 부차적이며, 국제관습법 형성을 결정하는데 있어 중요한 요소가 되지 못한다.8)

---

6) A. Cassese, *International Law*, 2nd ed.(Oxford: Oxford University Press, 2005), pp.157-160.

7) *North Sea Continental Shelf case*, *supra* note 5, p.43(para. 74): "Although the passage of only a short period of time is not necessarily, or of itself, a bar to the formation of a new rule of customary international law on the basis of what bras originally a purely conventional rule, an indispensable requirement would be that within the period in question, short though it might be, State practice, including that of States whose interests are specially affected, should have been both extensive and virtually uniform in the sense of the provision invoked;-and should moreover have occurred in such a way as to show a general recognition that a rule of law or legal obligation is involved."

8) I. Brownlie, *The Rule of Law in International Affairs: International Law at the fiftieth Anniversary of the United Nations*(The Hague: Martinus Nijhoff. Publishers, 1998), p.19.

다음으로 국제관습법이 성립되기 위해서는 관행의 통일성이 요구된다. ICJ는 *Asylum case*(1950)에서 국제관습법을 원용하는 당사국이 그러한 관행이 "지속적이고 통일된"(constant and uniform usage) 관행이어야 한다고 언급하였다.[9] 이 때 완전한 통일성을 요구하는 것은 아니며 '실질적'으로 통일적이면 된다.[10]

마지막으로 관행의 일반성이 요구되는데, 국가들의 참여 정도는 관행의 형성에 있어 중요하다. 국가의 관행은 적극적인 행동뿐만 아니라 승인, 묵인 등 소극적 행동으로도 가능하다.[11] 그렇다면 얼마나 많은 국가의 참여가 있어야 관행의 일반성이 충족될 수 있겠는가. 국제법상 일반관행의 성립에 필요한 국가의 수가 정해져 있는 것은 아니며, 문제가 된 상황에 따라 판단되어야 할 부분이다. ICJ는 *North Sea Continental Shelf case* (1969)에서 1958년 대륙붕에 관한 제네바협약상의 경계설정원칙이 국제관습법으로 확립되기 위해서는 '매우 광범위한' 참여가 필요함을 판시하였다.[12]

이러한 일반관행의 증거로서 추정되는 국가의 실행은 외교서한, 정책성명, 국내법, 국내재판소의 판결, 행정기관의 결정과

9) *Asylum case* (Colombia/Peru), ICJ Reports 1950, p.276.

10) *North Sea Continental Shelf case*, *supra* note 5, p.43(para. 74).

11) M. Akehurst, "Custom as a Source of International Law," 47 *Brit. Y.B. Int'l L.* 1(1974-1975), p.16.

12) *North Sea Continental Shelf case*, *supra* note 5, p.42(para. 73): "With respect to the other elements usually regarded as necessary before a conventional rule can be considered to have become a general rule of international law, it might be that, even without the passage of any considerable period of time, a very widespread and representative participation in the convention might suffice of itself, provided it included that of States whose interests were specially affected."

조치, 조약과 그 밖의 국제문서의 수락과 조약 초안에 대한 국가의 입장 표명 등이 있으며, 또한 국제기구 내에서 국가들의 실행으로 국제기구의 결의 등도 포함된다. 이러한 실행에 관하여, 단순한 의사표시에 머물지 않고 그러한 의사에 합치하는 행위(act)로서 실제 활동이 수반되었을 경우에만 일반관행의 증거가 될 수 있다고 보는 견해도 있다.[13] 예를 들어 위반에 대한 나포・억류・처벌이나, 외국에 대하여 그 이행을 강제하기 위한 규제조치의 행사라든가, 외교교섭 또는 국제재판에서의 청구 등이다.[14]

그러나 관련된 국가실행이 모순되고 불일치를 보이는 등 현행 국제법의 내용이 불확정적일 때에는, 국제기구 또는 국제회의에서의 선언이나 제안 등과 같이 원래는 입법론에 불과한 실행이라고 하더라도, 앞으로의 국제관습법의 결정화에 미치는 영향력을 갖기 때문에 일반관행의 증거가 될 수 있다고 보는 견해 역시 존재한다.[15]

(2) 법적 확신(*opinio juris*)의 존재 여부

전통적 이론에 따르면 국제관습법이 확립되기 위해서는 일반관행과 함께 그러한 법적 확신(*opinio juris*)이 필요하다. 법적

---

13) B. Cheng, "United Nations Resolutions on Outer Space: "Instant" International Customary Law," 5 *Indian J. Int'l L.* 23(1965), p.36.

14) *Fisheries case* (United Kingdom v. Norway), ICJ Reports 1951, p.19.

15) 山本草二, 박배근 역, 「국제법」, 신판(국제해양법학회, 1999), 86쪽; *Fisheries Jurisdiction case* (United Kingdom v. Iceland) (Merit. 1974), the Joint separate opinion of Judges(Forster, Bengzon, Jiménez de Aréchaga, Nagendra Singh, Ruda), ICJ Reports 1974, pp.47-48.

확신은 관행이 단순한 행위의 반복이 아니라 법규칙으로 성립될 수 있도록 규범적 성격을 갖도록 해준다.[16] 문제는 어떻게 국가들의 법적 확신을 확인하느냐에 있다. 주의할 점은 국제관습법의 형성에 있어 법적 확신이 필수적 요소라는 점과 이를 어떻게 확인하느냐 하는 것은 별개의 것이라는 점이다.[17] 법적 확신의 존재 유무를 판단하기 위해 관련 국가의 심리적 측면, 즉 내면적인 과정 자체를 확인하는 것은 사실상 가능하지 않으며, 타당하지도 않다. 결국 외면적으로 드러나는 행위로부터 그것을 추론할 수밖에 없다. ICJ도 다수의 판결에서 국가관행에 기초하여 국제관습법의 존재 여부를 판단하였다.[18] 학계에서도 국제관행에 근거하여 법적 확신의 존재를 추정한다는 입장이 다수이다.[19]

(3) 전통적 국제관습법 이론에서 국제기구 결의가 갖는 법적 의미

전통적 국제관습법 이론은 국제기구 특히 유엔 총회 결의는 경우에 따라 국가의 관행의 존재를 확인할 수 있는 증거가 될

16) H. Kelsen, *Principles of International Law*, 2nd ed.(New York: Rinehart & Company. INC., 1952), p.308.

17) 정경수, "현대 국제관습법의 형성에 관한 연구," 고려대학교 박사학위논문, 2002, 147쪽.

18) 대표적 판결로서 다음의 것들이 있다. *Lotus case* (1927), PCJI, Series A, No. 10, p.28; *Military an Paramilitary Activities in and Against Nicaragua case*, *supra* note 5, p.98(para. 186); *North Sea Continental Shelf case*, *supra* note 5, pp.44-45(para. 78).

19) Brownlie, *Principles of Public International Law*, 6th ed.(Oxford Univ. Press, 2003), p.8.

수 있다고 본다.[20] 그러나 결의가 법적 관련성을 갖고 있다고 하더라도, 해당 결의가 국제관습법을 형성하는 일반관행의 증거로 사용되기 위해서는 결의 선언에 참여한 국가들이 결의를 선언하는 행위가 법을 선언하는 행위라는 것에 대한 의사가 뒷받침되어야 한다. 또한, 다수국가의 찬성과 그러한 결의내용을 준수하는 국가관행의 존재가 필요하다. 이는 국가들이 결의를 함에 있어 국제관습법 형성에 대한 의도 없이 다만 정치적 이유로 결의에 찬성할 수 있기 때문이다.[21]

2. 전통적 국제관습법 이론의 관점에서 본 보호책임의 규범성 여부 판단

(1) 일반관행의 존재 여부

지난 몇년 동안 국가들이 보호책임의 개념이 공식적으로 거론된 예로서 2005년 비공식 회의에서의 각 국가의 개별 입장, 국제기구 또는 국제회의의 문서로서 「ICISS 보고서」, 「A More Secure World」, 「In Larger Freedom」, 「2005년 세계정상회의 결과물」, 「2009년 반기문 유엔 사무총장 보고서」 및 안전보장이사회 결의 제1674호, 제1704호, 유엔 총회 결의 제63/308호 등을 꼽을 수 있다. 그러나 보호책임이라는 이름하에 어떠한 국가의 명백한 실행도 존재하지는 않았으며, 다만 몇몇의 유엔

20) M.N. Shaw, *International Law*, 5th ed.(Cambridge: Cambridge University Press, 2003), pp.78-79.

21) L. Hannikainen, *Peremptory Norms(Jus Cogens) in International Law* (Helsinki: Finnish Lawyers Publishing Company, 1988), p.233; 정경수, 앞의 주 17, 200쪽.

평화유지군 활동이 보호책임이라는 이름으로 행해졌을 뿐이다. 이는 앞서 설명하였듯이 실행에 있어 단순한 의사표시뿐만 아니라 의사에 합치하는 행위(act)로서 실제 활동이 수반되어야만 일반관행의 증거가 될 수 있다는 견해의 입장에서는 보호책임의 경우 아직까지는 일반관행이 존재하지 않는다는 해석이 가능하다. 따라서 보호책임에 대한 구체적 이행이 없이 국제기구 또는 국제회의의 선언이나 제안 및 국가들의 입장 표명만으로도 일반관행을 확인하는 증거가 된다고는 주장할 수 없을 것이다.

또한 일반관행은 앞서 지적하였듯이 관행의 지속성, 관행의 통일성, 관행의 일반성이 요구된다. 이러한 조건에 따라 보호책임에 관한 국가의 일반관행이 존재하는지 여부를 판단해야 한다. 먼저 일반관행에 있어 시간적 요소인 관행의 지속성 부분을 살펴보면, 보호책임의 경우 2001년 「ICISS 보고서」에서 처음 등장한 개념으로 관행의 지속성 요건을 충족시키기에는 너무 짧은 기간이라고 하겠다.

이것이 국제관습법의 형성요소인 일반관행으로 인정되기 위해서는 관행의 통일성과 일반성이라는 요건을 충족시켜야 한다. 짧은 시간 안에 관행의 형성과 관련하여서 ICJ의 *North Sea Continental Shelf case*(1969)에서의 견해에 따라 살펴보면, 당해 사안에 특별히 이해관계를 갖는 국가들을 포함한 국가들의 관행이 광범위하고 실질적으로 통일되어 있어야 국제관습법의 성립이 가능하다. 보호책임의 경우 그간의 관행을 검토해 보면 아직까지 국가들의 광범위하고 통일된 관행이 존재한다고 보기가 어렵다. 예를 들어, 먼저 2005년 비공식 회의 당시 개별 국가들의 입장을 살펴보면, 입장을 표명한 국가들 중 찬성 표명이 가장 높은 비율을 차지하기는 하였지만,[22] 이를 명백히 반대한 국가들의 수도 상당하였으며,[23] 불분명한 입장을 표명하거나[24] 또는 아예 입장 표명을 하지 않는 국가들도 있었다.[25] 다음으로 유엔 총회에서의 국가들의 입장을 살펴보더라도 보호책임을 법적 규범으로 찬성하는 국가들도 있지만, 아직까지는 도덕적·윤리적 정당성만을 인정하거나 이에 반대하는 국가들이 상당하다.[26] 안전보장이사회의 결의 채택에서도 이러한 입장 차이는 계속되는데 무력충돌에서의 민간인 보호에 관한 결의 제1674호에서 안전보장이사회는 보호책임을 해당 사안에 적용할 것인가를 두고 논의를 하였는데 다수의 국가들이 보호책임을 적용할 것을 지지하였다. 그러나 한편, 브라질, 러시아, 중국, 알제리, 이집트의 경우는 반대 입장을 취하였다. 따라서 국제기구나 국제기구에서의 결의 및 국가들의 입장 표명을 일반관행의 증거로 인정한다고 하더라도 아직까지는 보호책임에 대한 국가들의 광범위한 관행의 일치와 획일성이 존재한다고 보기가 어렵다.

요컨대 국제관습법 형성에 관한 전통적 이론을 따른다면 아

22) 아르헨티나, 오스트리아, 캐나다, 칠레, 크로아티아, 핀란드, 프랑스, 독일, 아이슬란드, 아일랜드, 일본, 요르단, 대한민국, 리히텐슈타인, 멕시코, 뉴질랜드, 노르웨이, 파나마, 페루, 포르투갈, 르완다, 싱가포르, 남아공, 스페인, 스리랑카, 스웨덴, 스위스, 탄자니아, 영국 등.

23) 알제리, 벨라루스, 중국, 쿠바, 엘살바도르, 인도, 이란, 자메이카, 파키스탄, 러시아, 시리아, 베네수엘라, 베트남 등.

24) 인도네시아, 미국 등.

25) 브라질, 이탈리아, 카자흐스탄, 케냐, 말레이시아, 몽고, 나이지리아, 폴란드, 터키 등.

26) 특히, 보호책임이 강대국의 논리에 따른 것이라고 보아 반대하는 국가들은 파키스탄, 알제리, 이집트, 콜롬비아, 베트남, 베네수엘라, 이란, 쿠바, 시리아 등이 있다.

직까지 보호책임은 국제관습법으로 형성되지 않았으며, 국제관습법으로의 발전 가능성 측면에서 보더라도 앞으로 상당한 기간 동안 많은 국가들의 통일된 관행이 있어야 국제관습법으로 형성될 수 있을 것으로 보인다.

(2) 법적 확신의 존재 여부

전통적인 국제관습법 이론에 따르면 국제관습법의 형성을 위해서는 일반관행과 법적 확신이 모두 필요하다. 법적 확신은 심리적 동기 등 내면적인 과정 자체를 확인하려는 것이 아니며, 그렇게 하는 것도 불가능하다. 결국 외면적으로 나타난 행태로부터 법적 확신을 추론할 수밖에 없으며,[27] 이 경우 국제기구 결의나 선언 또는 국제문서가 법적 확신(*opinio juris*)의 증거로 사용될 수는 있다.[28]

보호책임에 관한 문서의 채택과정에서 나타난 국가들의 입장을 살펴보면, 먼저 2005년 비공식 회의 당시 세계정상회의결과물에 보호책임의 내용을 포함시킬 것인지를 두고 다수의 국가가 이를 찬성하였다. 그러나 이는 보호책임의 개념을 인정하는 것으로는 받아들일 수 있어도, 이것이 보호책임의 규범적 성격까지 인정하고 이에 대한 의무를 받아들이겠다는 의미로 판단하기엔 불충분하다. 캐나다나 사이프러스와 노르웨이의 경우처럼 보호책임을 의무로 이해하고 있는 경우도 있었지만 다른 국가의 경우는 법적 확신이 잘 드러나지 않는다. 유엔 총회에서도 국가들의 입장이 분명하지 않기는 마찬가지이다. 보호책임의

27) 山本草二, 박배근 역, 앞의 주 15, 88쪽.

28) Jennings & Watts(eds.), *supra* note 2, p.24.

개념을 찬성한다고 하더라도 그것을 국제법상 규범으로서 승인하겠다는 의미로 보기는 어렵기 때문이다.

이와 같이 다수의 국가들이 보호책임의 개념을 인정하고 있으나 법적인 구속력까지 인정하고 있는지는 불명확하다. 몇몇 국가들이 이를 법적 의무로서 인정하고 있기는 하나 국제관습법이 형성되기 위해서는 대다수의 국가들이 이러한 법적 확신을 가지고 있어야 하기 때문에 현재까지 확인된 단지 몇몇 국가의 법적 확신만으로는 보호책임이 전통적 국제관습법 이론 관점에서 볼 때 국제관습법이 형성되었다고 보기는 어렵다.

3. 즉각적 국제관습법 이론과 보호책임

(1) 국제관습법의 형성요소에 대한 새로운 입장

국제관습법의 형성에 관한 전통적 이론에 따르면 객관적 요소로서 국가들의 일반관행(general custom)과 법적 확신(*opinio juris*)이 필요하다. 여기서의 일반관행은 규칙의 내용에 합치하는 행위(act)로서 실제 활동을 의미한다.[29] 그런데 Bin Cheng과 같은 일부학자들에 의해 주장되었던 '즉각적 국제관습법 이론'에 따르면, 국제관습법은 기본적으로 국가들의 규범적 의사인 법적 확신에 의해 형성되기 때문에 국가들의 법적 확신을 확인할 수 있는 증거로서 국제기구와 국제회의에서 채택되는 결의와 선언이 국제관습법 형성에 있어서 중요한 가치를 가지게 되며,[30] 일반관행은 국제관습법 형성에 있어서 필요적 요건

29) B. Cheng, "United Nations Resolutions on Outer Space: "Instant" International Customary Law," 5 *Indian J. Int'l L.* 23(1965), p.36.

이 아니라 법적 확신을 보여주는 증거로서만 가치를 가진다고 한다.[31]

다시 말해서 이 이론에 따르면 국제관습법은 법적 확신을 통해 형성되므로 국가관행이 존재하지 않거나 심지어 이와 반대되는 국가관행이 존재한다고 하더라도 비교적 빠른 시간 내에 국제관습법이 형성될 수 있다는 것이다. 그리고 특정 결의가 국제관습법의 형성에 기여하는 가치는 그 결의에 국가들이 어느 정도 참석하고, 얼마나 많은 국가가 이에 찬성을 하느냐에 달려 있다고 본다.

이 이론은 일견 국제관습법 형성과정을 조금 더 단축시킬 수 있다고 보이지만, 문제는 앞서 논한 것처럼 주관적 요소인 법적 확신의 확인이 쉽지 않다는 점이다. 법적 확신의 증거로서 가장 많이 거론되는 국제기구나 국제회의의 결의와 선언의 경우도 실상 법적 확신은 일반관행의 존재를 통해 추정되는 것이 일반적이다. 이는 법적 확신이 국제관습법의 형성에 있어 필요한 요소인 점은 인정되고 있으나 이를 확인하는데 많은 어려움이 있기 때문이라 하겠다.

(2) 즉각적 국제관습법 이론의 보호책임에의 적용

보호책임의 경우에는 일반관행이 존재한다고 보기 어렵기 때문에 전통적 국제관습법 시각에 의해서는 국제관습법으로 볼

30) H. Chodosh, "Neither Treaty Nor Custom: The Emergence of Declarative International Law," 26 *Texas Int'l L. J.* 87(1991), p.87.

31) P. Kelly, "The Twilight of Customary International Law," 40 *Vir. J. Int'l L.* 449(2000), pp.500-501.

수 없음은 앞서 지적한 바와 같다. 그렇다면 즉각적 국제관습법 이론에 따라 보호책임의 국제관습법으로 인정해 줄 가능성이 있는가.

즉각적 국제관습법의 이론에 따라 국제관습법의 형성에 있어 법적 확신에 중점을 둘 경우, 아직까지 보호책임에 대한 구체적 이행이 없이 유엔 총회의 결의와 안전보장이사회의 결의 및 국가들의 입장 표명에서 법적 확신이 있었는지, 그리고 이러한 법적 확신이 즉각적 국제법이론에서 말하는 국제관습법의 확립의 정도에 만족하는 것인지를 검토해야 한다.

앞서 전통적 국제관습법 성립이론의 법적 확신을 살펴보는 과정에서 보았지만, 다수의 국가들이 보호책임의 개념을 인정하는 것으로는 받아들일 수 있어도, 이것이 보호책임의 규범적 성격까지 인정하고 이에 대한 의무를 받아들이겠다는 의미로 판단하기엔 불충분하다는 것은 명백하다. 또한 국제기구의 특정 결의가 국제관습법의 형성에 미치는 영향은 그 채택과정에서 얼마나 많은 국가들이 참석하고 찬성을 하였으며, 또한 후속적으로 준수를 하였는가가 중요한 기준이 될 것이다. 이상의 모든 논의를 종합해 볼 때, 우리가 설령 국제관습법 형성에 있어 국가들의 법적 확신을 중시하는 즉각적 국제관습법 이론을 받아들인다손 치더라도 보호책임의 경우 대다수 국가들의 명확한 법적 확신감은 아직 존재하지 않는다고 봐야 할 것이다.

4. 평 가

ICJ가 *Military and Paramilitary Activities in and against Nicaragua case* (1986)[32]에서 "국가들이 일정규칙에 대한 그들

의 승인을 선언하는 단순한 사실만으로는 본 재판소가 그것을 국제관습법의 일부인 것으로 보기에는 충분하지 않다. (…) 그 규정 제38조에 구속된 본 재판소로서는 규칙이 국가들의 법적 확신 속에서 존재하고 있음이 관행에 의하여 확인되고 있다는 것에 대해 확신을 가져야 한다"라고 지적하듯, 아직까지는 국제관습법이 확립되기 위해서는 국제재판소의 판례와 국가의 실행은 일반관행과 법적 확신 모두가 필요하다고 보는 것이 일반적 견해이다. 따라서 일반관행이 거의 존재하지 않으며, 법적 확신이 존재하는지 여부에 대한 판단도 부정적이라는 점에서 아직까지 보호책임은 국제관습법으로 인정하기에는 많이 부족하다고 하겠다. 즉각적 국제관습법 이론에 따라 보호책임의 규범성에 대한 국가들의 법적 확신에 중점을 둔다고 하더라도, 앞서 지적한 바와 같이 법적 확신에 대한 판단 자체가 논란의 여지가 많고 부정적인 입장이 지배적이라고 볼 때 21세기 초 현재 국제관습법으로 확립되었다고 보긴 어렵다.

---

32) *Military and Paramilitary Activities in and Against Nicaragua case*, *supra* note 5, pp.97-98(para. 184): 관련 원문은 다음과 같다. "The mere fact that States declare their recognition of certain rules is not sufficient for the Court to consider these as being part of customary international law, and as applicable as such to those States. Bound as it is by Article 38 of its Statute to apply, *inter alia*, international custom "as evidence of a general practice accepted as law," the Court may not disregard the essential role played by general practice. Where two States agree to incorporate a particular rule in a treaty, their agreement suffices to make that rule a legal one, binding upon them but in the field of customary international law, the shared view of the Parties as to the content of what they regard as the rule is not enough. The Court must satisfy itself that the existence of the rule in the *opinio juris* of States is confirmed by practice."

Ⅳ. Soft Law로서의 보호책임

보호책임이 ICISS에 의해 그 개념이 등장하게 된 이후 다양한 국제문서를 통해 보호책임이 언급되고 있다. 그러나 앞서 살펴보았듯이 보호책임이라는 개념 내지 구도를 제시한다는 시의 적절성에 관해서는 어느 정도 공감대가 형성되고 있다고 보이지만, 그렇다고 해서 법적 구속력을 가진 국제법의 일부로 보기에는 미흡한 부분이 많다. 이하에서는 논의의 방식을 바꾸어, 혹시 보호책임이 갖는 법적 의미가 최근 국제법 형성의 다양성과 함께 그 논의의 중요성이 부각되고 있는 국제법에서의 'soft law'의 일부로 편입될 수는 없는지 여부에 관해 살펴보고자 한다. 이 부분에서는 ICISS와 같이 독립된 비국가행위자가 국제사회의 규범을 형성할 수 있는지 여부 역시 중요한 질문으로 제기될 것이다.33)

1. Soft Law의 개념 정의

Soft law의 개념에 대해서는 학자마다 다양한 내용의 주장을

33) Soft law의 형성주체는 역시 국가들이지만 경우에 따라 비국가행위자(Non-State Actor) 역시 형성과정에 개입 가능하다. 특히 국제기구 자체 또는 국제기구의 지원하에 형성되는 경우, 비정부간 국제기구(NGO)는 자신들의 의견을 보다 적극적으로 반영할 수 있다는 점에서, soft law 논의에서의 주된 형성주체임을 간과해서는 안된다는 주장도 제기된다. 하지만 다양한 경로를 통해 다양한 soft law가 만들어지는 것은 결과적으로 일관되지 않은 기준 형성으로 인한 규범체계의 혼란을 가져 온다는 우려도 있다. C.M. Chinkin, "The Challenge of soft law: Development and Change in International Law," 38 *Int'l & Comp. L. Q.* 850(1989), pp.850-866. 특히 p.855 참조.

하고 있으며, 명확한 정의가 내려지지 않은 상태이다. Soft law의 개념 정의를 위해서는 필연적으로 hard law에 대립되는 개념으로서의 이해가 필요하다. 가장 간단하게는, hard law와 soft law를 구속력이 완전한 법과 불완전한 또는 약한 구속력을 갖는 법이라는 대조되는 개념으로 볼 수 있다.[34] 다수의 학자들은 soft law의 개념 정의를 위하여 hard law와 비교하여 논의를 하고 있는데, 대표적인 견해를 살펴본다. 먼저, R.R. Baxter 판사는 '국가가 이행하고 수행하는 것을 기대할 수 있는 조약규칙'인 hard law와는 구별되는 개념으로서, soft law란 "다양한 정도의 설득력(cogency)과, 동기(persuasiveness), 그리고 합의(consensus)가 국가간의 약속에 포함되어 있지만 권리와 의무의 이행의 강제를 창설하지 않는 것"이라고 설명한다.[35] Soft law를 비판적으로 바라보는 P. Weil 교수는 '명확한 법적 권리와 의무를 창설하는 규범'인 hard law에 반하여, soft law란 "내용이 모호하고 구속력이 약하여 권리·의무가 거의 확정될 수 없는 규범"이라고 파악한다.[36]

Soft law의 개념을 정의하기 위해서는 soft law의 특징을 아래와 같이 정리할 필요가 있다. 첫째, soft law는 일반적으로 국제관계에 있어서 공동의 기대(common expectation)를 표현하는데 사용된다. 이는 주로 국제기구라는 구조적 틀 안에서 나타난다. 둘째, soft law는 국제법주체에 의하여 생성된다. 그러므로 사적인 기관이나 기업 등에 의하여 제정된 행동규칙 또는 상관

34) 김석현, "國際法에 있어서 soft law," 「국제법평론」, 제8호(1997), 22쪽.

35) R. R. Baxter, "International Law in "Her Infinite Variety"," 29 *Int'l & Comp. L. Q.* 549(1980), p.549.

36) P. Weil, "Towards Relative Normativity in International Law?," 77 *Am. J. Int'l L.* 413(1983), pp.413-442.

습 등과 구별된다. 셋째, soft law에 속하는 범주를 어디까지 잡을 것인가에 대해 학자들마다 제각기 견해가 갈린다. 여기서는 논의의 편의를 위해 보편적 국제기구에서 채택된 결의와 선언 등을 그 주된 형태로 파악할 때, 이들은 일반적인 국제입법 과정을 거치지 않았기 때문에 원칙적으로 법적 구속력이 부족하다 할 것이다. 넷째, 그럼에도 불구하고 soft law가 갖는 일정한 법적 영향력은 부정할 수 없다 할 것이다.

이처럼 soft law는 '형식적 의미'에서 구속력이 없다. 이는 hard law와의 관계에서 soft law를 정의함에 따라서 내려질 수 있는 가장 단순한 구분기준 중 하나이다.[37] 역설적으로 말해서 soft law의 개념 정의를 위해서는 오히려 soft law를 부정적으로 바라보는 견해에서 최소한의 기준을 찾아 볼 수 있다. Soft law를 부정하는 대표적 학자들의 개념 정의를 보면 예시를 중심으로 한다. 이는 soft law 개념을 비판하지만 실제로 나타나는 문서를 무시하지 못한다는 것을 보여준다. P. Weil 교수는

37) Hard Law와 soft law의 구분기준에 있어서, hard law는 위반시 법적 결과를 야기하고, soft law는 정치적 결과를 야기한다는 견해가 제시되기도 한다. 그러나 법 위반은 일반적으로 정치적인 동기에 기초하기 때문에, 결과에만 기초한 규범의 평가는 지나치게 단순하며 혼란을 가지고 올 수 있다. D. Shelton, "Law, Non-Law and the Problems of 'Soft Law'," in D. Shelton(ed.), *Commitment and Compliance: the Role of Non-binding Norms in the International Legal System* (Oxford: Oxford University Press, 2000), p.11; 또한 hard law와 soft law라는 개념을 생성된 법(*de lege late*)과 생성되어야 할 법(*de lege ferenda*)으로 구분하는 경우도 있는데, 이는 soft law가 생성되어야 할 법이라면, soft law가 보여주는 사실적인 효과를 설명할 수 없을 뿐더러, 엄격한 의미에서 soft law의 이행과 준수의 문제를 제기할 수 없을 것이다. Soft law와 hard law는 보다 총체적인 관점에서 바라보아야 하며, 그러한 연유로 명확한 구별기준을 세우기에는 어려움이 따른다. 그러므로 다수의 견해의 공통된 부분을 찾아야 할 것이다. 그럼으로써 단순한 하나의 기준선이 아닌, 영역으로서 구분기준을 세울 가능성은 존재한다고 생각한다.

soft law는 모호한 표현이므로, 실제적인 예를 들어 국제기구의 결의나 헬싱키 최종의정서(Helsinki Final Act), 스톡홀름선언(the Stockholm Declaration on the Environment)과 같은 법적인 규범이 아니지만, 약한 정도의 법적 가치를 담고 있는 비규범적인 행위라고 정의한다.[38] 반면, J. Klabber 교수는 기본적으로 soft law는 불필요한 개념이라고 한다.[39] 그는 soft law라는 개념의 범위적 한계에 관해 법적 효과가 있으나, 진정한 법이라고 설명될 수 없는 문서라고 정한다. Soft law의 예로는 국제기구의 결의를 들고 있다. 그러나 각료회의에서의 선언, Code of conduct, 합동선언 및 성명도 이에 포함될 여지가 있으며, 형식적으로는 조약의 형태를 가지고 있다 하더라도, 그 내용면에서 유연성을 가진 규정의 경우도 이에 포함된다고 하고 있다.[40] J. Klabber 교수는 soft law의 개념 정의를 위하여 예시를 통한 귀납적인 추론을 하고 있는 것처럼 보인다.

이러한 비판적인 시각에서조차 soft law 개념 자체의 인정을 거부하고 있지는 않으며, 그 존재의 유형 및 법적 가치를 인정

38) Weil, *supra* note 36, p.414, n.7. Weil 교수는 soft한 규범, 권고적이거나 프로그램적인 법의 확산이 국제규범체제를 약화시킨다고 비판한다(pp.414-415). 또한, 가치의 정도 차이는 형식적이지도 않고 유기적이지도 않다고 한다(p. 424).

39) J. Klabber 교수는 기본적으로 soft law는 불필요한 개념이라고 한다. 그는 soft law라는 개념의 범위적 한계를 법적 효과가 있으나, 진정한 법이라고 설명될 수 없는 문서라고 정한다. 그의 논문 제목에서 알 수 있듯이 soft law의 과잉(redundancy) 현상이라 하며, 부정적인 시각에서 바라보고 있다. 본 논문에서는 soft law에 대한 자신의 견해를 간략하게 서론 부분에서 표명하고 있는데, soft law는 이론적 토대가 부족하며, 국가관행이나 사법관행의 근거가 부족하다는 점을 비판한다. J. Klabber, "The Redundancy of Soft Law," 65 *Nordic J. Int'l L.* 167(1996), esp. p.190. 이에 대한 구체적 내용 및 근거는 특히 pp.190-204.

40) Klabber, *ibid.*, p.190.

하고 있다. 그럼에도 불구하고 아직까지 명확한 개념정의를 내리기는 어려운데, 그 이유는 규범이라는 것 자체가 총체적 성격을 가지고 있기 때문일 것이다. 그렇기 때문에 아직까지 학계는 soft law를 법으로 인정하지 않는 입장과[41] 법으로 인정하는 입장[42]으로 나뉘어 논쟁이 계속되고 있다.

2. Soft Law의 규범성과 연원성 인정문제

Soft law에서 제기되는 문제는 규범성의 인정과 연원성의 인정 두 가지의 문제가 대표적이다. 우리는 흔히 규범을 정의함에 있어, 사회의 행동 또는 인식의 기준에서부터 평가의 기준에까지 총체적으로 정의하고 있다. 국내사회뿐 아니라 국제사회 역시 다양한 규범이 존재함을 부정할 수는 없다. 특히 국제관계에 있어서 이러한 다양한 규범은 중요성을 갖는데, 이는 규범의 필요성은 인정하나 법적 구속력은 거부하고 싶어하는 국가의 태도에 기인한다. 이러한 양자 사이에서 엄밀한 의미에서 볼 때는

41) 법으로 인정하지 않는 입장에서는 soft law란 조약, 관습 그리고 법의 일반원칙에 의하여 구속력 있는 법인 hard law에 대응되는 개념으로 사용한다. 이에 따르면, soft law는 아직 그 자체가 법이 아니므로 다소 모순되지만, 이러한 표현은 soft law가 담고 있는 국제문서의 '생성되어야 할 법'(*de lege ferenda*)적 지위를 표현하기 위한 용어로 사용된다고 설명한다(김대순, 「국제법」, 제14판(삼영사, 2009), 90쪽). 또한 soft law는 아직 법이 아님에도 불구하고, 국제관계를 형성하는데 상당한 영향력을 끼칠 수 있으며, 국제사회학적인 관점에서 국제관습법이나 조약법의 형성과정에 중요한 요소가 될 수 있다고 설명하는 견해도 있다(P. Malanczuk, Akehurst's *Modern Introduction to International Law*, 7th ed.(London and New York: Routledge, 1997), p.54).

42) 법으로 인정하는 입장에서는 soft law란 법은 법이되 구속력이 완전하지 못한 규범을 뜻한다. 즉, 어떠한 규범이 soft한가 hard한가는 규범의 법적 성격에 대하여 영향을 끼치지 않으며, 구속력의 정도에 관계없이 모두 법규범으로 존재한다고 본다(김석현, 앞의 주 34, 21-42쪽).

법적 양식을 갖추고 있지 못하지만, 그렇다고 해서 단지 도덕적 · 정치적인 구속력만을 가지고 있다고 할 수도 없는 규범의 영역이 필연적으로 등장하게 된다. Soft law의 논쟁에서 볼 수 있듯이, soft law를 부정적으로 바라보는 시각의 주요한 쟁점은 soft law가 가져오는 국제법질서의 혼란이다. 즉, soft law의 개념을 부정하는 입장은 극도로 규범적인 것으로서 soft law 이론을 포함하게 되어 법이 희석되는 것에만 초점을 맞추고 있다.[43] 심지어 조약이라는 이름을 가지고 있는 규범조차도 모두 같은 기능을 하는 것이 아니라고 할 때,[44] 규범 혼란의 비판은 국제사회에서 상대적이고 다양한 규범이 도출될 수밖에 없는 기본적인 특징을 간과하고 있는 것이다.

Soft law에 일정 정도의 규범성을 인정할 수 있다면, 과연 soft law를 새로운 연원으로 볼 수 있는가의 문제가 대두된다. Soft law의 연원성을 인정할 수 있는가라는 질문은 전통적인 형식적 연원의 한계에서는 이러한 새로운 현상을 설명하고, 그 범위 내로 포섭시키는 것은 무리가 있다는 것을 깨달았기 때문이다. 전통적인 국제법 연원은 이러한 모든 입법현상을 설명하기 어려웠으므로, 국제기구 결의를 중심으로 soft law의 연원성의 문제를 설명하고자 하는 논의가 진행되기도 하였다.[45] 실제 적

43) Klabber, *supra* note 39, p.192.

44) Chinkin, *supra* note 33, p.851.

45) 첫 번째는 기존의 연원과의 관계에서 설명하는 것, 즉 결의의 관습법에서의 법적 확신의 증거로서의 결의의 역할이나, 인스턴트 관습법으로 설명하려는 노력이 있었다. 또한 법 일반원칙의 성격에서 설명하려는 노력도 있었다. 그러나 이 어떠한 논의도 이러한 당사자의 의도와 합치될 수 없었으며, 이를 모두 반영하지 못하였다. 부분적으로는 성공했을지 몰라도, 이러한 결의의 법적 지위에 관한 일반적 설명은 모든 것을 설명해 주지 못하였다. 두 번째 노력은 이러한 결의를 아예 독립적인 새로운 연원으로 보고 설명하려는 견해이다. 새로운 연

용에 있어서 soft law는 이미 존재하는 연원의 변형된 형태로서 인용된다. 그러므로 soft law는 형식적인 의미에서의 독자적인 연원은 아니지만, 실질적 의미의 연원이라고 할 수 있다. 연원을 '법의 존재형식'으로 본다면, 존재하는 규범이지만 아직 '법'의 단계에 있지 않은 soft law를 독자적인 연원이라고 하기에는 무리가 있을 것이다. 물론 soft law의 역할 및 국제사회에서의 유용한 도구적 측면을 강조하여 soft law를 국제법의 연원으로까지 논하자는 견해가 있기는 하지만,[46] 이는 특정한 분야에 국한된 논의이다. 국제법 전반에 걸쳐서 모든 soft law를 연원이라고 보는 것은 무리가 따를 뿐만 아니라, 오히려 기존의 국제법의 지위를 국제정치의 과정의 하나로 보게 될 위험이 수반될 수도 있다.

3. 보호책임이 soft law로서 갖는 법적 가치

지금까지 살펴보았듯이 보호책임의 논의가 국제기구, 특히 유엔 총회를 중심으로 이루어지고 있으며, 관련 문건과 결의가 채택되고 있다는 점 등을 고려한다면, 보호책임은 현재 국제법

원 접근법은 결의 이외의 다른 문서를 설명하지 못한다는 취약점 외에도, 실제가 아닌 이론적인 설명일 뿐이었으며, 법적 성격을 설명할 수 없었으며, 법으로 가는 중간단계로서 설명하는 것이 가장 그 법적 성격을 높게 평가하는 것이었다. 실제로 일반적인 구속력 있는 법적 성격을 가지고 있다고 보기에는 어려움이 따랐다. 마지막 접근법이 바로 soft law 그 자체이다. Soft law는 결의뿐 아니라 다른 법적 지위가 명확하지 않은 모든 문서들을 포함하는 하나의 회색지대(gray area)를 만듦으로써 그 안에 모두를 포함시키고 설명하려는 노력이 진행된 것이다. 이에 관하여는 G.J.H. Van Hoof, *Rethinking the Sources of International Law* (Deventer: Kluwer, 1983), pp.182-184.

46) 문규석, "국제환경법의 법원-Soft Law를 중심으로,"「외법논집」, 제2권(1995), 435-447쪽.

상 soft law로서의 지위를 가지고 있다고 해도 이론상 비약은 아닐 것이다. 앞서 살펴본 바와 같이, soft law는 개념 정의가 어렵고 모호하며, 독자적 연원으로서의 지위를 인정하기에는 어려움이 따름에도 불구하고, soft law는 일정 조건이 충족될 경우, 최소한 일정 범위 내에서 어느 정도의 규범력을 가진다고 봐야 할 것이다. 보호책임이 조약이 아닌 soft law 형태를 빌어 발전하는 이유 및 그 배경을 생각해 본다면 첫째, 국가는 형식적이고 가시적인 약속의 형태를 피하고 싶어하며, 둘째, 국내에서의 비준의 부담을 피하고자 하며, 셋째, 재협상과 상황 변화에 따른 수정의 여지를 남겨 두고자 한다는 점, 넷째, 그럼에도 불구하고 국가는 확실한 결과를 보장받고 싶어한다는 점을 들 수 있다.47) 이러한 의미에서 soft law 형태로서의 보호책임은 장기적 관점에서 볼 때 국제사회의 합의를 이끌어 낼 것으로 전망 가능하다.48)

Soft law가 갖는 국제법 형성에서의 역할에 비추어본 보호책임의 향후 발전방향은 다음과 같이 정리해 볼 수 있다. 먼저, soft law는 형식적 연원의 형성에 대한 대안적 역할을 담당할 수 있을 것이다. Soft law는 합의에 도달하기 쉬우며, 국가들로 하여금 책임의 부담을 덜어주기 때문에 더 자세하고 정교한 규정을 만들 수 있다는 장점이 있다. 또한, soft law는 hard law에 비해서 수정이 용이하여 좀 더 유연하게 대처할 수 있는 이점이 있다. 이러한 장점을 가지고 있는 soft law는 실제적으로 불이행

47) C. Lipson, "Why Are Some International Agreements Informal?," 45 *International Organization* 495(1991), pp.495-538.

48) 실제 soft law는 의사합의 과정이 보다 빠르고, 단순하며, 유연하며, 국가에게 보다 많은 범위의 자유재량권을 부여하는 기능을 하므로 국제사회에 있어 필요하고도 적합한 형태의 규범체계이다.

이 생기고 이를 강제할 수단의 부족에 달하지 않았을 경우에는 잠재적인 효과는 hard law 문서와 같다고 할 수 있다. 오히려 합의가 어려운 정치적 과정 속에서 규범적 영역을 확보하는 수단으로서의 역할을 하였다고 평가할 수 있을 것이다. 이와 비슷한 취지에서, soft law가 국제법의 간극을 메울 수 있다는 점에서 이를 긍정하는 견해가 제시되기도 하였다.[49] 정리하자면, soft law는 hard law가 이루어지기 어려운 영역에서 다소의 불완전하지만 일정 정도의 법적 가치를 확보함으로써, hard law의 공백을 채워가는 대안으로서의 역할을 한다고 할 수 있다.[50]

둘째, 보호책임은 '과정'(process)으로서의 soft law의 두 가지 역할을 할 것이다. 먼저, soft law가 다른 연원의 형성과정에 영향을 미칠 수 있을 것이다. 즉, soft law는 일정한 국가관행의 증거가 되기도 하고, 법적 확신의 증거가 되기도 함으로써 국제법 형성과정에 영향을 미친다. 다음으로 soft law 자체가 하나의 연원으로 발전하는 과정임을 주목할 필요가 있다. 즉, soft law는 hard law의 전단계로서의 역할을 한다. 우선 soft law의 틀에서 합의를 이끌어 놓으면 이후 조약 형태로 발전하기에도 용이함은 물론, soft law에 포함된 원칙이 hard law의 형태로 변형될 수 있다.[51] 이처럼 과정으로서의 soft law의 역할이 강조되고 있는 추세인데, 이는 soft law의 hard law적 지위를 인

49) U. Fastenrath, "Relative Normativity in International Law," 4 *Eur. J. Int'l L.* 305(1993), pp.305-340.

50) 김석현, 앞의 주 34, 16쪽.

51) Soft law가 조약으로 발전한 것은 대표적인 예로 1975년 고문금지에 관한 선언에서 고문방지협약의 채택을 꼽아 볼 수 있다. 또한 soft law가 국제관습법 형태로 발전한 경우도 많은데 대표적 예로 1948년 세계인권선언을 들 수 있다. 세계인권선언은 soft law의 대표적인 형태인 '선언'으로서 채택되었으나 국가들의 법적 확신과 관행에 의하여 국제관습법으로 발전하였다.

정하는 판례가 증가되고 있다는 점에서 그 근거를 들 수 있다.[52] 정리하자면, soft law는 법적 구속력은 없지만 합의된 일정한 가이드라인의 목적이 되고, 공동의 입장이나 정책을 대변해 준다. 이러한 것들은 조약이나 관습법의 기반이 되기도 한다는 점에서 soft law는 하나의 과정으로서, 즉 점진적으로 법으로 발전해 가는 단계에 놓여 있는 것이다.[53]

셋째, 이러한 보호책임은 국내입법 과정이나 정책에 수렴 내지 흡수될 수 있다. Soft law는 국내입법에 영향을 미치며 그 효력을 발휘한다. Soft law가 다루는 영역의 특징상, 국가간의 기본적인 합의 및 원칙은 세우되 구체적인 방법은 주권 사항으로 받아들여 주는 유연성 있는 접근은 궁극적으로 각국의 국내입법 과정에서 다시 보편적인 soft law의 역할을 수행하게 될 것이기 때문이다. 즉, soft law는 국제관계에 있어서도 형식적 연원에 비해 저항을 덜 받는다는 장점을 가지고 있으나, 이와 함께 국내제도로 수렴되는 과정에서도 저항을 적게 받기 때문이다. 기초적인 가이드라인 또는 원칙을 soft law에서 정해 주고, 이를 국내제도가 수렴하게 된다면 결과적으로 soft law의 내용이 더욱 보편성을 띠게 될 것이기 때문이다.[54] 그렇게 함으로써 soft law는 자신의 역할을 수행하고 효과를 드러낼 수 있을 것이다. 이러한 soft law의 준수는 국가들의 이익을 반영하고 있으므로 자발적 참여 역시 보장될 것이며 준수 역시 높은 수준이 될 것이라고 생각한다.

52) 이에 관한 자세한 내용은 Chinkin, *supra* note 33, pp.856-859.

53) Cassesse, *supra* note 6, p.196.

54) 김화진, "국제법은 언제, 왜 지켜지는가?," 「법학논집」(서울대학교), 제45권 제3호(2004), 33-35쪽.

V. 소 결

보호책임을 크게 실체적 측면–보호책임이 작동될 수 있는 적용범위–과 절차적 측면–실제로 이행·집행되는 체제–으로 구분할 수 있다면, 우선 실체적 측면에 있어서 기존의 강행규범 내지는 국제관습법적 성격을 갖는 실체적 의무규범에 한정하여 판단하는 협의의 보호책임과 달리, 국가들에게 새로운 의무를 보호하는 광의의 보호책임으로 이해할 때 보호책임을 주장하는 실익이 있음은 분명하다. 그러나 광의의 보호책임은 보호책임이 발생하는 상황에 대한 합의와 그 구체적 설정이 부재하다는 점에서 국제법상 규범으로 인정되기에는 많은 한계를 가지고 있다고 보인다.

다음으로 절차적 측면, 즉 보호책임 이행체제의 법적 지위 여부에 관해서는 이 제도를 구상하고 언급한 유엔 총회의 결의와 안전보장이사회 결의의 성격을 통하여 검토하였는데, 현재까지 보호책임이 국가들에 대해 보편적인 권리·의무를 창설했다고 볼 수는 없었다. 하지만 필자는 보호책임을 확립된 국제법규범으로 볼 수는 없으나 언젠가는 주변여건이 충족만 된다면 국제법으로 형성될 수 있는 가능성이 있다고 파악한다. 그런 점에서 보호책임은 원칙적으로 정치적 선언에 머물러 있지만, 일정 부분 soft law의 형태와 그에 준하는 법적 가치를 갖는 것으로 보아도 무방하지 않을까라는 조심스런 결론을 내려본다. 그러나 뭐니 해도 현 시점에서 보호책임이 갖는 진정한 의미는 법적 강제가 아닌 정치적 의지의 강제의 의미가 더 클 것으로 보인다.

한편, 보호책임론이 규범화되기 위한 접근방식으로는 일단 초기에는 강제적 의무를 부담할 국가들의 거부감을 최소화하기 위해 적용범위를 기존의 강행규범 내지는 국제관습법에 바탕을 두는 협의의 보호책임에서 출발하는 것이 바람직할 것이며, 보호책임의 이행절차 역시 유엔을 주축으로 한다는 공감대를 형성하는 편이 적절하다고 생각한다. 물론 추후 보호책임이 진정한 의미를 갖기 위해서는 국가들이 부담하는 의무의 내용들이 보다 구체화됨과 아울러 점차 확대시켜 나가야 할 것이다.

제 6 장

보호책임에 대한 각국의 입장과 한국의 역할

Ⅰ. 도 입

2001년 ICISS가 '보호책임' 개념을 제시한 이후, 보호책임은 국제정치, 국제관계 및 국제법 분야의 학자들에 의하여 활발히 논의되고 있다. 이러한 이론적 논의가 중요함은 물론이지만, 우리가 보호책임을 단순히 정치적 구호가 아닌 법적 규범력을 갖는 제도로 정착시키길 원한다면, 국가들이 보호책임에 대해 어떠한 입장을 취하고 있는지를 분석하는 작업 역시 중요할 것이다. 왜냐하면 어떤 사안에 대한 국가 또는 국가들의 공식적 입장 천명은 국제관습법 형성요건 중 하나인 '관행'(practice)을 이룰 수 있기 때문이다. 특히 보호책임이 생성중인 규범이라고 볼 경우, 국가들의 관행분석은 보호책임에 부정적인 시각을 가지는 국가들을 어떻게 설득시켜야 되는지에 관한 나름대로의 좋은 자료를 제공해 줄 것이다.

국가들의 공식입장 천명은 2005년 보호책임이 세계정상회의 결과물에 포함되고, 유엔 총회 결의로 채택된 이후라고 보인다. 이하에서는 보호책임 논의와 관련한 국가들의 공식적인 성명을 통해 개별 국가들의 보호책임의 입장수립의 논거를 찾고, 찬반의 입장을 통하여 보호책임에 관한 국가들의 이해 및 입장을 알아보고자 한다. 이를 통하여 보호책임이 얼마나 빠른 시일 내에 국제규범으로 정착할 수 있는지 여부를 추론할 수도 있을 것이다. 또한, 이러한 맥락에서 한국 정부는 국제법의 일부로 형성중인 보호책임에 대해 어떤 역할을 취해야 할지에 대해서도 살펴본다. 그 동안 한국이 국제사회에서 행한 인도적 지원과 개입의 성과 및 기존의 평화유지활동 및 다국적군 활동 참여에 관한 성과 검토는 보호책임의 발전과정에 있어서의 한국의 역할과 고려해야 할 사항들에 대한 지표를 제공해 줄 것이다.

II. 보호책임에 대한 각국의 이해 및 입장

1. 보호책임 논의 여부에 관한 국가들의 입장

먼저 2005년 고위급본회의(high-level plenary) 이전 보호책임에 관한 비공식 회의에서는 「2005년 세계정상회의결과물」에 보호책임의 내용을 포함시킬 것인가에 대한 논의가 이루어졌다. 당시 개별 국가들의 입장은 [표 9]와 같다.1)

[표 9] 보호책임 논의 여부에 관한 개별 국가들의 입장

찬성	반대	불분명	언급 없음
아르헨티나, 오스트리아, 캐나다, 칠레, 크로아티아, 핀란드, 프랑스, 독일, 아이슬란드, 아일랜드, 일본, 요르단, 대한민국, 리히텐슈타인, 멕시코, 뉴질랜드, 노르웨이, 파나마, 페루, 포르투갈, 르완다, 싱가포르, 남아공, 스페인, 스리랑카, 스웨덴, 스위스, 탄자니아, 영국	알제리, 벨라루스, 중국, 쿠바, 엘살바도르, 인도, 이란, 자메이카, 파키스탄, 러시아, 시리아, 베네수엘라, 베트남	인도네시아, 미국	브라질, 이탈리아, 카자흐스탄, 케냐, 말레이시아, 몽고, 나이지리아, 폴란드, 터키

1) 2005년 8월 11일 유엔 개혁과 관련한 회의에서 나타난 국가들의 보호책임에 관한 입장이다. http://www.responsibilitytoprotect.org/index.php/civil_society_statements/294.

대한민국 정부는 적극적으로 보호책임 내용을 「2005년 세계정상회의결과물」에 포함시킬 것을 강조한 찬성 그룹에 포함되었으며, 이 밖에 캐나다, 호주, 일본과 유럽연합(EU) 및 아프리카 국가들 역시 대부분 보호책임을 지지하는 입장을 나타냈다. 한편 러시아, 이집트, 시리아, 쿠바, 중국은 대표적으로 보호책임을 반대하는 국가 그룹에 속하며, 이러한 입장은 비동맹그룹(Non-Aligned Movement: NAM) 국가들, 카리브공동체(Caribbean Community: CARICOM) 국가들과 77그룹(G-77)에 속하는 국가들의 지지를 받았다. 보호책임을 반대하는 다수의 국가들은 보호책임이 국제법상 합치되지 않는다고 주장하였으며, 민간인 보호에 관한 체제 마련은 지지하나, 안전보장이사회에 민간인 보호를 위한 집단적 조치를 취할 권한을 주는 것에 대하여 반대 입장을 표시하였다. 비공식 회의를 거친 보호책임은 다수가 찬성한 가운데 「2005년 세계정상회의결과물」에 포함되게 되었다.

유엔 총회에서 세계정상회의결과물에 관한 결의를 통과시키는 과정에서, 다수의 국가들은 공식석상에서 '보호책임'의 중요성을 강조하는 발언을 하였다.[2] 가령 호주의 John Howard 총리는 보호책임의 개념은 인권과 법치의 한 획을 긋는 중요한 발전이라고 하였으며, 캐나다 Paul Martin 총리는 보호책임이 하나의 국제적 행위규범으로서 안전보장이사회가 그의 책임을 이행하기 위한 적절하고 명확한 가이드라인이 될 수 있다고 하였다. 또한, 그는 보호책임을 실제로 이행하기 위해서는 반드시

2) 개별 국가의 주요 발언내용에 관하여는 다음의 자료를 참고. "2005 World Summit Excerpts" www.responsibilitytoprotect.org/index.php?module=uploads&func=download&fileId=167-.

평화건설위원회(PBC)가 설립되어야 함을 강조하였다. 사이프러스와 노르웨이의 경우 보호책임을 '의무'(obligation, duty)로 보다 엄격하게 이해하고, 받아들여야 함을 강조하기도 하였다. 이외에도 다수의 국가들이 보호책임 지지 발언을 하였다.[3)]

이에 반해 베네수엘라 Hugo Chavez Frias 대통령은 국제법이 '선제전쟁'(preemptive war)을 합리화하는 수단으로 사용되어서는 안 된다는 것을 강조하며, 보호책임 논의 역시 같은 맥락으로 남용될 수 있음을 경고하였다. 또한, 보호책임이 현실화된다면 과연 누가, 어떻게 보호할 것인가가 문제될 것이라며 보호책임 논의의 궁극적인 질문을 던지기도 하였다. 보다 부정적인 시각에서 짐바브웨 대표는 보호책임 개념의 모호성을 지적하며, 인도적 간섭과 보호책임과 같은 논의를 주장하는 국가들의 궁극적 의도나 목적을 엄밀히 따져보아야 한다는 비판적 입장을 밝히기도 하였다. 아래에서는 유엔 총회와 안전보장이사회에서 나타난 국가들의 입장을 찬성과 반대로 구분하여 자세히 살펴보도록 하겠다.

2. 유엔 총회에서의 국가들의 입장

보호책임에 찬성하는 국가들은 무력을 사용한 간섭의 경우 안전보장이사회의 결정에 따라야 한다는 것을 전제로 한다. 특히 몇몇 국가들은 이러한 안전보장이사회의 결정은 간섭행위가 있기 전, 즉 사전승인이 필요하며 최후의 배타적 권한임을 강조

3) 보호책임 지지 발언을 한 국가는 다음과 같다. 아르메니아, 보츠와나, 사이프러스, 아이슬란드, 인도네시아, 아일랜드, 이탈리아, 리히텐슈타인, 리투아니아, 모리셔스, 모나코, 뉴질랜드, 노르웨이, 르완다, 스웨덴, 스위스, 영국.

하였다.[4] 그러나 보호책임에 찬성하는 국가들의 발언이 곧바로 보호책임을 국제법상 규범으로 승인한다는 의미는 아니라는데 유의해야 할 것이다. 그 한 예로서 러시아 대표는 "(자국은) 보호책임이 아직 국제법에 합치된다는 견해를 갖고 있지 않다"는 취지의 입장 표명을 한 바 있다. 이 외에도 보호책임을 찬성하는 다수의 국가들은 보호책임이 발전하는 규범이라 볼 수 있을지는 몰라도, 현재까지는 이미 형성된 국제규범으로 받아들일 근거는 없다는 점을 명백히 하였다.[5] 인도네시아의 경우 보호책임에 도덕적·윤리적 정당성이 있음은 인정하지만, 그에 대한 정치적·법적 측면의 논의가 더 진행되어야 함을 강조하며 모호한 입장을 표명하기도 하였다.[6] 보호책임의 범위에 대하여 영토에서의 통제를 상실한 국가의 경우에도 해당하는지 여부에 관하여는 대한민국[7]과 칠레[8]가 긍정적인 입장을 취하였다.

미국의 경우 당시 보호책임에 관한 명확한 입장을 밝히지 않았다. 미국은 보다 일반적이고 도덕적인 차원의 국제책임을 나누어야 함을 강조하면서도, 보호책임은 미국이 고려하고 있는 것과는 다르다고 하였다. 특히 미국은 적절한 상황에서의 예방

4) C. Focarelli, "The Responsibility to Protect Doctrine and Humanitarian Intervention: Too Many. Ambiguities for a Working Doctrine," 13 *J. Conflict & Security L.* 191(2008), pp.201-205.

5) UN General Assembly, Fifty-ninth session, 87th plenary meeting, U.N. Doc. A/59/PV.87(7 April 2005), p.6. 동 회기[Verbatim Records of the Plenary Meetings]에 관한 자료는 다음을 참고: http://www.un.org/ga/59/pv.html.

6) UN General Assembly, Fifty-ninth session, 87th plenary meeting, U.N. Doc. A/59/PV.88(7 April 2005), p.26.

7) UN General Assembly, Fifty-ninth session, 87th plenary meeting, U.N. Doc. A/59/PV.87(7 April 2005), p.13.

8) UN General Assembly, Fifty-ninth session, 86th plenary meeting, U.N. Doc. A/59/PV.86. Corr.1(6 April 2005), p.20.

적 자위가 필요함을 강조하였다.[9] 미국은 보호책임에 따라 안전보장이사회가 유엔헌장 권한에 따라 필요한 경우에 한하여 이행을 할 것을 언급하는 한편, 헌장 해석상 안전보장이사회가 국제평화를 위협하는 상황에 직면하더라도 반드시 그의 권한을 발동해야 한다는 식의 법적 의무는 없다고 보았다. 즉, 미국은 안전보장이사회가 인도적 간섭을 결정할 권한은 인정하나, 그에 따른 어떠한 의무나 책임도 있지 않음을 명백히 하고 있으며, 이에 따라 보호책임 논의의 주요 핵심인 '의무나 책임'으로서의 보호책임 개념을 받아들이고 있지 않다고 판단된다. 한편 미국은 안전보장이사회가 적절한 조치를 취하지 않는다 하더라도, 개별 국가가 자신의 자위권(self-defense) 행사가 필요한 경우에 해당한다면, 그것이 선제적이고 예방적 차원이라 하더라도 정당하다는 점을 강조하고 있다.[10]

한편 반대하는 국가들의 논거는 다음과 같이 정리될 수 있다. 다수의 국가들은 보호책임 용어의 불명확성에 대한 우려를 나타내었다. 특히 보호책임이 기존의 인도적 간섭과 어떠한 차이가 있는지에 대한 명확한 설명이 필요하다고 주장하였다. 알제리아의 경우 1999년 인도적 간섭이 일부 남반구의 개발도상국가들에 의하여 공식적으로 거부되었음을 상기하며, 보호책임이 인도적 간섭과의 구별이 명확하지 않은 이상 그러한 입장은

9) UN General Assembly, Fifty-ninth session, 87th plenary meeting, U.N. Doc. A/59/PV.87(7 April 2005), p.23.

10) 이러한 미국의 입장은 유엔 총회에서 미국 상임대표인 J. Bolton의 성명에 잘 나타나 있다. J. Bolton, United States Representative to the United Nations, *Letter to Colleagues Attaching Proposed Changes to the Text regarding the Responsibility to Protect* (Aug. 30, 2005), availableathttp: //www.reformtheun.org/index.php/countries/44?theme=alt1.

지속될 것이라고 하였다.[11] 특히 비동맹국가군(NAM)에 속하는 국가들은 특히 ICISS가 제시한 보호책임의 군사적 측면에 주목하여, 그러한 군사력 사용이 기존의 강대국이 약소국과의 관계에 있어 자신의 이익을 추구하고, 그의 서구적 가치를 주입·획일화하는데 이용될 수 있음에 심각한 우려의 목소리를 높였다. 특히 보호책임이 보편적인 인도적 목적이라는 명목하에 '제국주의적인 간섭주의자(interventionist)의 입장'을 옹호할 것이라고 하였으며, 약소국의 주권을 제한하고 강대국의 주권영역을 확장하는 결과를 가져올 것이라고 하였다.[12] 그러나 이러한 반대 국가들도 대규모의 인권유린 사태가 발생하였을 때, 이를 위한 국제사회의 적정한 개입의 필요성에 대하여는 공감하였으며, 국가주권의 허용범위 내에서 개입할 수 있는 건설적인 논의가 필요하다고 하였다. 이처럼 보호책임이 강대국의 논리에 따르는 것에 대하여 반대 입장을 펼친 국가는 파키스탄, 알제리아, 이집트, 콜롬비아, 베트남, 베네수엘라, 이란, 쿠바, 시리아가 있다. 특히 베네수엘라는 '실패한 국가'에의 간섭은 민족자결주의(self-determination) 원칙에 반한다고 주장하였다.[13]

3. 안전보장이사회에서의 국가들의 입장

보호책임 개념을 직접적으로 언급하고 있는 안전보장이사회의 결의는 아직까지 없다. 그러나 2006년 만장일치로 채택된

11) *Ibid.*, p.13.

12) Focarelli, *supra* note 4 , p.12.

13) UN General Assembly, Fifty-ninth session, 89th plenary meeting, U.N. Doc. A/59/PV.89(8 April 2005), pp.24-25.

결의 제1674호는 2005년 유엔 총회 결의내용 중 보호책임에 관한 해당 문구를 재인용함으로써 안전보장이사회는 보호책임을 간접적으로나마 최초로 인정한 것으로 보인다. 이후 결의 제1706호, 제1796호는 결의 제1674호를 재확인하고 있다.[14] 무력충돌에서의 민간인 보호에 관한 결의 제1674호 채택과정에서 안전보장이사회는 보호책임원칙을 해당 사안에 적용할 것인가에 대한 논의를 하였으며, 다수의 국가들이 보호책임을 적용할 것을 지지하였다.[15] 물론 이것이 '무력충돌 상황에서의 민간인 보호'라는 특수한 상황에 한하는 논의였지만, 아래에서 보듯이 논의에 참가했던 다수의 국가들은 원칙으로서의 보호책임의 일반적 내용을 지지하였다고 볼 수 있다. 따라서 비록 간접적으로 보호책임이 언급되었지만, 그 자체가 보호책임에 대한 입장 표명이었음을 전제로 할 때, 당시 안전보장이사회의 논의에서 보호책임을 지지한 국가는 아르헨티나, 베닌, 이탈리아, 독일, 일본, 탄자니아, 스위스, 멕시코, 덴마크, 네팔, 프랑스, 영국, 노르웨이, 슬로바키아, 스페인, 르완다 등이었다.

논의 과정중, 페루와 리히텐슈타인은 안전보장이사회의 상임이사국이 보호책임과 관련한 사안에 있어서는 거부권행사를 자제해야 한다는 제안을 하기도 하였다.[16] 이러한 제안에 대하여 브라질, 알제리아, 이집트 및 상임이사국인 러시아와 중국은 반대 입장을 밝혔다. 한편, 미국은 민간인 보호를 강화하기 위하

14) 결의 제1706호와 결의 제1796호의 관련 내용은 다음과 같다. "Re-affirming also its previous resolutions … 1674(2006) on the protection of civilians in armed conflict …."

15) 이 부분에 관해서는 제2장 III. 5 이하 참조.

16) UN Security Council, 60th Session, 5319th meeting, U.N. Doc. S/PV.5319(9 December 2005).

여 국제사회의 역할 이전에 개별 국가의 정부가 어떻게 자국민을 보호할 것이며, 외부의 지원을 허락하고 받아들일 것인가의 문제가 더 중요함을 강조하기도 하였다.[17] 무력충돌에 있어 민간인 보호에 관한 안전보장이사회의 논의는 계속되고 있으며, 수차례의 공식토의 과정을 통해 국가들의 관련 입장을 확인할 수 있다.[18]

(1) 2006년 6월 28일 공식회의[19]

찬성 입장을 취한 국가는 영국, 슬로바키아, 가나, 탄자니아, 콩고, 아르헨티나, 프랑스, 덴마크, 오스트리아(유럽연합 대표), 리히텐슈타인, 캐나다, 과테말라 등이다. 특기할 사항은 슬로베니아는 상임이사국의 거부권 제한을 제안하였으며, 중국은 전반적으로 비판적 입장을 취하였다는 점이다.

(2) 2007년 6월 22일 공식회의[20]

2007년 회의에서는 더 많은 국가들이 보호책임 지지 입장을 나타냈다. 파나마, 페루, 이탈리아, 콩고, 슬로바키아, 영국, 가나, 벨기에, 과테말라, 일본, 아르헨티나, 독일(유럽연합 대표), 나이지리아, 캐나다, 리히텐슈타인, 대한민국, 르완다가 찬성 발언을 하였다. 한편 멕시코는 2005년 만장일치의 결의가 통과되었

17) *Ibid.*, Resumption 1, p.8.

18) 현재까지 논의에 관하여는 Focarelli, *supra* note 4, pp.15-19.

19) UN Security Council, 61st Session, 5476th meeting, U.N doc. S/PV.5476(28 June 2006).

20) UN Security Council, 62nd Session, 5703th meeting, U.N. Doc. S/PV.5703(22 June 2007).

음에도 불구하고, 아직까지 보호책임에 관한 전반적인 불신임이 존재하고 있음을 부정할 수 없을 것이라는 발언으로 보호책임의 현 상황을 지적하였다. 일부 국가들은 새로운 원칙을 단지 불안정한 정치 레짐에 대한 간섭주의자들의 정책의 연속이라고 보고 있으며, 일부 다른 국가들은 보호책임의 적용을 선별적인 방식으로 적용하고, 그들의 외교정책의 이해관계에 따라 그 범위를 제한하고 있음을 지적하였다. 중국과 콜롬비아가 반대 입장을 표명하였다.[21] 카타르는 보호책임원칙은 수용하지만, 동 원칙이 남용되지 않아야 한다는 신중론을 펼쳤다. 미국은 분쟁 당사국의 일차적인 책임을 강조하였으며, 러시아는 보호책임이 안전보장이사회의 권한하에 있는 문제이며, 유엔 총회 역시 국제법과 유엔헌장의 원칙에 기초한 논의를 진행할 것을 당부하였다.

(3) 2007년 11월 20일 공식회의[22]

2007년 11월 20일 공식회의에서는 더 많은 수의 국가들이 지지 의사를 표명하였으며, 더 적은 수의 국가들이 반대 입장을 나타냈다. 찬성 입장을 표명한 국가는 벨기에, 파나마, 프랑스, 남아프리카, 가나, 슬로바키아, 페루, 콩고, 아이슬란드, 포르투갈(유럽연합 대표 발언), 세네갈, 과테말라, 나이지리아, 호주, 캐나다, 리히텐슈타인, 네팔, 아르헨티나, 멕시코 등이었다. 신중론의 입장에서 반대 입장을 취하고 있는 국가로는 카타르가 있

21) *Ibid.*, pp.17, 39.

22) UN Security Council, 62nd Session, 5781st meeting, U.N. Doc. S/PV.5781(20 November 2007).

다. 카타르는 보호책임이 인권과 인간가치에 대한 고귀한 가치를 반영하고 있는 것은 사실이나, 경우에 따라서는 남용될 수 있다는 우려를 표방하면서 보호책임원칙의 논의는 좀 더 신중히 검토되어야 할 것임을 강조했다. 카타르는 보호책임의 목적이 정치화되어서는 안 되며, 개별 국가의 이해관계를 넘어 인도적 목적을 반영하여야 한다는 입장을 표명하였다. 한편 보호책임에 대해 신중한 접근이 필요하다는 입장에 대해 베트남이 동의 입장을 표하였다.

유엔헌장 제7장에 있는 무력을 수반한 강제조치의 적용 여부에 관하여는, 대표적으로 영국이 이를 찬성하는 입장을 보였다. 영국은 주권국가가 민간인을 중대하고 심각한 인권 침해로부터 보호할 수 없거나 보호할 여지가 없는 예외적인 경우, 국제공동체는 이에 대응할 권리뿐 아니라 책임이 있다고 주장하였다. 또한 이러한 대응은 다양한 제재조치를 포함, 민간인 보호를 위한 직접적인 개입이 가능하며 적합한 수단과 비례적인 수단이어야 한다고 강조하였다. 보다 구체적으로 헌장 제7장하의 집단강제조치에 대해서 뉴질랜드는 찬성하는 입장을 표명하였고, 앙골라는 아프리카연합헌장상 인도적 간섭의 조항을 언급하기도 하였다. 러시아는 비국가행위자, 가령 민간군사안보기업(private military and security companies)의 행위에 대해서도 보호책임의 적용이 필요할지도 모른다는 이색적인 언급을 하였다. 한편 중국은 무력사용을 포함한 보호책임 전반에 대하여 지속적으로 반대 입장을 나타내었다.[23]

이상과 같이 국가들의 발언에서 나타나는 보호책임 존재 그

23) *Ibid.*

자체는 아직도 불투명하다. 그만큼 국제관계에서의 보호책임의 법적 성격 규명 및 이행체제의 확립은 상당한 시일이 소요될 것이다.

Ⅲ. 보호책임과 한국의 역할

1. 인도적 지원과 개입에 있어 한국군의 활동

보호책임의 이행 메커니즘에 있어 주로 논의되는 것이 기존의 유엔체제를 강화·이용하는 방법임은 앞서 설명한 바와 같다. 따라서 우리나라가 기존의 유엔 이행체제, 특히 평화유지활동에 어떻게 참여해 왔는지를 살펴봄으로써 앞으로 보호책임의 이행 문제에 대해 어떻게 적절히 대응해 나갈 수 있는지에 대해 단초를 찾아볼 수 있을 것이다.

(1) 한국군의 평화유지활동 현황[24]

한국에서의 평화유지활동에 관한 논의는 1991년 9월 유엔 가입과 함께 본격적으로 시작되었다. 평화유지활동의 참여는 유엔 회원국으로서의 의무이기도 하지만, 한국전쟁 당시 유엔의 지원을 받았다는 점에서 평화유지활동에의 적극 참여할 도의적 의무가 있다고도 하겠다.

24) 국방부, 「2006 국방백서」(국방부, 2006), pp.114-122, 156-158; 국방부 홈페이지 > 정책포커스 > '세계속의 한국' 참고[http://www.mnd.go.kr/policyFocus/koreanSolider/overseas/index.jsp?submenu=5].

한국이 국제 평화유지활동에 적극 참여하는 것은 남북한의 분단 현실을 볼 때에도 궁극적으로 한국의 안보활동에 도움을 줄 것으로 예상하고 있다. 또한 세계 경제·사회·문화 모든 측면에서 한국의 입지에 견주어 이에 걸맞은 세계평화 유지활동에 참여할 필요성이 강조되고 있다. 뿐만 아니라 향후 있을 한국의 위기사태에 다른 국가들의 지원을 호소할 명분을 쌓아간다는 점에서도 평화유지활동의 참여는 강조된다.

한국이 최초로 평화유지활동에 참여한 것은 소말리아에서의 UNOSOM II이다. 소말리아 사례는 안전보장이사회가 유엔헌장 제7장에 기초하여 인도적 간섭을 허용한 획기적인 사건으로 1992년 이래 20개국이 넘는 국가에서 37,000명의 외국군인이 참여하였다. 한국은 UNOSOM II에서 258명 규모의 건설공병부대를 상록수부대(Evergreen Unit)라는 이름으로 소말리아에 파견하였다.

이를 시작으로 1994년 9월에는 42명으로 편성된 국군의료부대가 서부사하라 평화유활동(MINURSO) 임무를 수행하였고, 같은 해 한국군 감시요원(Military Observers) 6명이 그루지야 내전을 감시하기 위해 PKO-UNOMIC에 참여하였다. 또한 같은 해 11월에 인도-파키스탄 지역의 잠무카슈미르 분쟁을 감시할 목적으로 5명의 한국군이 PKO-UNMOGIP에 참여하였다. 이들은 해당 지역의 정전감시 및 순찰, 조사, 중재 등의 임무를 수행하고 있다.

1995년 10월에는 약 200명 규모의 공병부대가 앙골라 지역의 PKO-UNAVEM III에 참여하였으며, 1999년 10월에는 약 400명 규모의 보병부대가 동티모르 평화유지활동단에 참여하였다.

[표 10] 한국군의 유엔 평화유지활동 실적

- 1993. 7. 30~'94. 3. 18 : 소말리아 공병대대(연 516명)
- 1995. 10. 5~'96. 12. 23 : 앙골라 공병대대(연 600명)
- 1997. 3. 3~'98. 3. 31 : 인도 · 파키스탄 정전감시단장
  (연 1명: 소장 안충준)
- 1999. 10. 4~'03. 10. 23 : 동티모르 상록수부대(연 3,283명)
- 2000. 1. 16~'04. 6. 4 : 동티모르 참모 및 연락단(연 45명)
- 2002. 1. 4~'03. 12. 23 : 사이프러스 사령관(연 1명: 중장 황진하)
- 1994. 8. 9~'06. 5. 15 : 서부 사하라 국군의료지원단(연 542명)
- 2004. 9. 15~'06. 12. 11 : 부룬디 임무단(연 4명)
- 2007. 2. 20~8. 26 : UNIFIL 협조반(연 2명)
  * UNIFIL: United Nations Interim Forces in Lebanon
- 1994. 10.~현재 : 인도 · 파키스탄, 그루지아, 레바논 등(연 598명)

* 자료출처: 국방부 홈페이지

[표 11] 한국군의 유엔 평화유지활동 현황

구 분		현인원	지역	최초 파병일	교대 주기	연인원
UN PKO 활동 (7개국)	소 계	397	8개 지역			1,681
	인도 · 파키스탄 정전감시단	10	라왈핀디	'94. 11월	1년	130
	그루지아 정전감시단	7	수쿠미	'94. 11월		86
	라이베리아 임무단	2	몬로비아	'93. 10월		12
	아프간 지원단	1	카불	'93. 7월		6
	수단 임무단	8	카르툼	'05. 11월		27
	레바논 평화유지단	359	티르	'07. 7월	6개월	1,404
	네팔 임무단	2	카트만두	'09. 2월		2
	UNIFIL 참모장교	3	나쿠라 / 티브닌	'07. 1월	1년	6
	UNIFIL 서부여단참모	5		'08. 3월		8

* 자료출처: 국방부 홈페이지

또한 1999년 10월부터 2003년 10월까지 3년 동안 대대 규모의 보병부대가 동티모르의 평화유지활동단－INTEREEFT, UNTAET, UNMISET－에 참여하여 각각 지역재건과 치안회복을 지원하여 인권보호 및 평화정착에 기여하였다.

(2) 유엔 외의 다국적군을 통한 국제사회의 평화유지활동

유엔체제 내에서의 평화유지활동은 유엔의 직접적인 지휘・감독에 따라 활동하는 평화유지군의 형태뿐만 아니라 북대서양조약기구(NATO)를 비롯한 지역안보기구나 미국과 같이 특정 국가에 의해 주도되는 다국적군(MNF)의 형태로도 이루어진다.

[표 12] 유엔군 외의 해외파병 현황

구 분		현인원	지역	최초 파병일	교대 주기	연인원
총 계		707	11개 지역			2,036
소 계		310	5개 지역			355
해양안보작전	소 계	299				299
	청해부대	298	소말리아 해역	’09. 3월	6개월	298
	연합해군사 협조장교	1	마나마		1년	1
미 5함대사	참모	2	마나마	’08. 1월	1년	2
CJTF-HOA (1개국)	참모	1	지부티	’03. 2월	6개월	11
아프가니스탄	PRT	5	바그람	’08. 2월	6개월	11
미 중부사 (플로리다 탐파)	협조단	2	플로리다	’01. 11월	1년	28
	참모	1				4

* 자료출처: 국방부

한국 정부는 현재 미국 주도의 아프가니스탄 다국적군에 참여하고 있으며, 최근에는 미 해군5함대가 주도하는 연합해군사령부(CFMCC)와 공조하여 소말리아에 해군을 파병하였다. 이와 같이 지역안보기구 또는 특정 국가에 의한 경우에도 다국적군이 무력사용을 하기 위해서는 안전보장이사회의 승인이 요구된다.

(3) 「국방개혁 2020」의 관련 내용 검토

「국방개혁 2020」은 대한민국 국방부가 2005년 9월 13일에 공식 발표한 미래 선진정예 국방을 위한 장기적 국방개혁안이다. 국방부는 동 개혁안에서 구체적인 실천과제로서 국방부는 정부의 국력에 걸맞은 수준의 국제평화지활동 확대 방침에 따라 주무부처인 외교통상부와 긴밀한 협조하에 우선 국가차원의 'PKO참여법'(가칭) 제정을 지원하고, 유엔상비체제(UN Stand-by Arrangements System) 참여 수준 격상과 연계하여 PKO 상비부대 편성, PKO센터 역할 및 기능 강화, 그리고 PKO 관리 대외 군사교류 협력 확대를 추진하여 왔다.

그 동안 해외파병시 시의적절하고 안정적인 파병 여건을 보장하기 위해 평화유지활동 관련법 제정에 대한 요구가 꾸준히 제기되어 왔다. 이러한 요구에 따라 2010년 1월 평화유지군 파병 국내절차 합리화 및 간소화를 위한 '국제연합 평화유지활동 참여에 관한 법률'이 국회를 통과함으로써 2010년 4월부터 시행된다.[25] 특히 동 법률 제6조는 국회의 동의를 전제로 총 1천

25) 동 법률은 총 16개 조항과 부칙으로 구성되어 있으며, 유엔 평화유지활동의 정의 및 임무수행의 원칙, 상비부대 설치 근거, 파견에 대한 국회의 동의방법, 파

명 규모의 범위 내에서 정부가 유엔과 파견지 선정, 파견부대의 규모, 파견기간 등에 대해 잠정적으로 합의할 수 있도록 규정하고 있어서 향후 보다 신속하고 효과적인 유엔 PKO 참여가 가능할 것으로 기대된다.

'PKO 상비부대 편성'과 관련하여서는 분쟁의 성격과 이에 대한 평화유지활동의 내용이 보다 복잡해지고 있는 경향에 따라 유엔의 요청시 필요에 따라 적시에 파병이 가능한 적정규모의 상비부대를 편성하는 것이 요구되어 왔다. 이에 따라 국방부는 정부 차원에서 유엔상비체제 격상 추진과 연계하여, 육・해・공・해병대를 포함하는 1,000여명의 상비군을 편성 및 지정하여, 사전훈련 등 상시파견 태세를 갖추도록 계획하고 있다. 또한 오늘날의 평화유지활동에 있어서는 지역재건과 거버넌스의 정착을 지원하기 위한 민・관・군 제 수단의 통합된 노력이 요구됨에 따라 이에 관한 연구, 교육, 세미나 등의 기능을 수행할 국가차원의 「국제평화활동센터」 설립을 추진하고 있다.

(4) 평 가

한국 정부는 기존 유엔의 이행체제, 즉 안전보장이사회의 수권에 의한 다국적군에의 참가 및 유엔 총회의 수권에 의한 유엔 평화유지활동에 적극적으로 참여해 왔으며, 앞으로 이러한 국제적 평화유지 활동의 범위와 규모를 확대해 나갈 것으로 예상된다. 이런 측면에서 향후 보호책임이 국제법상 구속력 있는 의무로 확립된다고 하더라도, 보호책임의 이행을 위한 추가적

견절차, 파견기간 연장 및 종료, 국회에의 활동보고, 관계부처간 협력 및 조정을 위한 정책협의회 구성 및 운영 등에 관한 내용을 담고 있다.

인 부담이 한국 정부에게 크지 않을 것으로 예상된다. 오히려 보호책임의 이행에 적극적으로 참여함으로써 국제평화 유지에 기여하고 이를 주도하는 역할을 할 수 있을 것이다.

2. 보호책임체계 정립 및 발전에의 기여방안

(1) 보호책임원칙 정립에의 적극적 참여

대한민국은 보호책임론의 성립과정에서 어떠한 역할을 할 수 있는가. 일찍이 ICISS는 보호책임 논의의 발전방향에 대하여, 안전보장이사회의 내부적인 가이드라인을 제정할 필요성을 강조하며, 유엔 총회가 보호책임에 관한 결의를 도출할 수 있도록 지원하고, 새로운 협약을 제정하는 것과 더 나아가서는 유엔헌장 자체의 개정을 제안하는 것 등을 고려한 바 있다.[26] 그러나 ICISS 역시 이러한 직접적인 제안은 아직 보호책임의 논의가 무르익지 않은 가운데에서는 진행할 수 없다는 한계를 인정하면서, 향후 국가들이 보호책임의 의미를 자발적으로 채택하고, 유엔사무총장과의 협의를 통하여 보호책임을 보다 구체화하는 것이 최선의 방법일 것이라고 언급한 바 있다.[27]

지금까지 보호책임의 논의 과정에서 대한민국 정부는 보호책임 개념의 「2005년 세계정상회의결과물」에의 포함을 환영하였으며,[28] 앞서 살펴본 바와 같이, 다수의 회의에서 보호책임의

26) 「ICISS Report」, para. 8.26.

27) 자세한 내용은 제2장 참고.

28) Security Council 5319th Meeting(SC/8575), Security Council Open debate on the protection of civilians in armed conflict(9 December 2005). 유엔회의

필요성에 대한 지지의사를 표명한 바 있다. 또한 2007년 안전보장이사회에서 열린 무력충돌시 민간인 보호에 대한 토의에서도 '보호책임'의 용어를 직접적으로 언급하기도 하였다.[29] 지금까지 대한민국 정부는 민간인을 무력충돌과 테러리즘으로부터 보호하지 못하고 있는 국제사회의 현실을 지적하고, 보다 적절한 체제를 통하여 국제공동체에 주어진 '보호책임'의 이행이 필요함을 강조하였다. 이러한 대한민국 정부의 지지 입장은 앞에서 언급하였던 평화유지군 활동의 확대와 밀접한 관련을 가지고 이해될 수도 있으며, 별도의 새로운 규범의 수용적 차원에서 설명될 수도 있을 것이다. 양자 모두의 경우에 있어 향후 대한민국 정부의 보호책임 논의의 발전에 대한 긍정적 역할은 다음과 같이 생각해 볼 수 있을 것이다.

먼저, 보호책임 이론 정립과정에 적극적으로 참여하여야 한다. 이미 여러 번 언급하였지만 보호책임은 현재 발전하고 있는 개념이기 때문에 어떠한 방향으로 이론이 정립이 될지, 개별 국가에게 얼마만큼의 의무가 주어질지, 또 어떠한 경우에 보호책임이 적용될지 등 불분명한 항목이 많다. 그렇기 때문에 아직 보호책임의 명확한 경계획정이 없는 상태에서 보호책임 논의를

보도자료는 다음을 참고. http://www.un.org/News/Press/docs/2005/sc8575.doc.htm.

29) Security Council Open debate on the protection of civilians in armed conflict, 22 June 2007. 관련 원문은 다음과 같다. "Despite the continued efforts of the United Nations, however, it remains sad reality that civilians continue to bear the brunt of armed conflict and terrorism. In both international and civil conflicts, the international community today has become increasingly award of its responsibility to protect civilian populations. We are still distant from translating our responsibility to protect into adequate action."

둘러싼 분쟁 내지 실제상황에서의 남용 가능성을 결코 배제할 수 없다. 따라서 대한민국 정부는 보호책임이 조속한 시일 내에 국제적 정당성과 적법성을 얻을 수 있도록, 이에 관한 국제법적·국제정치적 연구를 수행함으로써 보호책임 개념의 정립에 기여할 필요가 있다.

대한민국 정부는 이러한 이론의 정립을 바탕으로 보호책임의 발전방향에 대한 비전을 제시할 수 있다. 보호책임은 국제회의의 관련 위원회에서의 논의뿐 아니라, 유엔 총회의 대다수 국가의 기조연설에도 언급되는 등 국제공동체의 주요한 논제가 되었다. 따라서 정부는 보호책임 논의에 필요한 비전을 주도적으로 제시함으로써, 국제사회에 인도적 성격을 가진 새로운 제도의 발전에 기여할 필요가 있다. 구체적 방법론으로서는 가령 국제회의 의제로 선정하거나, 보호책임의 법적 지위의 발전에 대한 제안 등을 들 수 있다.

앞서 언급한 바와 같이 대한민국 정부는 보호책임의 유관개념인 인간안보에 대한 정부 입장을 공식적으로 발표한 바 있다. 정부는 인간안보의 기본취지와 국제적 공조 노력의 필요성에 공감하며, 주요 외교과제 중 하나로 인간안보와 관련이 있는 '인류 보편적 가치의 신장'을 설정하고 이의 실현을 위해 노력하고 있다. 보호책임은 인간안보를 전제로 하고 있는 개념이며, 이를 실현할 수 있는 중요한 매개체가 되는 이행방법을 담고 있다. 따라서 보호책임에 대한 정부의 적극적 입장 또한 유지될 필요가 있음은 물론이고, 보호책임 정립에 적극적인 참여를 통해 인간안보에 대한 실천적 과제를 수행해 나가야 할 것이다.

(2) 보호책임 이행의 실질적 준비 및 자원 확보

보호책임을 설명하는 주요 유엔 보고서에 따르면 개별 국가들은 보호책임의 세 단계의 책임이행에 모두에 관여하게 된다. 따라서 일단계의 예방의 책임부터 마지막 재건의 책임까지 모든 국제공동체 구성원 국가로서의 역할이 기대되고 있는 것이다. 세계정상회의결과물 제138항에서는 개별 국가가 예방적 책임이행 체계인 사전경고(early warning) 제도의 구축을 위한 유엔의 노력을 지원해야 한다고 명시하고 있다. 따라서 보호책임의 정립과 이행은 필연적으로 인도적 지원의 자원 확보를 위한 현실적 정책결정과 관련을 가지게 될 것이다. 대한민국 정부는 보호책임원칙 정립에의 적극적 참여를 전제로, 보호책임 이행에 대한 실질적인 준비를 해나가기 위한 국가 예산 및 재정지원을 확보하여야 한다. 이를 위해 기존의 인도적 지원과 평화유지군 활동에 대한 부담을 확대하는 방향을 먼저 생각해 볼 수 있을 것이다.

한국 정부는 2008년 통계로 다음 〈그림 1〉에서 보듯 유엔평화유지군 활동에 대한 예산의 2%를 기여하고 있다.[30)]

미국(26%)과 일본(17%)을 제외하고 다수의 국가들이 10% 미만의 기여를 하고 있으며, 독일(9%), 영국(8%), 프랑스(7%), 이탈리아(5%), 중국(3%), 캐나다(3%), 스페인(3%)에 이어 네덜란드, 호주와 함께 10번째(2%) 기여를 하고 있다. 보호책임원칙이 정립되고 이행되게 된다면, 한국 정부는 평화유지군 활동의 규모 이상의, 그리고 병력공여 역시 큰 역할을 차지하고 있으므로

30) UN Peacekeeping Operation, Fact Sheet(2008년 1월 기준). 자세한 내용은 http://www.un.org/Depts/dpko/dpko/overview.shtml.

〈그림 1〉 유엔평화유지군 활동 예산 지원국 순위

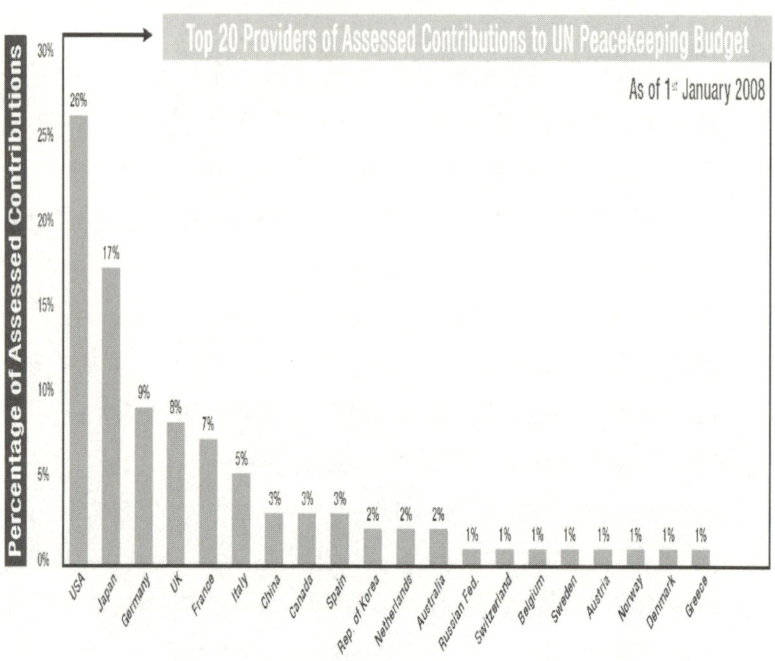

기존의 지원에 추가예산을 편성해야 할 것이다. 또한, 인도적 지원 규모 역시 추가적으로 요청될 것이다.

대한민국 정부는 보호책임의 원칙에 적극적 입장을 표명함과 동시에 보호책임 이행을 위한 예산의 분담 문제에 관한 현실적인 고민을 저버릴 수 없을 것이다. 보호책임은 기본적으로 어떠한 사태가 발생하기 이전에 예방에 투자되는 비용과 재건의 책임단계에서의 현실적인 지원 등을 전제하고 있으므로, 지속적인 재원을 필요로 하고 있다. 물론 보호책임을 협의로 해석하는 경우 안전보장이사회의 결의에 기초한 대응에만 중점을 둘 수 있으나, 보호책임을 기존의 인도적 간섭보다 한 단계 나아간 규범으로 이해하는 경우 이와 같은 점을 간과할 수 없을 것이다. 평화유지군 활동에 있어 상비군에 대한 정책적 제안이 있었으나, 뒷받침되고 있지 않은 현실을 볼 때, 이와 같은 점은 반드시 고려해야 할 것이다.

만일 보호책임을 평화유지군 활동과 다른 차원의 새로운 규범으로 인식한다면, 이에 관한 정책결정은 기존 평화유지군 활동 및 인도적 지원에 대한 국가의 기여 외의 문제로 논의될 수 있을 것이다. 따라서 외교적 수단을 통하여 보호책임 개념의 확립에 이바지하는 것을 검토해 볼 수 있다. 대한민국 정부는 보호책임을 새로운 규범으로서 인정하고, 이에 관한 국제사회에서의 발언을 통하여 보호책임 논의를 이끌어 나가야 한다. 이는 유엔 총회를 비롯한 인권이사회 등에서의 발언에 보호책임의 개념을 포함하는 것을 시작으로, 보호책임과 밀접한 관련을 가지는 사안인 무력충돌시 민간인 보호에 관한 회원국의 주기적인 회의 역시 핵심적인 논의의 장이 될 것이라고 생각한다.

앞에서 설명하였듯이, 보호책임은 명확한 개념이 확립되어있지 않다. 따라서 앞서 언급한 다양한 문제에 대한 검토를 통하여, 대한민국 정부의 입장을 정하고, 이에 대한 논의를 주도적으로 이끌어 나갈 필요가 있다. 대한민국은 보호책임의 이행을 통해 향후 국제사회에서 인도적 국가로서의 위상을 제고할 수 있을 것이다.

(3) 북한과의 관계에 대한 검토

한국 정부는 보호책임의 문제를 북한과의 관계 속에서 다시 한번 살펴볼 필요가 있다. 앞서 자세히 살펴보았듯이, 보호책임은 일차책임 주체인 주권국가의 책임이행을 국제공동체 차원에서 판단하고, 이에 대해 이차책임 주체인 국제공동체가 침해받고 있는 인권의 보호를 위하여 직접적인 관여를 하는 내용을 가지고 있다. 한편 보호책임의 범위는 광의로 해석될 경우 집단살해, 전쟁범죄, 인종청소 및 인도에 반한 죄와 같이 엄격한 기준의 상황이 아니라 하더라도, 보호책임 발동을 일차책임의 실패에 따른 이차책임의 이행이란 근거를 내세울 수 있다. 실제 미얀마 사태와 같이 독재정권의 외부지원과 개입 차단으로 인하여 자국민의 대규모 인권유린을 가져왔을 경우 보호책임 적용 논의가 끊이지 않는 가운데, 북한의 경우도 이에 해당할 수 있다는 예상이 가능하다.

1995년부터 2005년까지 북한은 전체 인구의 3분의 1에 해당하는 주민들에게 식량을 공급하는데 있어 국제사회에 의존해 왔다. 세계식량기구(WFP)는 17억달러($US 1.7 billion) 이상의 지원으로 2천 3백만의 주민을 지원해 왔다고 보고한다.[31] 한편, 2008년 보고에 따르면, 2007년 홍수 이후로 식량난과 경제난이 더욱 심각해진 북한을 긴급식량지원국가로 분류하고 있다(다음 〈그림 2〉 참조).[32]

하지만 이러한 상황에서도 북한은 핵실험을 감행함으로써 몇 차례 국제사회의 원조가 중단되기도 하였다. 북한의 핵실험이 국제사회 현안으로 떠오르며, 북한에 대한 국제기구의 인도적 차원의 지원마저 찬반 논의가 확대되었으며, 어떤 국가는 북한에

31) WFP의 북한에 대한 식량지원의 개요는 다음을 참고: http://www.wfp.org/country_brief/indexcountry.asp?country=408#Facts%20&%20Figures.

32) 2008 June/July Executive Summary: Rapid Food Security Assessment Democratic People's Republic of Korea 참조.

〈그림 2〉 북한의 식량안보 상황

대한 인도적 지원 중단을 선언하기도 하였다.33) 이에 대해 북한은 거꾸로 2005년 유엔에 대해 인도적 지원 중단을 요구하였으며, 이에 대해 유엔은 북한 당국에 인도적 목적의 식량지원을 중단해 달라는 요청을 철회할 것을 촉구하기도 하였다. 또한 중국과 함께 한국의 원조가 대다수를 차지하는 가운데에서, 북한 미사일협상 결렬 등으로 인해 북한 정부가 한국의 인도적 지원을 거부하는 사태가 잇따랐다.34) 기아 수준의 식량난에 빠진 북한이 일방적으로 국제원조를 거부하는 경우, 또는 북한의 도

33) 이종운, "북한에 대한 국제기구의 경제지원 현황과 향후 과제," 「KIEP 세계경제」, 제6권 제6호, 대외경제정책연구원(2003년 6월), 71쪽. http://www.kiep.go.kr/worldInfo/area_ecnm_view.asp?sCategoryCd=004001003000000&sCode=&num=145763&nowPage=4.

34) 백학순, "제19차 남북장관급회담: 결산 및 대책," 「세종논평」, No. 52(2006. 7. 14) 참고; http://www.sejong.org/pub_cm/PUB_CM_DATA/commentary-0652.htm.

발적 행위로 인하여 결국 국제사회가 지원을 거부하는 사태를 초래한 경우, 그 결과는 다수의 인명피해로 나타날 것이다. 즉, 이는 미얀마의 자연재해와 그에 대한 정부의 국제지원 거부의 사례와 같은 차원에서 광의의 보호책임을 근거로 한 논의가 있을 수 있다는 가정을 전혀 배제할 수 없을 것이다.[35] 또한, 인간안보의 측면에서도 식량안보의 문제가 심각한 북한을 보호책임 차원에서 논의하는 것 역시 가능할 지도 모른다.

보호책임은 세 단계의 연속적 책임을 근간으로 하고 있으므로 예방적 차원의 개입을 필수적으로 요구한다. 이는 인도적 차원의 지원에 한하여 논의될 수도 있지만, 특수한 경우 직접적인 개입을 배제하고 있는 것은 아니다. 즉, 이에 대한 일차책임 주체인 주권국가의 의사와는 별도로, 예방적 차원의 보호책임 이행의 필요를 근거로 국제공동체 차원의 개입을 허용하고 있음에 주목할 필요가 있다. 다시 말해, 보호책임은 북한의 급변사태에 대해 적용 가능한 새로운 제도로 부상할 수도 있을 것이다. 따라서 개입의 주체 및 시기 등에 관한 다양한 대안을 검토할 필요가 있을 것이며, 이 문제에 대한 정부의 검토가 반드시 선행되어야 할 것이라고 생각한다. 앞서 강조하였듯이, 보호책임은 발전하는 개념으로, 보호책임의 개념 범위와 향후 발전방향이 확정되어 있지 않은 상태이다. 한국 정부는 보호책임의 논의를 주도적으로 이끌어 나감과 동시에, 보호책임의 논의를 북한에 대한 인도적 지원, 사후의 보호책임 이행의 구체적 이행방법의 관계 속에서 검토하고, 정부의 입장을 수립할 필요가 있다고 본다.

35) Human Rights Watch, "북한: 취약계층에 식량원조 재개해야"(October 6, 2006). http://www.hrw.org/en/news/2006/10/09-0.

Ⅳ. 소 결

보호책임의 논의는 다수 국가들의 지지를 받으며 유엔을 통해 활발히 전개되고 있다. 그러나 그에 대한 반대와 비판 역시 만만치 않으며, 상당수의 국가가 보호책임의 남용 가능성에 대한 우려를 표시하고 있다. 보호책임은 유엔 감독하의 집단적 조치를 예정하고 있으나, 실제 예방적 측면을 강조하는 경우 인도적 목적에 적합하지 않은 개별 주권국가에 대한 간섭으로 남용될 가능성이 적지 않기 때문이다. 일부 국가들의 이와 같은 우려 내지 부정적 평가는 보호책임이 '보호의무' 맥락에서 논의되면서 더욱 설득력을 얻고 있다.[36] 물론 이러한 우려가 일부분 합리적이고 예측 가능하다는 점은 부정할 수 없다. 실제로 보호책임의 이행이 일방적으로 이루어지고 그 과정에서 하나의 기준과 가치만을 전파하게 되는 경우, 혹은 타국가에 대한 간섭이라는 다른 정치적 목적이나 의도가 개입되는 경우 그 폐해는 적지 않을 것이기 때문이다.

재차 강조하지만, 보호책임의 이행은 국가들이 공동체적 차원에서의 정치적 의지가 없다면 실현하기 어려울 것이다. 각 국가는 조만간 보호책임에 대한 자국의 명확한 입장을 강구, 마련해야 할 필요가 있으며, 한국도 예외는 아니다. 아직까지 국내에서의 보호책임에 대한 이론적 연구와 관심이 적은 현실에 비

36) 이는 주로 제3세계 국제법학자들에게 주장되는데, 보호책임은 또 다른 제국주의적 발상이며, 주요 강대국들의 행위를 정당화하는 도구로 이용될 수 있다는 고려가 그것이다. 이러한 입장에 관하여는 M. Ayoob, "Third World Perspectives on Humanitarian Intervention and International Administration," 10 *Global Governance* 99(2004), p.115.

추어 볼 때, 먼저 보호책임의 의의와 그 발전방향에 대한 국제법과 국제정치 영역에서의 학문적 연구를 지원하고, 이를 바탕으로 보호책임에 대한 정부 입장을 수립할 필요가 있다. 또한 보호책임의 실제 이행에 대비하여 자원과 인력을 확보하고, 보호책임의 이행을 기존의 다국적군 활동이나 평화유지군 활동의 맥락에서 할 것인지, 별도의 차원의 예산과 지원으로 할 것인지를 결정해야 할 것이다. 북한에 대한 보호책임의 적용문제는 상당히 민감한 정치적 문제이지만 이 역시 모든 상황을 고려한 대한민국 정부의 입장 수립이 필요하다고 본다.

제 7 장

결 론

지금까지 우리는 보호책임의 발전과정, 관련 이론의 분석, 이행체제, 법적 성격 및 각국의 입장과 대한민국이 보호책임과 관련하여 대비해야 할 사항들에 대하여 살펴보았다.

보호책임은 2001년 「ICISS 보고서」, 2004년 Kofi Annan 유엔 사무총장의 결정에 따라 설립된 '위협과 도전, 변화에 관한 고위급패널'(the High-level Panel on Threats, Challenges and Change)의 보고서 「A More Secure World: Our Shared Responsibility」, 2005년 Kofi Annan 유엔 사무총장의 보고서 「In Larger Freedom: Towards Development, Security and Human Rights for All」, 「2005년 세계정상회의결과물」과 이를 승인한 유엔 총회 결의 제60/1호 및 안전보장이사회 결의 제1674호, 제1704호 등 다수의 문서를 통해 발전하고 있는 제도(mechanism)이다. 여기에 2009년 보호책임의 이행의 내용을 다룬 반기문 유엔 사무총장의 보고서 「Implementing the Responsibility to Protect」가 발표됨에 따라, 보호책임이 무엇이며 또한 그것이 과연 필요한가 등의 단순한 이론적 차원이 아니라, 이제는 실질적인 이행차원의 논의로 발전하고 있다고 보인다. 또한 2009년 9월 14일 제63차 유엔 총회에서 '보호책임'(The responsibility to protect)이라는 제목하에 결의 제63/308호가 통과됨에 따라 보호책임의 논의는 유엔의 장을 통해 지속될 것으로 예상된다.

그러나 주지하다시피, 보호책임은 아직도 여러 가지 측면에서 불명확한 점이 존재하며, 그에 따른 문제점이 끊임없이 제기되고 있음도 사실이다. 가령 앞에서 자세히 살펴보았지만, 보호책임이 발동될 수 있는 상황을 좁게 보는가(협의의 보호책임) 아니면 넓게 보는가(광의의 보호책임)에 따라 두 가지 관점이 존재한다. 우리가 보호책임이 발동될 수 있는 상황을 좁게 본다면, 이는 국제형사재판소(ICC)의 관할범죄와 그 범위가 유사하며, 강행규범 위반행위에 속하기 때문에 보편적 관할권까지 논할 수 있을 것이다. 한편, 우리 연구의 출발점이 되었던 「2001년 ICISS 보고서」처럼 보호책임을 넓게 파악할 경우에는 기존의 강행규범 위반으로 인정되기 어려운 인권유린 사태까지 국제공동체의 포괄적인 접근을 용이하게 한다는 의미가 있다.

「2005년 세계정상회의결과물」 이후 유엔에서 채택되고 있는 보호책임과 관련된 거의 대부분의 문서들은 '협의의 보호책임', 즉 보호책임이 발동되는 상황을 좁게 이해하고 있다. 이는 학자 입장에서 볼 때는 유감스럽지만, 다른 한편 현실적이며 타협적인 접근방식으로 평가할 수 있다. 하지만, '협의의 보호책임' 시각을 따른다 하더라도 오늘날 전 지구적으로 예방적 차원의 효율적 조치가 강조되고 있음을 고려할 때, 보호책임을 과연 국제형사재판소(ICC)의 관할범죄인 집단살해, 전쟁범죄, 인종청소 및 인도에 반하는 죄의 경우에만 논할 수 있을 것인지 여부에 대해서는 의문이 제기될 수 있을 것이다. 이처럼 보호책임의 적용범위와 향후 발전방향에 대해서는 다양한 의견들이 제시될 것이며, 관련 논의를 주시할 필요가 있다.

보호책임은 또한 이론상의 문제와 이행의 문제, 즉 실체법과 절차법적 요소를 모두 담고 있는 제도이다. 이처럼 서로 차원이 다른 논의가 동시에 병존하기 때문에 짧은 시간 내에 명쾌하게 정의하기는 어려울 것이다. 그럼에도 불구하고, 보호책임은 국제사회의 주요 의제로서 인권과 주권과의 관계에 대한 국제사회의 논의를 주도하고 있으며, 동시에 새로운 안보위협으로부터 확대된 안보 개념에 기초한 집단안전보장체제의 강화에 대한 문제를 내포하고 있다. 보다 구체적으로 보호책임의 핵심적 논의는 과연 인권보호가 국내문제 불간섭원칙에 우선하는가, 만일 우선한다면 단순히 예방과 재건이 아닌 최후의 수단으로 '적절한 대응'을 할 수밖에 없는 경우, 그를 위한 무력사용 가능성은 유엔헌장이 예정하고 있는 경우 이외의 어떠한 경우에도 허용될 수 없다는 원칙론에서 벗어날 수 없는가 등에 귀착할 것이다.

재차 강조하지만 보호책임의 실질적 이행은 국가들의 정치적 의지에 좌우될 것이다. 앞서 언급하였듯이 보호책임의 '책임'은 실현된 행위에 대한 인과적 책임 소재로서의 '책임'의 의미가 아니다. 즉, 결과에 따른 책임이 아니며, 행위되어야 할 것에 대한 책임이라는 특정한 권한을 부여 받음과 동시에 그것이 목적하는 바를 달성하도록 할 의무로서의 책임을 지게 되는 경우와 유사한 의미를 가진다고 볼 수 있다. 여기에서 '목적하는 바'가 무엇인지는 국제공동체 전체의 합의에 따른 단순한 '인권의 보호 또는 그 이상의 인간안보'라 할 수 있을지, 아니면 개별 국가의 이해관계에 기초한 '지역 내지 국제안보'의 유지로 해석될 수 있을지는 다양한 변수를 고려한 총체적인 평가를 통해서만 일정한 결론을 도출할 수 있을 것이다. 물론 여기서 도출된 결론 역시 절대적이거나 불가변의 결론은 아니다. 그럼에도 불구하고 보호책임을 국제법적 관점에서 논의하고자 한 것은, 오히려 보호책임이 21세기 국제법의 변화 내지 그 가능성을 함축하고 있고, 또한 향후 어떠한 방향으로 발전해야 하는지 또는 발전할 수 있을지를 보여 주고 있기 때문이다.

보호책임이 국제법에 미치는 영향은 다양하며 다음과 같이 정리될 수 있다.

첫째로, 보호책임은 하나의 이론으로서 간섭을 정당화하는 개념이고, 동시에 인권보호를 강제하는 개념이다. 그 대상은 국가뿐만 아니라 국제공동체에 해당하며, 제3의 보호대상을 위한 모든 주권국가와 국제공동체와의 약속의 개념으로 이해할 수 있을 것이다.

둘째로, 보호책임의 인정은 현재의 집단안보체제를 변화시킬 것이다. 보호책임은 집단안보조치를 가동해야 할 집단안보체제의 주요 내용이 됨으로써, 집단안보의 범위와 대상을 국가단위에서 인간단위로 전환시킬 것이다. 또한 집단안보의 위협의 결정은 안전보장이사회의 고유권한이었으나, 보호책임으로 인하여 안전보장이사회의 결정을 사실상 구속하게 되는 결과를 가져올 것이다. 더욱이 보호책임에 관한 거부권행사를 제한하는 논의를 끌어들임으로써 안전보장이사회의 의사결정 구조의 전체적 개혁을 유도할지도 모른다.

셋째로, 보호책임은 연속적인 책임이행을 의미한다. 기존의 인도적 간섭이 일정한 사태가 일어난 이후의 대응에 국한된 것과 달리, 보호책임은 대응뿐 아니라 예방과 재건의 연속적인 책임을 예정하고 있다. 물론 여기에는 예방의 범위가 무엇인지, 예방의 대상을 누가 결정할 것인지, 재건의 범위와 주체는 누가 될 것이며, 이러한 자원은 어디에서 나올 것인지 이행체제 전반에 대한 새로운 문제를 제기한다. 이는 특히 국가들의 정치적 의지와 밀접한 관련을 가지고 있는 내용이며, 이는 보호책임의 내재적 한계로 작용하기도 할 것이다.

현재까지 이루어지고 있는 보호책임에 관한 논의는 앞으로 국제법상 어떤 위치를 차지할 것인가. 여기에 고려되어야 할 변수가 많은 것이 사실이다. 앞에서 보았듯 보호책임을 새로운 형태의 국내문제 간섭의 도구로 사용되지 않을까 우려하는 국가들은 계속해서 반대할 것이다. 그러나 이 와중에서 보호책임이 국제관습법으로 발전할 가능성을 전혀 배제할 수 없다고 본다. 유엔을 중심으로 하는 평화유지군 활동의 이행방법의 점진적 변화는 '계속적'이며 또한 '거의 동일한' 관행이 될 것이며, 지금까지 채택된 관련 문서들 역시 시간이 지나가면 언젠가는 법적 확신을 보여 주는 결과가 될 수 있을 것이다. 단순한 정치적 선언이 아닌 일정부분 soft law의 형태를 갖는 단계를 넘어서 국제관습법으로 확립되기 위해서는 보호책임의 내용 중, 특히 명확한 적용범위와 그 구체적인 이행방안에 대한 합의가 도출되어야 한다. 이 과정에서 대한민국 정부는 그 동안 보여 주었던 적극적이고 긍정적인 태도를 견지하여 유엔 내부에서의 공론화에 주도적 역할을 할 필요가 있을 것이다. 특히 이는 대 북한관계에 미칠 가능성을 염두에 둘 때 더욱 그러하다.

보호책임이 보다 적극적인 인권보호의 메커니즘으로 발전할 것인지, 아니면 단지 국제사회와 국제법 그리고 국제정치의 변화를 요구하는 하나의 개혁적인 아이디어로 머물 것인지는 이제 우리 모두에게 달려 있다.

부 록

1. International Commission on Intervention and State Sovereignty (ICISS), The Responsibility to Protect(Ottawa: International Development Research Center, 2001), Synopsis.
2. Report of the Secretary-General, Report of the Secretary-General's High-Level Panel on Threats, Challenges, and Change, A More Secure World: Our Shared Responsibility, U.N. GAOR, U.N. Doc. A/59/565(2 December 2004), Synopsis.
3. Report of the Secretary-General, In Larger Freedom: Towards Development, Security, and Human Rights for All, U.N. GAOR, U.N. Doc. A/59/2005(21 March 2005).
4. 「World Summit Outcome」, G.A. Res. 60/1, U.N. Doc. A/RES/60/1(24 October 2005).
5. Security Council Resolution 1674(2006), Doc S/RES/1674(2006), 28 April 2006.
6. Report of the Secretary-General, Follow-up to the outcome of the Millennium Summit, Implementing the Responsibility to Protect, U.N. GAOR, U.N. Doc. A/63/677(12 January 2009), Summary
7. 「The Responsibility to Protect」, G.A. Res. 63/308, U.N. Doc. A/RES/63/308(7 October 2009)

THE RESPONSIBILITY TO PROTECT

DECEMBER 2001

REPORT OF THE
INTERNATIONAL COMMISSION ON INTERVENTION
AND STATE SOVEREIGNTY

SYNOPSIS

THE RESPONSIBILITY TO PROTECT: CORE PRINCIPLES

(1) BASIC PRINCIPLES

A. State sovereignty implies responsibility, and the primary responsibility for the protection of its people lies with the state itself.

B. Where a population is suffering serious harm, as a result of internal war, insurgency, repression or state failure, and the state in question is unwilling or unable to halt or avert it, the principle of non-intervention yields to the international responsibility to protect.

(2) FOUNDATIONS

The foundations of the responsibility to protect, as a guiding principle for the international community of states, lie in:

A. obligations inherent in the concept of sovereignty;

B. the responsibility of the Security Council, under Article 24 of the UN Charter, for the maintenance of international peace and security;

C. specific legal obligations under human rights and human protection declarations, covenants and treaties, international humanitarian law and national law;

D. the developing practice of states, regional organizations and the Security Council itself.

(3) ELEMENTS

The responsibility to protect embraces three specific responsibilities:

A. **The responsibility to prevent**: to address both the root causes and direct causes of internal conflict and other man-made crises putting populations at risk.

B. **The responsibility to react**: to respond to situations of compelling human need with appropriate measures, which may include coercive measures like sanctions and international prosecution, and in extreme cases military intervention.

C. **The responsibility to rebuild**: to provide, particularly after a military intervention, full assistance with recovery, reconstruction and reconciliation, addressing the causes of the harm the intervention was designed to halt or avert.

(4) PRIORITIES

A. **Prevention is the single most important dimension of the responsibility to protect**: prevention options should always be exhausted before intervention is contemplated, and more commitment and resources must be devoted to it.

B. The exercise of the responsibility to both prevent and react should always involve less intrusive and coercive measures being considered before more coercive and intrusive ones are applied.

THE RESPONSIBILITY TO PROTECT: PRINCIPLES FOR MILITARY INTERVENTION

(1) THE JUST CAUSE THRESHOLD

Military intervention for human protection purposes is an exceptional and extraordinary measure. To be warranted, there must be serious and irreparable harm occurring to human beings, or imminently likely to occur, of the following kind:

A. **large scale loss of life,** actual or apprehended, with genocidal intent or not, which is the product either of deliberate state action, or state neglect or inability to act, or a failed state situation; or

B. **large scale 'ethnic cleansing'**, actual or apprehended, whether carried out by killing, forced expulsion, acts of terror or rape.

(2) THE PRECAUTIONARY PRINCIPLES

A. **Right intention:** The primary purpose of the intervention, whatever other motives intervening states may have, must be to halt or avert human suffering. Right intention is better assured with multilateral operations, clearly supported by regional opinion and the victims concerned.

B. **Last resort:** Military intervention can only be justified when every non-military option for the prevention or peaceful resolution of the crisis has been explored, with reasonable grounds for believing lesser measures would not have succeeded.

C. **Proportional means:** The scale, duration and intensity of the planned military intervention should be the minimum necessary to secure the defined human protection objective.

D. **Reasonable prospects:** There must be a reasonable chance of success in halting or averting the suffering which has justified the intervention, with the consequences of action not likely to be worse than the consequences of inaction.

(3) RIGHT AUTHORITY

A. There is no better or more appropriate body than the United Nations Security Council to authorize military intervention for human protection purposes. The task is not to find alternatives to the Security Council as a source of authority, but to make the Security Council work better than it has.

B. Security Council authorization should in all cases be sought prior to any military intervention action being carried out. Those calling for an intervention should formally request such authorization, or have the Council raise the matter on its own initiative, or have the Secretary-General raise it under Article 99 of the UN Charter.

C. The Security Council should deal promptly with any request for authority to intervene where there are allegations of large scale loss of human life or ethnic cleansing. It should in this context seek adequate verification of facts or conditions on the ground that might support a military intervention.

D. The Permanent Five members of the Security Council should agree not to apply their veto power, in matters where their vital state interests are not involved, to obstruct the passage of resolutions authorizing military intervention for human protection purposes for which there is otherwise majority support.

E. If the Security Council rejects a proposal or fails to deal with it in a reasonable time, alternative options are:

  I. consideration of the matter by the General Assembly in Emergency Special Session under the "Uniting for Peace" procedure; and

  II. action within area of jurisdiction by regional or sub-regional organizations under Chapter VIII of the Charter, subject to their seeking subsequent authorization from the Security Council.

F. The Security Council should take into account in all its deliberations that, if it fails to discharge its responsibility to protect in conscience-shocking situations crying out for action, concerned states may not rule out other means to meet the gravity and urgency of that situation – and that the stature and credibility of the United Nations may suffer thereby.

(4) OPERATIONAL PRINCIPLES

A. Clear objectives; clear and unambiguous mandate at all times; and resources to match.

B. Common military approach among involved partners; unity of command; clear and unequivocal communications and chain of command.

C. Acceptance of limitations, incrementalism and gradualism in the application of force, the objective being protection of a population, not defeat of a state.

D. Rules of engagement which fit the operational concept; are precise; reflect the principle of proportionality; and involve total adherence to international humanitarian law.

E. Acceptance that force protection cannot become the principal objective.

F. Maximum possible coordination with humanitarian organizations.

A more secure world:
Our shared responsibility

Report of the High-level Panel on Threats, Challenges and Change

United Nations
2004

Synopsis

Towards a new security consensus

The United Nations was created in 1945 above all else "to save succeeding generations from the scourge of war" - to ensure that the horrors of the World Wars were never repeated. Sixty years later, we know all too well that the biggest security threats we face now, and in the decades ahead, go far beyond States waging aggressive war. They extend to poverty, infectious disease and environmental degradation; war and violence within States; the spread and possible use of nuclear, radiological, chemical and biological weapons; terrorism; and transnational organized crime. The threats are from non-State actors as well as States, and to human security as well as State security.

The preoccupation of the United Nations founders was with State security. When they spoke of creating a new system of collective security they meant it in the traditional military sense: a system in which States join together and pledge that aggression against one is aggression against all, and commit themselves in that event to react collectively. But they also understood well, long before the idea of human security gained currency, the indivisibility of security, economic development and human freedom. In the opening words of the Charter, the United Nations was created "to reaffirm faith in fundamental human rights" and "to promote social progress and better standards of life in larger freedom".

The central challenge for the twenty-first century is to fashion a new and broader understanding, bringing together all these strands, of what collective security means - and of all the responsibilities, commitments, strategies and institutions that come with it if a collective security system is to be effective, efficient and equitable.

If there is to be a new security consensus, it must start with the understanding that the front-line actors in dealing with all the threats we face, new and old, continue to be individual sovereign States, whose role and responsibilities, and right to be respected, are fully recognized in the Charter of the United Nations. But in the twenty-first century, more than ever before, no State can stand wholly alone. Collective strategies, collective institutions and a sense of collective responsibility are indispensable.

The case for collective security today rests on three basic pillars. Today's threats recognize no national boundaries, are connected, and must be addressed at the global and regional as well as the national levels. No State, no matter how powerful, can by its own efforts alone make itself invulnerable to today's threats. And it cannot be assumed that every State will always be able, or willing, to meet its responsibility to protect its own peoples and not to harm its neighbours.

We must not underestimate the difficulty of reaching a new consensus about the meaning and responsibilities of collective security. Many will regard one or more of the threats we identify as not really being a threat to international peace and security. Some believe that HIV/AIDS is a horrible disease, but not a security threat. Or that terrorism is a threat to some States, but not all. Or that civil wars in Africa are a humanitarian tragedy, but surely not a problem for international security. Or that poverty is a problem of development, not security.

Differences of power, wealth and geography do determine what we perceive as the gravest threats to our survival and well-being. Differences of focus lead us to dismiss what others perceive as the gravest of all threats to their survival. Inequitable responses to threats further fuel division. Many people believe that what passes for collective security today is simply a system for protecting the rich and powerful. Such perceptions pose a fundamental challenge to building collective security today. Stated baldly, without mutual recognition of threats there can be no collective security. Self-help will rule, mistrust will predominate and cooperation for long-term mutual gain will elude us.

What is needed today is nothing less than a new consensus between alliances that are frayed, between wealthy nations and poor, and among peoples mired in mistrust across an apparently widening cultural abyss. The essence of that consensus is simple: we all share responsibility for each other's security. And the test of that consensus will be action.

Collective security and the challenge of prevention

Any event or process that leads to large-scale death or lessening of life chances and undermines States as the basic unit of the international system is a threat to international security. So defined, there are six clusters of threats with which the world must be concerned now and in the decades ahead:

- Economic and social threats, including poverty, infectious disease and environmental degradation
- Inter-State conflict
- Internal conflict, including civil war, genocide and other large-scale atrocities
- Nuclear, radiological, chemical and biological weapons
- Terrorism
- Transnational organized crime

In its first 60 years, the United Nations has made crucial contributions to reducing or mitigating these threats to international security. While there have been major failures and shortcomings, the record of successes and contributions is underappreciated. This gives hope that the Organization can adapt to successfully confront the new challenges of the twenty-first century.

The primary challenge for the United Nations and its members is to ensure that, of all the threats in the categories listed, those that are distant do not become imminent and those that are imminent do not actually become destructive. This requires a framework for preventive action which addresses all these threats in all the ways they resonate most in different parts of the world. Most of all, it will require leadership at the domestic and international levels to act early, decisively and collectively against all these threats - from HIV/AIDS to nuclear terrorism - before they have their most devastating effect.

In describing how to meet the challenge of prevention, we begin with development because it is the indispensable foundation for a collective security system that takes prevention seriously. It serves multiple functions. It helps combat the poverty, infectious disease and environmental degradation that kill millions and threaten human security. It is vital in helping States prevent or reverse the erosion of State capacity, which is crucial for meeting almost every class of threat. And it is part of a long-term strategy for preventing civil war and for addressing the environments in which both terrorism and organized crime flourish.

Collective security and the use of force

What happens if peaceful prevention fails? If none of the preventive measures so far described stop the descent into war and chaos? If distant threats do become imminent? Or if imminent threats become actual? Or if a non-imminent threat nonetheless becomes very real and measures short of the use of military force seem powerless to stop it?

We address here the circumstances in which effective collective security may require the backing of military force, starting with the rules of international law that must govern any decision to go to war if anarchy is not to prevail. It is necessary to distinguish between situations in which a State claims to act in self-defence; situations in which a State is posing a threat to others outside its borders; and situations in which the threat is primarily internal and the issue is the responsibility to protect a State's own people. In all cases, we believe that the Charter of the United Nations, properly understood and applied, is equal to the task: Article 51 needs neither extension nor restriction of its long-understood scope, and Chapter VII fully empowers the Security Council to deal with every kind of threat that States may confront. The task is not to find alternatives to the Security Council as a source of authority but to make it work better than it has.

That force *can* legally be used does not always mean that, as a matter of good conscience and good sense, it *should* be used. We identify a set of guidelines - five criteria of legitimacy - which we believe that the Security Council (and anyone else involved in these decisions) should always address in considering whether to authorize or apply military force. The adoption of these guidelines (seriousness of threat, proper purpose, last resort, proportional means and balance of consequences) will not produce agreed conclusions with push-button predictability, but should significantly improve the chances of reaching international consensus on what have been in recent years deeply divisive issues.

We also address here the other major issues that arise during and after violent conflict, including the needed capacities for peace enforcement, peacekeeping and peacebuilding, and the protection of civilians. A central recurring theme is the necessity for all members of the international community, developed and developing States alike, to be much more forthcoming in providing and supporting deployable military resources. Empty gestures are all too easy to make: an effective, efficient and equitable collective security system demands real commitment.

A more effective United Nations for the twenty-first century

The United Nations was never intended to be a utopian exercise. It was meant to be a collective security system that worked. The Charter of the United Nations provided the most powerful States with permanent membership on the Security Council and the veto. In exchange, they were expected to use their power for the common good and promote and obey international law. As Harry Truman, then President of the United States, noted in his speech to the final plenary session of the founding conference of the United Nations Organization, "we all have to recognize - no matter how great our strength - that we must deny ourselves the licence to do always as we please".

In approaching the issue of United Nations reform, it is as important today as it was in 1945 to combine power with principle. Recommendations that ignore underlying power realities will be doomed to failure or irrelevance, but recommendations that simply reflect raw distributions of power and make no effort to bolster international principles are unlikely to gain the widespread adherence required to shift international behaviour.

Proposed changes should be driven by real-world need. Change for its own sake is likely to run the well-worn course of the endless reform debates of the past decade. The litmus test is this: does a proposed change help meet the challenge posed by a virulent threat?

Throughout the work of the High-level Panel on Threats, Challenges and Change, we have looked for institutional weaknesses in current responses to threats. The following stand as the most urgently in need of remedy:

- The General Assembly has lost vitality and often fails to focus effectively on the most compelling issues of the day.
- The Security Council will need to be more proactive in the future. For this to happen, those who contribute most to the Organization financially, militarily

and diplomatically should participate more in Council decision-making, and those who participate in Council decision-making should contribute more to the Organization. The Security Council needs greater credibility, legitimacy and representation to do all that we demand of it.

- There is a major institutional gap in addressing countries under stress and countries emerging from conflict. Such countries often suffer from attention, policy guidance and resource deficits.
- The Security Council has not made the most of the potential advantages of working with regional and subregional organizations.
- There must be new institutional arrangements to address the economic and social threats to international security.
- The Commission on Human Rights suffers from a legitimacy deficit that casts doubts on the overall reputation of the United Nations.
- There is a need for a more professional and better organized Secretariat that is much more capable of concerted action.

The reforms we propose will not by themselves make the United Nations more effective. In the absence of Member States reaching agreement on the security consensus contained in the present report, the United Nations will underachieve. Its institutions will still only be as strong as the energy, resources and attention devoted to them by Member States and their leaders.

IX. Using force: rules and guidelines

183. The framers of the Charter of the United Nations recognized that force may be necessary for the "prevention and removal of threats to the peace, and for the suppression of acts of aggression or other breaches of the peace". Military force, legally and properly applied, is a vital component of any workable system of collective security, whether defined in the traditional narrow sense or more broadly as we would prefer. But few contemporary policy issues cause more difficulty, or involve higher stakes, than the principles concerning its use and application to individual cases.

184. The maintenance of world peace and security depends importantly on there being a common global understanding, and acceptance, of when the application of force is both legal and legitimate. One of these elements being satisfied without the other will always weaken the international legal order - and thereby put both State and human security at greater risk.

A. The question of legality

185. The Charter of the United Nations, in Article 2.4, expressly prohibits Member States from using or threatening force against each other, allowing only two exceptions: self-defence under Article 51, and military measures authorized by the Security Council under Chapter VII (and by extension for regional organizations under Chapter VIII) in response to "any threat to the peace, breach of the peace or act of aggression".

186. For the first 44 years of the United Nations, Member States often violated these rules and used military force literally hundreds of times, with a paralysed Security Council passing very few Chapter VII resolutions and Article 51 only rarely providing credible cover. Since the end of the cold war, however, the yearning for an international system governed by the rule of law has grown. There is little evident international acceptance of the idea of security being best preserved by a balance of power, or by any single - even benignly motivated - superpower.

187. But in seeking to apply the express language of the Charter, three particularly difficult questions arise in practice: first, when a State claims the right to strike preventively, in self-defence, in response to a threat which is not imminent; secondly, when a State appears to be posing an external threat, actual or potential, to other States or people outside its borders, but there is disagreement in the Security Council as to what to do about it; and thirdly, where the threat is primarily internal, to a State's own people.

1. Article 51 of the Charter of the United Nations and self-defence

188. The language of this article is restrictive: "Nothing in the present Charter shall impair the inherent right of individual or collective self-defense if an armed attack occurs against a member of the United Nations, until the Security Council has taken measures to maintain international peace and security". However, a threatened State, according to long established international law, can take military action as long as the threatened attack is *imminent*, no other means would deflect it and the action is proportionate. The problem arises where the threat in question is not imminent but still claimed to be real: for example the acquisition, with allegedly hostile intent, of nuclear weapons-making capability.

189. Can a State, without going to the Security Council, claim in these circumstances the right to act, in anticipatory self-defence, not just pre-emptively (against an imminent or proximate threat) but preventively (against a non-imminent or non-proximate one)? Those who say "yes" argue that the potential harm from some threats (e.g., terrorists armed with a nuclear weapon) is so great that one simply cannot risk waiting until they become imminent, and that less harm may be done (e.g., avoiding a nuclear exchange or radioactive fallout from a reactor destruction) by acting earlier.

190. The short answer is that if there are good arguments for preventive military action, with good evidence to support them, they should be put to the Security Council, which can authorize such action if it chooses to. If it does not so choose, there will be, by definition, time to pursue other strategies, including persuasion, negotiation, deterrence and containment - and to visit again the military option.

191. For those impatient with such a response, the answer must be that, in a world full of perceived potential threats, the risk to the global order and the norm of non-intervention on which it continues to be based is simply too great for the legality of unilateral preventive action, as distinct from collectively endorsed action, to be accepted. Allowing one to so act is to allow all.

192. **We do not favour the rewriting or reinterpretation of Article 51.**

2. Chapter VII of the Charter of the United Nations and external threats

193. In the case of a State posing a threat to other States, people outside its borders or to international order more generally, the language of Chapter VII is inherently broad enough, and has been interpreted broadly enough, to allow the

Security Council to approve any coercive action at all, including military action, against a State when it deems this "necessary to maintain or restore international peace and security". That is the case whether the threat is occurring now, in the imminent future or more distant future; whether it involves the State's own actions or those of non-State actors it harbours or supports; or whether it takes the form of an act or omission, an actual or potential act of violence or simply a challenge to the Council's authority.

194. We emphasize that the concerns we expressed about the legality of the preventive use of military force in the case of self-defence under Article 51 are not applicable in the case of collective action authorized under Chapter VII. In the world of the twenty-first century, the international community does have to be concerned about nightmare scenarios combining terrorists, weapons of mass destruction and irresponsible States, and much more besides, which may conceivably justify the use of force, not just reactively but preventively and before a latent threat becomes imminent. The question is not whether such action can be taken: it can, by the Security Council as the international community's collective security voice, at any time it deems that there is a threat to international peace and security. The Council may well need to be prepared to be much more proactive on these issues, taking more decisive action earlier, than it has been in the past.

195. Questions of legality apart, there will be issues of prudence, or legitimacy, about whether such preventive action *should* be taken: crucial among them is whether there is credible evidence of the reality of the threat in question (taking into account both capability and specific intent) and whether the military response is the only reasonable one in the circumstances. We address these issues further below.

196. It may be that some States will always feel that they have the obligation to their own citizens, and the capacity, to do whatever they feel they need to do, unburdened by the constraints of collective Security Council process. But however understandable that approach may have been in the cold war years, when the United Nations was manifestly not operating as an effective collective security system, the world has now changed and expectations about legal compliance are very much higher.

197. One of the reasons why States may want to bypass the Security Council is a lack of confidence in the quality and objectivity of its decision-making. The Council's decisions have often been less than consistent, less than persuasive and less than fully responsive to very real State and human security needs. But the solution is not to reduce the Council to impotence and irrelevance: it is to work from within to reform it, including in the ways we propose in the present report.

198. The Security Council is fully empowered under Chapter VII of the Charter of the United Nations to address the full range of security threats with which States are concerned. The task is not to find alternatives to the Security Council as a source of authority but to make the Council work better than it has.

3. Chapter VII of the Charter of the United Nations, internal threats and the responsibility to protect

199. The Charter of the United Nations is not as clear as it could be when it comes to saving lives within countries in situations of mass atrocity. It "reaffirm(s) faith in fundamental human rights" but does not do much to protect them, and Article 2.7 prohibits intervention "in matters which are essentially within the jurisdiction of any State". There has been, as a result, a long-standing argument in the international community between those who insist on a "right to intervene" in man-made catastrophes and those who argue that the Security Council, for all its powers under Chapter VII to "maintain or restore international security", is prohibited from authorizing any coercive action against sovereign States for whatever happens within their borders.

The principle of non-intervention in internal affairs cannot be used to protect genocidal acts or large-scale violations of international humanitarian law or large-scale ethnic cleansing

200. Under the Convention on the Prevention and Punishment of the Crime of Genocide (Genocide Convention), States have agreed that genocide, whether committed in time of peace or in time of war, is a crime under international law which they undertake to prevent and punish. Since then it has been understood that genocide anywhere is a threat to the security of all and should never be tolerated. The principle of non-intervention in internal affairs cannot be used to protect genocidal acts or other atrocities, such as large-scale violations of international humanitarian law or large-scale ethnic cleansing, which can properly be considered a threat to international security and as such provoke action by the Security Council.

201. The successive humanitarian disasters in Somalia, Bosnia and Herzegovina, Rwanda, Kosovo and now Darfur, Sudan, have concentrated attention not on the immunities of sovereign Governments but their responsibilities, both to their own people and to the wider international community. There is a growing recognition that the issue is not the "right to intervene" of any State, but the "responsibility to protect" of *every* State when it comes to people suffering from avoidable catastrophe - mass murder and rape, ethnic cleansing by forcible expulsion and terror, and deliberate starvation and exposure to disease. And there is a growing acceptance

that while sovereign Governments have the primary responsibility to protect their own citizens from such catastrophes, when they are unable or unwilling to do so that responsibility should be taken up by the wider international community - with it spanning a continuum involving prevention, response to violence, if necessary, and rebuilding shattered societies. The primary focus should be on assisting the cessation of violence through mediation and other tools and the protection of people through such measures as the dispatch of humanitarian, human rights and police missions. Force, if it needs to be used, should be deployed as a last resort.

202. The Security Council so far has been neither very consistent nor very effective in dealing with these cases, very often acting too late, too hesitantly or not at all. But step by step, the Council and the wider international community have come to accept that, under Chapter VII and in pursuit of the emerging norm of a collective international responsibility to protect, it can always authorize military action to redress catastrophic internal wrongs if it is prepared to declare that the situation is a "threat to international peace and security", not especially difficult when breaches of international law are involved.

203. **We endorse the emerging norm that there is a collective international responsibility to protect, exercisable by the Security Council authorizing military intervention as a last resort, in the event of genocide and other large-scale killing, ethnic cleansing or serious violations of international humanitarian law which sovereign Governments have proved powerless or unwilling to prevent.**

B. The question of legitimacy

204. The effectiveness of the global collective security system, as with any other legal order, depends ultimately not only on the legality of decisions but also on the common perception of their legitimacy - their being made on solid evidentiary grounds, and for the right reasons, morally as well as legally.

205. If the Security Council is to win the respect it must have as the primary body in the collective security system, it is critical that its most important and influential decisions, those with large-scale life-and-death impact, be better made, better substantiated and better communicated. In particular, in deciding whether or not to authorize the use of force, the Council should adopt and systematically address a set of agreed guidelines, going directly not to whether force *can* legally be used but whether, as a matter of good conscience and good sense, it *should* be.

206. The guidelines we propose will not produce agreed conclusions with push-button predictability. The point of adopting them is not to guarantee that the

objectively best outcome will always prevail. It is rather to maximize the possibility of achieving Security Council consensus around when it is appropriate or not to use coercive action, including armed force; to maximize international support for whatever the Security Council decides; and to minimize the possibility of individual Member States bypassing the Security Council.

207. In considering whether to authorize or endorse the use of military force, the Security Council should always address - whatever other considerations it may take into account - at least the following five basic criteria of legitimacy:

(a) *Seriousness of threat*. Is the threatened harm to State or human security of a kind, and sufficiently clear and serious, to justify *prima facie* the use of military force? In the case of internal threats, does it involve genocide and other large-scale killing, ethnic cleansing or serious violations of international humanitarian law, actual or imminently apprehended?

(b) *Proper purpose*. Is it clear that the primary purpose of the proposed military action is to halt or avert the threat in question, whatever other purposes or motives may be involved?

(c) *Last resort*. Has every non-military option for meeting the threat in question been explored, with reasonable grounds for believing that other measures will not succeed?

(d) *Proportional means*. Are the scale, duration and intensity of the proposed military action the minimum necessary to meet the threat in question?

(e) *Balance of consequences*. Is there a reasonable chance of the military action being successful in meeting the threat in question, with the consequences of action not likely to be worse than the consequences of inaction?

208. The above guidelines for authorizing the use of force should be embodied in declaratory resolutions of the Security Council and General Assembly.

209. We also believe it would be valuable if individual Member States, whether or not they are members of the Security Council, subscribed to them.

X. Peace enforcement and peacekeeping capability

210. When the Security Council makes a determination that force must be authorized, questions remain about the capacities at its disposal to implement that decision. In recent years, decisions to authorize military force for the purpose of enforcing the peace have primarily fallen to multinational forces. Blue helmet

United Nations A/59/2005

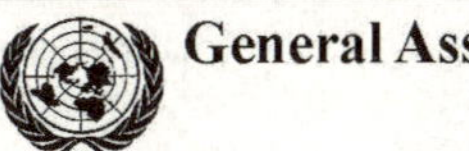

General Assembly

Distr.: General
21 March 2005

Original: English

Fifty-ninth session
Agenda items 45 and 55

Integrated and coordinated implementation of and follow-up to the outcomes of the major United Nations conferences and summits in the economic, social and related fields

Follow-up to the outcome of the Millennium Summit

In larger freedom: towards development, security and human rights for all

Report of the Secretary-General

(…)

become laws unto themselves. And solemn commitments to strengthen democracy at home, which all States made in the Millennium Declaration, remain empty words to those who have never voted for their rulers and who see no sign that things are changing.

131. To advance a vision of larger freedom, the United Nations and its Member States must strengthen the normative framework that has been so impressively advanced over the last six decades. Even more important, we must take concrete steps to reduce selective application, arbitrary enforcement and breach without consequence. Those steps would give new life to the commitments made in the Millennium Declaration.

132. Accordingly, I believe that decisions should be made in 2005 to help strengthen the rule of law internationally and nationally, enhance the stature and structure of the human rights machinery of the United Nations and more directly support efforts to institute and deepen democracy in nations around the globe. We must also move towards embracing and acting on the "responsibility to protect" potential or actual victims of massive atrocities. The time has come for Governments to be held to account, both to their citizens and to each other, for respect of the dignity of the individual, to which they too often pay only lip service. We must move from an era of legislation to an era of implementation. Our declared principles and our common interests demand no less.

(…)

134. Nowhere is the gap between rhetoric and reality — between declarations and deeds — so stark and so deadly as in the field of international humanitarian law. It cannot be right, when the international community is faced with genocide or massive human rights abuses, for the United Nations to stand by and let them unfold to the end, with disastrous consequences for many thousands of innocent people. I have drawn Member States' attention to this issue over many years. On the occasion of the tenth anniversary of the Rwandan genocide, I presented a five-point action plan to prevent genocide. The plan underscored the need for action to prevent armed conflict, effective measures to protect civilians, judicial steps to fight impunity, early warning through a Special Adviser on the Prevention of Genocide, and swift and decisive action when genocide is happening or about to happen. Much more, however, needs to be done to prevent atrocities and to ensure that the international community acts promptly when faced with massive violations.

135. The International Commission on Intervention and State Sovereignty and more recently the High-level Panel on Threats, Challenges and Change, with its 16 members from all around the world, endorsed what they described as an "emerging norm that there is a collective responsibility to protect" (see A/59/565, para. 203). While I am well aware of the sensitivities involved in this issue, I strongly agree with this approach. **I believe that we must embrace the responsibility to protect, and, when necessary, we must act on it.** This responsibility lies, first and foremost, with each individual State, whose primary raison d'être and duty is to protect its population. But if national authorities are unable or unwilling to protect their citizens, then the responsibility shifts to the international community to use diplomatic, humanitarian and other methods to help protect the human rights and well-being of civilian populations. When such methods appear insufficient, the Security Council may out of necessity decide to take action under the Charter of the United Nations, including enforcement action, if so required. In this case, as in others, it should follow the principles set out in section III above.

United Nations A/RES/60/1

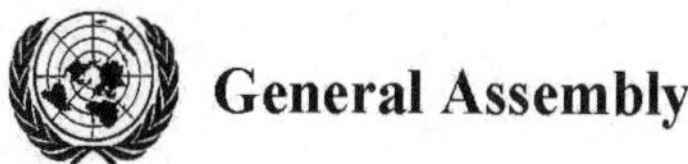

General Assembly

Distr.: General
24 October 2005

Sixtieth session
Agenda items 46 and 120

Resolution adopted by the General Assembly

[*without reference to a Main Committee (A/60/L.1)*]

60/1. 2005 World Summit Outcome

The General Assembly

Adopts the following 2005 World Summit Outcome:

(…)

Responsibility to protect populations from genocide, war crimes, ethnic cleansing and crimes against humanity

138. Each individual State has the responsibility to protect its populations from genocide, war crimes, ethnic cleansing and crimes against humanity. This responsibility entails the prevention of such crimes, including their incitement, through appropriate and necessary means. We accept that responsibility and will act in accordance with it. The international community should, as appropriate, encourage and help States to exercise this responsibility and support the United Nations in establishing an early warning capability.

139. The international community, through the United Nations, also has the responsibility to use appropriate diplomatic, humanitarian and other peaceful means, in accordance with Chapters VI and VIII of the Charter, to help to protect populations from genocide, war crimes, ethnic cleansing and crimes against humanity. In this context, we are prepared to take collective action, in a timely and decisive manner, through the Security Council, in accordance with the Charter, including Chapter VII, on a case-by-case basis and in cooperation with relevant regional organizations as appropriate, should peaceful means be inadequate and national authorities are manifestly failing to protect their populations from genocide, war crimes, ethnic cleansing and crimes against humanity. We stress the need for the General Assembly to continue consideration of the responsibility to protect populations from genocide, war crimes, ethnic cleansing and crimes against humanity and its implications, bearing in mind the principles of the Charter and international law. We also intend to commit ourselves, as necessary and appropriate, to helping States build capacity to protect their populations from genocide, war crimes, ethnic cleansing and crimes against humanity and to assisting those which are under stress before crises and conflicts break out.

140. We fully support the mission of the Special Adviser of the Secretary-General on the Prevention of Genocide.

United Nations S/RES/1674 (2006)

Security Council

Distr.: General
28 April 2006

Resolution 1674 (2006)

Adopted by the Security Council at its 5430th meeting, on 28 April 2006

The Security Council,

Reaffirming its resolutions 1265 (1999) and 1296 (2000) on the protection of civilians in armed conflict, its various resolutions on children and armed conflict and on women, peace and security, as well as its resolution 1631 (2005) on cooperation between the United Nations and regional organizations in maintaining international peace and security, and further reaffirming its determination to ensure respect for, and follow-up to, these resolutions,

Reaffirming its commitment to the Purposes of the Charter of the United Nations as set out in Article 1 (1-4) of the Charter, and to the Principles of the Charter as set out in Article 2 (1-7) of the Charter, including its commitment to the principles of the political independence, sovereign equality and territorial integrity of all States, and respect for the sovereignty of all States,

Acknowledging that peace and security, development and human rights are the pillars of the United Nations system and the foundations for collective security and well-being, and *recognizing* in this regard that development, peace and security and human rights are interlinked and mutually reinforcing,

Expressing its deep regret that civilians account for the vast majority of casualties in situations of armed conflict,

Gravely concerned with the effects of the illicit exploitation and trafficking of natural resources, as well as the illicit trafficking of small arms and light weapons, and the use of such weapons on civilians affected by armed conflict,

Recognizing the important contribution to the protection of civilians in armed conflict by regional organizations, and *acknowledging in this regard*, the steps taken by the African Union,

Recognizing the important role that education can play in supporting efforts to halt and prevent abuses committed against civilians affected by armed conflict, in particular efforts to prevent sexual exploitation, trafficking in humans, and violations of applicable international law regarding the recruitment and re-recruitment of child soldiers,

Recalling the particular impact which armed conflict has on women and children, including as refugees and internally displaced persons, as well as on other civilians who may have specific vulnerabilities, and stressing the protection and assistance needs of all affected civilian populations,

Reaffirming that parties to armed conflict bear the primary responsibility to take all feasible steps to ensure the protection of affected civilians,

Bearing in mind its primary responsibility under the Charter of the United Nations for the maintenance of international peace and security, and *underlining* the importance of taking measures aimed at conflict prevention and resolution,

1. *Notes with appreciation* the contribution of the Report of the Secretary-General of 28 November 2005 to its understanding of the issues surrounding the protection of civilians in armed conflict, and *takes note of* its conclusions;

2. *Emphasizes* the importance of preventing armed conflict and its recurrence, and *stresses in this context* the need for a comprehensive approach through promoting economic growth, poverty eradication, sustainable development, national reconciliation, good governance, democracy, the rule of law, and respect for, and protection of, human rights, and in this regard, *urges* the cooperation of Member States and *underlines* the importance of a coherent, comprehensive and coordinated approach by the principal organs of the United Nations, cooperating with one another and within their respective mandates;

3. *Recalls* that deliberately targeting civilians and other protected persons as such in situations of armed conflict is a flagrant violation of international humanitarian law, *reiterates* its condemnation in the strongest terms of such practices, and *demands* that all parties immediately put an end to such practices;

4. *Reaffirms* the provisions of paragraphs 138 and 139 of the 2005 World Summit Outcome Document regarding the responsibility to protect populations from genocide, war crimes, ethnic cleansing and crimes against humanity;

5. *Reaffirms also* its condemnation in the strongest terms of all acts of violence or abuses committed against civilians in situations of armed conflict in violation of applicable international obligations with respect in particular to (i) torture and other prohibited treatment, (ii) gender-based and sexual violence, (iii) violence against children, (iv) the recruitment and use of child soldiers, (v) trafficking in humans, (vi) forced displacement, and (vii) the intentional denial of humanitarian assistance, and *demands* that all parties put an end to such practices;

6. *Demands* that all parties concerned comply strictly with the obligations applicable to them under international law, in particular those contained in the Hague Conventions of 1899 and 1907 and in the Geneva Conventions of 1949 and their Additional Protocols of 1977, as well as with the decisions of the Security Council;

7. *Reaffirms* that ending impunity is essential if a society in conflict or recovering from conflict is to come to terms with past abuses committed against civilians affected by armed conflict and to prevent future such abuses, *draws attention* to the full range of justice and reconciliation mechanisms to be considered, including national, international and "mixed" criminal courts and tribunals and truth and reconciliation commissions, and *notes* that such mechanisms can promote not

only individual responsibility for serious crimes, but also peace, truth, reconciliation and the rights of the victims;

8. *Emphasizes* in this context the responsibility of States to comply with their relevant obligations to end impunity and to prosecute those responsible for war crimes, genocide, crimes against humanity and serious violations of international humanitarian law, while recognizing, for States in or recovering from armed conflict, the need to restore or build independent national judicial systems and institutions;

9. *Calls on* States that have not already done so to consider ratifying the instruments of international humanitarian, human rights and refugee law, and to take appropriate legislative, judicial and administrative measures to implement their obligations under these instruments;

10. *Demands* that all States fully implement all relevant decisions of the Security Council, and in this regard cooperate fully with United Nations peacekeeping missions and country teams in the follow-up and implementation of these resolutions;

11. *Calls upon* all parties concerned to ensure that all peace processes, peace agreements and post-conflict recovery and reconstruction planning have regard for the special needs of women and children and include specific measures for the protection of civilians including (i) the cessation of attacks on civilians, (ii) the facilitation of the provision of humanitarian assistance, (iii) the creation of conditions conducive to the voluntary, safe, dignified and sustainable return of refugees and internally displaced persons, (iv) the facilitation of early access to education and training, (v) the re-establishment of the rule of law, and (vi) the ending of impunity;

12. *Recalls* the prohibition of the forcible displacement of civilians in situations of armed conflict under circumstances that are in violation of parties' obligations under international humanitarian law;

13. *Urges* the international community to provide support and assistance to enable States to fulfil their responsibilities regarding the protection of refugees and other persons protected under international humanitarian law;

14. *Reaffirms* the need to maintain the security and civilian character of refugee and internally displaced person camps, *stresses* the primary responsibility of States in this regard, and *encourages* the Secretary-General where necessary and in the context of existing peacekeeping operations and their respective mandates, to take all feasible measures to ensure security in and around such camps and of their inhabitants;

15. *Expresses its intention* of continuing its collaboration with the United Nations Emergency Relief Coordinator, and *invites* the Secretary-General to fully associate him from the earliest stages of the planning of United Nations peacekeeping and other relevant missions;

16. *Reaffirms* its practice of ensuring that the mandates of United Nations peacekeeping, political and peacebuilding missions include, where appropriate and on a case-by-case basis, provisions regarding (i) the protection of civilians, particularly those under imminent threat of physical danger within their zones of operation, (ii) the facilitation of the provision of humanitarian assistance, and

(iii) the creation of conditions conducive to the voluntary, safe, dignified and sustainable return of refugees and internally displaced persons, and *expresses its intention* of ensuring that (i) such mandates include clear guidelines as to what missions can and should do to achieve those goals, (ii) the protection of civilians is given priority in decisions about the use of available capacity and resources, including information and intelligence resources, in the implementation of the mandates, and (iii) that protection mandates are implemented;

17. *Reaffirms* that, where appropriate, United Nations peacekeeping and other relevant missions should provide for the dissemination of information about international humanitarian, human rights and refugee law and the application of relevant Security Council resolutions;

18. *Underscores* the importance of disarmament, demobilization and reintegration of ex-combatants (DDR) in the protection of civilians affected by armed conflict, and, in this regard, *emphasizes* (i) its support for the inclusion in mandates of United Nations peacekeeping and other relevant missions, where appropriate and on a case-by-case basis, of specific and effective measures for DDR, (ii) the importance of incorporating such activities into specific peace agreements, where appropriate and in consultation with the parties, and (iii) the importance of adequate resources being made available for the full completion of DDR programmes and activities;

19. *Condemns in the strongest terms* all sexual and other forms of violence committed against civilians in armed conflict, in particular women and children, and *undertakes* to ensure that all peace support operations employ all feasible measures to prevent such violence and to address its impact where it takes place;

20. *Condemns in equally strong terms* all acts of sexual exploitation, abuse and trafficking of women and children by military, police and civilian personnel involved in United Nations operations, *welcomes* the efforts undertaken by United Nations agencies and peacekeeping operations to implement a zero-tolerance policy in this regard, and *requests* the Secretary-General and personnel-contributing countries to continue to take all appropriate action necessary to combat these abuses by such personnel, including through the full implementation without delay of those measures adopted in the relevant General Assembly resolutions based upon the recommendations of the report of the Special Committee on Peacekeeping, A/59/19/Rev.1;

21. *Stresses* the importance for all, within the framework of humanitarian assistance, of upholding and respecting the humanitarian principles of humanity, neutrality, impartiality and independence;

22. *Urges* all those concerned as set forth in international humanitarian law, including the Geneva Conventions and the Hague Regulations, to allow full unimpeded access by humanitarian personnel to civilians in need of assistance in situations of armed conflict, and to make available, as far as possible, all necessary facilities for their operations, and to promote the safety, security and freedom of movement of humanitarian personnel and United Nations and its associated personnel and their assets;

23. *Condemns* all attacks deliberately targeting United Nations and associated personnel involved in humanitarian missions, as well as other humanitarian personnel, *urges* States on whose territory such attacks occur to

prosecute or extradite those responsible, and *welcomes* in this regard the adoption on 8 December 2005 by the General Assembly of the Optional Protocol to the Convention on the Safety of United Nations and Associated Personnel;

24. *Recognizes* the increasingly valuable role that regional organizations and other intergovernmental institutions play in the protection of civilians, and *encourages* the Secretary-General and the heads of regional and other intergovernmental organizations to continue their efforts to strengthen their partnership in this regard;

25. *Reiterates* its invitation to the Secretary-General to continue to refer to the Council relevant information and analysis regarding the protection of civilians where he believes that such information or analysis could contribute to the resolution of issues before it, requests him to continue to include in his written reports to the Council on matters of which it is seized, as appropriate, observations relating to the protection of civilians in armed conflict, and encourages him to continue consultations and take concrete steps to enhance the capacity of the United Nations in this regard;

26. *Notes* that the deliberate targeting of civilians and other protected persons, and the commission of systematic, flagrant and widespread violations of international humanitarian and human rights law in situations of armed conflict, may constitute a threat to international peace and security, and, *reaffirms in this regard* its readiness to consider such situations and, where necessary, to adopt appropriate steps;

27. *Requests* the Secretary-General to submit his next report on the protection of civilians in armed conflict within 18 months of the date of this resolution;

28. *Decides* to remain seized of the matter.

United Nations A/63/677

General Assembly

Distr.: General
12 January 2009

Original: English

Sixty-third session
Agenda items 44 and 107

Integrated and coordinated implementation of and follow-up to the outcomes of the major United Nations conferences and summits in the economic, social and related fields

Follow-up to the outcome of the Millennium Summit

Implementing the responsibility to protect

Report of the Secretary-General

Summary

The present report responds to one of the cardinal challenges of our time, as posed in paragraphs 138 and 139 of the 2005 World Summit Outcome: operationalizing the responsibility to protect (widely referred to as "RtoP" or "R2P" in English). The Heads of State and Government unanimously affirmed at the Summit that "each individual State has the responsibility to protect its populations from genocide, war crimes, ethnic cleansing and crimes against humanity". They agreed, as well, that the international community should assist States in exercising that responsibility and in building their protection capacities. When a State nevertheless was "manifestly failing" to protect its population from the four specified crimes and violations, they confirmed that the international community was prepared to take collective action in a "timely and decisive manner" through the Security Council and in accordance with the Charter of the United Nations. As the present report underscores, the best way to discourage States or groups of States from misusing the responsibility to protect for inappropriate purposes would be to develop fully the United Nations strategy, standards, processes, tools and practices for the responsibility to protect.

This mandate and its historical, legal and political context are addressed in section I of the present report.

A three-pillar strategy is then outlined for advancing the agenda mandated by the Heads of State and Government at the Summit, as follows:

Pillar one
The protection responsibilities of the State (sect. II)

Pillar two
International assistance and capacity-building (sect. III)

Pillar three
Timely and decisive response (sect. IV)

The strategy stresses the value of prevention and, when it fails, of early and flexible response tailored to the specific circumstances of each case. There is no set sequence to be followed from one pillar to another, nor is it assumed that one is more important than another. Like any other edifice, the structure of the responsibility to protect relies on the equal size, strength and viability of each of its supporting pillars. The report also provides examples of policies and practices that are contributing, or could contribute, to the advancement of goals relating to the responsibility to protect under each of the pillars.

The way forward is addressed in section V. In particular, five points are set out in paragraph 71 that the General Assembly may wish to consider as part of its "continuing consideration" mandate under paragraph 139 of the Summit Outcome. Some preliminary ideas on early warning and assessment, as called for in paragraph 138 of the Summit Outcome, are set out in the annex.

Policy ideas that were proposed during the consultation process and that may merit further consideration by Member States over time appear in bold type, although the Secretary-General does not request the General Assembly to take specific action on them at this point.

United Nations A/RES/63/308

General Assembly

Distr.: General
7 October 2009

Sixty-third session
Agenda items 44 and 107

Resolution adopted by the General Assembly

[*without reference to a Main Committee (A/63/L.80/Rev.1 and Add.1)*]

63/308. The responsibility to protect

The General Assembly,

Reaffirming its respect for the principles and purposes of the Charter of the United Nations,

Recalling the 2005 World Summit Outcome,[1] especially paragraphs 138 and 139 thereof,

1. *Takes note* of the report of the Secretary-General[2] and of the timely and productive debate organized by the President of the General Assembly on the responsibility to protect, held on 21, 23, 24 and 28 July 2009,[3] with full participation by Member States;

2. *Decides* to continue its consideration of the responsibility to protect.

105th plenary meeting
14 September 2009

[1] See resolution 60/1.

[2] A/63/677.

[3] See *Official Records of the General Assembly, Sixty-third Session, Plenary Meetings*, 96th to 101st meetings, and corrigendum (A/63/PV.96–101).

■ 참고문헌

[국내 문헌]

<단행본>

국방부, 『2006 국방백서』(국방부, 2006).

김대순, 『국제법』, 제14판(삼영사, 2009).

山本草二, 박배근 역, 『국제법』, 신판(국제해양법학회, 1999).

유병화・박노형・박기갑 공저, 『국제법 II』(법문사, 2000).

<국내논문>

Paik, J.H., "Legal Aspect of United Nations Peacekeeping: with Particular Reference to Domestic Law and Practice of Korea," 『서울국제법연구』, 제3권 제2호(1996).

김석현, "國際法에 있어서 soft law," 『국제법평론』, 제8호(1987).

김열수, "유엔 평화강제활동 실패 원인과 실패의 유산," 『신아세아』, 제13권(2006).

김화진, "국제법은 언제, 왜 지켜지는가?," 『법학논집』(서울대학교), 제45권 제3호(2004).

문규석, "국제환경법의 법원-Soft Law를 중심으로," 『외법논집』, 제2권(1995).

박기갑, "걸프사태에 관한 소고(II)," 『전환기의 국제관계법』, 김찬규박사 화갑기념논문집(법문사, 1992).

박기갑, "이라크의 쿠웨이트에 대한 무력침략과 국제법상의 문제점," 『국제법률경영』, 통권 제6호(1991. 1).

박현석, "'집요한 반대자' 규칙에 대한 집요한 반대," 『국제법학회논총』, 제

49권 제2호, 통권 제99호(2004).

박현석, "자위권 행사에 대한 UN안전보장이사회의 규제," 『서울국제법연구』, 제6권 제2호(1999).

백학순, "제19차 남북장관급회담: 결산 및 대책," 『세종논평』, No. 52(2006).

서철원, "집단살해방지협약," 『국제인권법』, 제1권 제1호(1996).

오병선, "인도적 간섭의 적법성과 정당성," 대한국제법학회 2009년 국제법학자대회, 『변화하는 시대의 국제법』(2009. 10. 17).

이성덕, "사례를 통하여 본 인도적 간섭(국제법적 적법성)," 『홍익대학교 법학연구』, 제5호(2003).

이신화, "국제분쟁과 UN: 평화유지활동(PKO)의 역할을 중심으로," 『신아세아』, 제11권 제4호(2004).

이정원, "인간안보와 국제법," 고려대학교 석사학위논문, 2006.

이종운, "북한에 대한 국제기구의 경제지원 현황과 향후 과제," 『KIEP세계경제』, 제6권 제6호, 대외경제정책연구원(2003년 6월).

임예준, "A Study on the Responsibility to Protect in International Law," 고려대학교 석사학위논문, 2008.

임한택, "UN 집단안보체제의 강화－고위급패널보고서가 제시한 무력사용 규범과 기준을 중심으로," 『국제법 동향과 실무』, 통권 제11호(2005).

전　웅, "국가안보와 인간안보," 『국제정치논집』, 제44집 1호(2004).

정경수, "21세기 자위에 근거한 무력행사의 적법성," 『국제법평론』, 통권 제30호(2009).

정경수, "현대 국제관습법의 형성에 관한 연구," 고려대학교 박사학위논문, 2002.

정인섭, "유엔의 인권보호활동," 『국제법학회논총』, 제46권 제1호 통권 제89호(2001).

황성룡, "국제형사법원 로마 규정 제7조의 인도에 반하는 죄의 정의에 관한 연구," 고려대학교 박사학위논문, 2004.

[해외 문헌]

<단행본>

Bellamy, A.J., *A Responsibility to Protect: the Global Effort to End Mass Atrocities* (Cambridge: Polity Press, 2009).

Brownlie, I., *The Rule of Law in International Affairs: International Law at the fiftieth Anniversary of the United Nations* (The Hague: Martinus Nijhoff Publishers, 1998).

Brownlie, I., *Principles of International Law*, 6th ed.(Oxford: Oxford University Press, 2006).

Bull, H.(ed.), *Intervention on World Politics* (Oxford: Oxford University Press, 1984).

Cassesse, A., *International Law*, 2nd ed.(Oxford: Oxford University Press, 2005).

Chesterman, C., *Just War or Just Peace? Humanitarian Intervention and International Law* (New York: Oxford University Press 2001).

Collins, A., *Contemporary Security Studies* (Oxford: Oxford University Press, 2007).

Deng, F.M., *Sovereignty as Responsibility: Conflict Management in Africa* (Washington, D.C.: Brookings Institution Press, 1996).

Evans, G., *The Responsibility to Protect: Ending Mass Atrocity Crimes Once and for All* (Washington, D.C.: Brookings Institution Press, 2008).

Evans, M.(ed.), *International Law*, 2nd ed.(Oxford: Oxford University Press, 2006).

Findlay, T., *The Use of Force in UN Peace Operations* (Oxford: Oxford University Press, 2002).

Hart, H.L.A., *The Concept of Law*, 2nd ed.(Oxford, New York: Oxford University Press, 1997).

Higgins, R., *Problems and Process: International Law and How We Use it*(Oxford: Oxford University Press, 1994).

International Commission on Intervention and State Sovereignty (ICISS), *The Responsibility to Protect*(Ottawa: International Development Research Center, 2001).

International Commission on Intervention and State Sovereignty (ICISS), *The Responsibility to Protect: Research, Bibliography, Background, Supplementary Volume to the Report of the International Commission on Intervention and State Sovereignty* (Ottawa: International Development Research Center, 2001).

Jennings, R. & Watts, A.(eds.), *Oppenheim's International Law*, 9th ed., Vol. I(London: Longman, 1992).

Jokic, A.(ed.), *Lessons of Kosovo: the Dangers of Humanitarian Intervention* (Broadview, 2003).

Kelsen, H., *Principles of International Law*, 2nd ed.(New York: Rinehart & Company. INC., 1952).

Klinghoffer, A.J., *The International Dimensions of Genocide in Rwanda* (New York: New York University Press, 1998).

Malanczuk, P., *Akerhurst's Modern Introduction to International Law*, 7th revised ed.(London: Routledge, 1997).

Murphy, S.D., *Humanitarian Intervention: The United Nations in an evolving world order*(Philadelphia, PA: University of Pennsylvania Press, 1996).

Ramsbotham, O. & Woodhouse, T., *Encyclopedia of International Peacekeeping Operations*(Santa Barbara ABC-CLIO, 1999).

Shaw, M.N., *International Law*, 5th ed.(Cambridge: Cambridge University Press, 2003).

Société française pour le droit international, *La Responsabilité de protéger, Colloque de Nanterre*(Paris: Pedone, 2008).

Teson, F.T., *Humanitarian Intervention: An Inquiry into Law and Morality*, 2nd ed.(Dobbs Ferry, N.Y.: Transnational Publishers, 1997).

Thakur, R., *The United Nations, Peace and Security*(Cambridge: Cambridge University Press, 2006).

UNDP, *Human Development Report* 1994(Oxford: Oxford University Press, 1994).

United Nations, *Blue Helmets: A Review of United Nations Peacekeeping*, 2nd ed.(New York: United Nations Department of Peacekeeping Operations, 1999).

Van Hoof, G.J.H., *Rethinking the Sources of International Law* (Deventer: Kluwer Publishing, 1983).

Wheeler, N.J., *Saving Strangers: Humanitarian Intervention in International Society*(Oxford: Oxford University Press, 2000).

<해외논문>

Ayoob, M., "Third World Perspectives on Humanitarian Intervention and International Administration," 10 *Global Governance* 99(2004).

Aznar-Gómez, M.J., "A Decade of Human Rights Protection by the UN Security Council: A Sketch of Deregulation?," (2002) 13 *Eu J. Int'l L.* 223(2002).

Baxter, R.R., "International Law in "Her Infinite Variety"," 29 *Int'l & Comp. L. Q.* 549(1980).

Bernhardt, R., "Customary International Law: new and old problems," 19 *Thesaurus acroasium of the Institute of Public International Law and International Relations of Thessaloniki*, SUMMER 1991 (Thessaloniki, Greece: Inst. Int'l Pub. L., 1992).

Beyerlin, U., "Humanitarian Intervention," in: R. Bernhardt(ed.), *Encyclopedia of Public International Law*, Vol. III(1992).

Breau, S.C., "The Impact of the Responsibility to Protect on Peace-keeping," 11 *J. Conflict & Security L.* 429(2006).

Brunnée, J. & Toope, S., "Norms Institutions and UN Reform: The Responsibility to Protect," 2 *J. Int'l L. & Int'l Rel.* 121(2005).

Cheng, B., "United Nations Resolutions on Outer Space: "Instant" International Customary Law," 5 *Indian J. Int'l L.* 23(1965).

Chinkin, C.M., "The Challenge of soft law: Development and Change in International Law," 38 *Int'l & Comp. L. Q.* 850(1989).

Chodosh, H., "Neither Treaty Nor Custom: The Emergence of Declarative International Law," 26 *Texas Int'l L. J.* 87(1991).

De Waal, A., "Darfur and the Failure of the Responsibility to Protect," 83 *International Affairs* 1039(2007).

Delbruck, D., "Collective Security," in R. Bernhardt(ed.), *Encyclopedia of Public International Law*, Vol. I(1992).

Delbrück, J., "Art. 24" in Bruno Simma(ed.), *The Charter of the United Nations: Commentary*, 2nd ed., Vol. I (Oxford: Oxford University Press, 2002).

Fastenrath, U., "Relative Normativity in International Law," 4 *Eur. J. Int'l L.* 305(1993).

Focarelli, C., "The Responsibility to Protect Doctrine and Humanitarian Intervention: Too Many. Ambiguities for a Working Doctrine," 13 *J. Conflict & Security L.* 191(2008).

Fonteyne, J.P.L., "The Customary International Law Doctrine of Humanitarian Intervention: Its Current Validity under the U.N. Charter," 4 *Cal. W. Int'l L. J.* 203(1974).

Frowein, J. & Krisch, N., "Article 39," in B. Simma(ed.), *Charter of the United Nations: A Commentary* (Oxford: Oxford University Press, 1995).

Gaja, G., "The Long Journey towards Repressing Aggression," in A.

Cassese, P. Gaeta & J.R.W.D. Jones(eds.), *The Rome Statute of the International Criminal Court: A Commentary* (Oxford: Oxford University Press, 2002).

Goulding, M., "The Evolution on United nations Peacekeeping," 69 *International Affairs* 451(1993).

Gray, C., "Peacekeeping After the Brahimi Report: is There a Crisis of Credibility for the UN?," 6 *J. Conflict & Security L.* 267(2001).

Henkin, L., "Human Rights and State "Sovereignty"," 25 *Ga. J. Int'l & Comp. L.* 31(1996).

Holzgrefe, J.L., "The humanitarian intervention debate," in J.L. Holzgrefe and Robert O. Keohane(eds.), *Humanitarian Intervention: Ethical, Legal, and Political Dilemmas* (Cambridge: Cambridge University Press, 2003).

Kelly, P., "The Twilight of Customary International Law," 40 *Vir. J. Int'l L.* 449(2000).

King, G. & Murray, C.J.L., "Rethinking Human Security," 116:4 *Political Science Quarterly* 585(Winter 2002).

Klabber, J., "The Redundancy of Soft Law," 65 *Nordic J. Int'l L.* 167 (1996).

Lipson, C., "Why Are Some International Agreements Informal?," 45 *International Organization* 495(1991).

Nasu, H., "Operationalizing the 'Responsibility to Protect' and Conflict Prevention: Dilemmas of Civilian Protection in Armed Conflict," 14 *Journal of Conflict & Security Law* 209(2009).

Oberleitner, G., "Human Security: A Challenge to International Law?," 11 *Global Governance* 185(2005).

O'Connell, M.E., "Taking *Opinio Juris* Seriously: A Classical Approach to International Law on the Use of Force," in Enzo Cannizzaro & Paulo Palchetti(eds.), *Customary International Law on the Use of Force* (Leiden: Martinus Nijhoff, 2005).

Österdahl, I., "The Exception as the Rule: Law-making on Force and Human Rights by the UN Secuirty Council," 10 *J. Conflict & Security L.* 1(2005).

Park, K.G., "Northeastern Asia and International Law in the 21st Century," in *Regards d'une génération sur le droit international* (Editions Pedone, 2008).

Randelzhofer, A., "Art. 51" in Bruno Simma(ed.), *The Charter of the United Nations: Commentary*, 2nd ed., Vol. I (Oxford: Oxford University Press, 2002).

Reisman, M., "Sovereignty and Human Rights in Contemporary International Law," 84 *Am. J. Int'l L.* 866(1990).

Roberts, A., "The So-Called 'Right' of Humanitarian Intervention," *Yearbook of International Humanitarian Law* (The Hague: T.M.C. Asser, 2001).

Schachter, O., "The Right of States to Use Armed Force," 82 *Mich. L. Rev.* 1620(1984).

Scheffer, D.J., "Towards a Modern Doctrine of Humanitarian Intervention," 23 *Univ. Toledo L. R.* 253(1992).

Shelton, D., "Law, Non-Law and the Problems of 'Soft Law'," in D. Shelton(ed.), *Commitment and Compliance: the Role of Non-binding Norms in the International Legal System* (Oxford: Oxford University Press, 2000).

Stacy, H., "Relational Sovereignty," 55 *Stan. L. Rev.* 2029(2003).

Stahn, D., "Responsibility to Protect: Political Rhetoric or Emerging Legal Norm?," 101 *Am. J. Int'l L.* 619(2005).

Tanguy, J., "Redefining Sovereignty and Intervention," *Ethics & Int'l Aff.* (2003).

Tyagi, Y.K., "The Concept of Humanitarian Intervention Revisited," 16

Mich. J. Int'l L. 883(1995).

Vesel, D., "The Lonely Pragmatist: Humanitarian Intervention in an Imperfect World," 18 *BYU J. Pub. L.* 1(2003).

Virally, M., "Panorama du droit international contemporain"(Cours général de droit international public), *RCADI*, 1983-V, Tome 183.

Weil, P., "Towards Relative Normativity in International Law?," 77 *Am. J. Int'l L.* 413(1983).

〈UN 문서〉

G.A. Res. 377(V), U.N. Doc. A/1775(14 December 1950).

G.A. Res. 55/2, U.N. Doc. A/RES/55/2(18 September 2000).

G.A. Res. 60/1, U.N. Doc. A/RES/60/1(24 October 2005).

G.A. Res. 63/308, U.N. Doc. A/RES/63/308(14 September 2009).

S.C. Res. 82, U.N. Doc. S/RES/82(25 June 1950).

S.C. Res. 387, U.N. Doc. S/RES/387(31 March 1976).

S.C. Res. 502, U.N. Doc. S/RES/502(3 April 1982).

S.C. Res. 568, U.N. Doc. S/RES/568(21 June 1985).

S.C. Res. 573, U.N. Doc. S/RES/573(4 October 1985).

S.C. Res. 688, U.N. Doc. S/RES/688(5 April 1991)

S.C. Res. 770, U.N. Doc. S/RES/770(13 August 1992).

S.C. Res. 794, U.N. Doc. S/RES/794(3 December 1992).

S.C. Res. 929, U.N. Doc. S/RES/929(2 June 1994).

S.C. Res. 940, U.N. Doc. S/RES/940(31 July 1994).

S.C. Res. 955, U.N. Doc. S/RES/955(8 November 1994).

S.C. Res. 1080, U.N. Doc. S/RES/1080(15 November 1996).

S.C. Res. 1101, U.N. Doc. S/RES/1101(29 March 1997).

S.C. Res. 1181, U.N. Doc. S/RES/1181(13 July 1998).

S.C. Res. 1244, U.N. Doc. S/RES/1244(10 June 1999).
S.C. Res. 1264, U.N. Doc. S/RES/1264(9 September 1999)
S.C. Res. 1265, U.N. Doc. S/RES/1265(17 September 1999).
S.C. Res. 1296, U.N. Doc. S/RES/1296(19 April 2000).
S.C. Res. 1674, U.N. Doc. S/RES/1674(28 April 2006).
S.C. Res. 1706, U.N. Doc. S/RES/1706(31 August 2006).

UN General Assembly, High Commissioner for the promotion and protection of all human rights: resolution/adopted by the General Assembly, U.N. Doc. A/RES/48/141(20 December 1993).

Report of the Secretary General, An Agenda for Peace: Preventive diplomacy, Peace-making and Peace-keeping, U.N. Doc. A/47/277-S/24111(17 June 1992).

Report of the Secretary-General, Supplement to an Agenda for Peace: Position Paper of the Secretary-General on the Occasion of the Fiftieth Anniversary of the United Nations, U.N. Doc. A/50/60-S/1995/1(3 January 1995).

Report of the Secretary-General, Report of the Secretary-General on the Work of the Organization, U.N. GAOR, U.N. Doc. A/55/1(30 August 2000).

Report of the Secretary-General, Report of the Secretary-General to the Security Council on the Protection of Civilians in Armed Conflict, U.N. Doc. S/2005/740(28 November 2005).

Report of the Secretary-General, Report of the Secretary- General's High -Level Panel on Threats, Challenges, and Change, A More Secure World: Our Shared Responsibility, U.N. GAOR, U.N. Doc. A/59/565(2 December 2004).

Report of the Secretary-General, In Larger Freedom: Towards Development, Security, and Human Rights for All, U.N. GAOR,

U.N. Doc. A/59/2005(21 March 2005).

Report of the Secretary-General, Follow-up to the outcome of the Millennium Summit, Implementing the Responsibility to Protect, U.N. GAOR, U.N. Doc. A/63/677(12 January 2009).

Press Release, Kofi Annan, "Implications of International Response To Events in Rwanda, Kosovo Examined by Secretary-General," U.N. Doc. GA/9595(20 September 1999).

Press Release, "Secretary-General Defends, Clarifies 'Responsibility to Protect' at Berlin Event on 'Responsible Sovereignty: International Cooperation for a Changed World," U.N. Doc. SG/SM/11701(15 July 2008).

■ 찾아보기(국문)

ㄱ

ㄴ

ㅂ

ㅈ

■ 찾아보기(영문)

저자 약력

박 기 갑

- 고려대학교 법과대학 법학과
- 고려대학교 법과대학 대학원(법학석사)
- 프랑스 파리 제II대학교(법학박사)
- 네덜란드 헤이그 국제법 아카데미 디플롬
- 한림대학교 법학과 부교수
- 현 고려대학교 법학전문대학원 교수

〈저 서〉

- La Protection de la souveraineté aérienne (Pédone, Paris, 1991)
- 환경오염의 법적 구제와 개선책(공저, 소화, 1996)
- 國際私法總論(삼우사, 1996)
- 현대국제법개론(역서, 한림대출판부, 1997)
- 21세기 국제인권법의 과제와 전망(편저, 삼우사, 1999)
- 국제원자력손해배상법(1) (삼우사, 2001)
- 전쟁과 국제법(신편, 삼우사, 2010)

박 진 아

- 고려대학교 국제법 박사과정 수료
- 전국대학(원)생 국제법 논문경연대회 최우수상(2005)
- 고려대, 건국대 등 강사

임 예 준

- 고려대학교 국제법 석사과정 수료
- 전국대학(원)생 국제법 논문경연대회 최우수상(2004)
- 미국 Georgetown Univ. Law Center (LL.M.)
- 현재 스위스 제네바 Institut des Hautes Etudes 박사과정 재학

저자협의
인지생략

국제법상 보호책임

2010년 4월 10일 초판 인쇄
2010년 4월 15일 초판 발행

저 자 박 기 갑·박 진 아·임 예 준
발행인 조 병 철
발행처 **三 宇 社**

서울특별시 용산구 청파동3가 82-1
전화 (02) 718-8553(대) Fax (02) 718-8554
등록 1994. 9. 23. 제17-189호

정가 18,000원

ISBN 978-89-91083-29-5
ISBN 978-89-91083-28-8(세트)